MATTHEW &
ENGLISH
성경실용영어

Matthew & English 성경실용영어

1판 1쇄 인쇄 ॥ 2011년 2월 15일
1판 1쇄 발행 ॥ 2011년 2월 25일

지은이 ॥ 한귀란
펴낸이 ॥ 홍정표
이 사 ॥ 양정섭
책임편집 ॥ 노경민
디자인 ॥ 김미미
기획·마케팅 ॥ 최관호 주재명 김현아
경영지원 ॥ 조기호 최정임

펴낸곳 ॥ 글로벌콘텐츠
등 록 ॥ 제25100-2008-24호
공급처 ॥ (주)글로벌콘텐츠출판그룹
주 소 ॥ 서울특별시 강동구 길동 349-6 정일빌딩 401호
전 화 ॥ 02-488-3280
팩 스 ॥ 02-488-3281
블로그 ॥ http://www.gcbook.co.kr
이메일 ॥ edit@gcbook.co.kr

값 16,500원
ISBN 978-89-93908-22-0 03740

MATTHEW & ENGLISH
성경실용영어

한 귀 란

글로벌콘텐츠

영어성경은 구어체 영어Spoken English의 보고寶庫이다. 주옥같은 유용한 표현들이 사랑하는 말씀과 함께 방대하게 펼쳐져 있다. 기독교 경전인 성경 영어의 일상언어체적ordinary language pattern, 통속어적 vulgate 성격의 특징은 심오한 의미를 함축하고 있다. 다른 종교와 달리 하나님의 말씀은 예수님의 화법에서 직감할 수 있듯이 소통과 선포communication and proclamation를 전제하고 주어진 말씀이기 때문이다.

장구한 세월을 신학을 전공하는 학생들에게 필자의 전공인 철학과목과 더불어 실용영어를 가르쳐 오면서 왜 거의 모든 실용영어, 대학영어의 교재들은 어학의 기법만을 가르치는데 집중하여서 그 내용의 피상성을 떠나지 못하며 전공성과 좀 더 깊이 연관 될 수 없는가에 대한 고민을 갖게 되었다. 그리고 그런 점 때문에 학생들의 학습에 대한 동기 유발이 약화되고 있음도 깨닫게 되었다. 우리 학생들의 가장 뜨거운 관심은 성경이다. 그리고 그들이 가장 사랑하는 것도 말씀이다. 그러나 신학의 원서나 영어 주석들은 아직은 많은 학생들이 다소 접하기 두려워하고, 어느 정도 거리감을 갖고 있기 때문에 그 다음 단계가 된다. 그러므로 이 책은 많은 성경의 영어 번역 중에서 통상적으로 쉽게 읽을 수 있는 NIV 성경을 교과서로 채택하여 병행할 수 있게 하였다.

본서는 NIV 성경과 함께 공부하면서 마태복음의 각 장章마다 나뉘어진 소주제에 따라, A .Words & Phrases어휘력 증진, B. Related Grammar관련 문법 설명, 그리고 C. Unique Expression of the Bible성경에 나오는 독특한 표현을 익힐 수 있도록 구성되었으며 내용들은 4복음서Four Gospels를 중심으로 편찬 되었다. 책의 앞 부분에서는 영어주석보기를 두려워하는 학생들을 유도하기 위하여 Matthew Henry Commentary의 영문주석 중, 극히 제한된 일부를 독해부분으로 소개하여 보았다. 복음서의 각 장의 주제별로 위에 나열된 A/ B/ C/ 의 동일한 항목으로 진행되는 바, 너무 많은 세부적인 목차들은 대다수의 어휘 중심의 영어교재의 경우에서 볼 수 있는 것처럼 생략하였다.

물론 이 책은 신학 전공서가 아니다. 영어 교재이다. 그러므로 다루고 있는 어휘의 선택도 신학적 중요성을 기준한 것이 아니라 영어 학습에 있어서 필수 어휘라고 판정한 단어, 숙어들이다. 더 나아가, TOEFL이나 TEPS를 준비하고 또한 대학원 입시를 준비하는 학생들을 위하여 좀 더 폭 넓게 사용될 수 있는 유의어類義語를 첨부하였으며 그러한 어휘들을 활용하여 현실적인 어휘감각을 익힐 수 있도록 하게 하기 위하여 시사성이 있는 내용을 가지고 독해작문도 만들어 주었다. 그리고 영영사전식의 어휘 해설도 될 수 있으면 쉽게 만들어 필자가 첨부하여 주었다.

결국 어학의 궁극적 목표는 효과적 커뮤니케이션에 있고 신학도들에 있어서는 그러한 소통의 최대치는 말씀전파의 능력을 함양하는데 있다고 할 것이다. 권능의 말씀과 함께 가는 영어를 마스터할 때 우리 모두가 '사람 낚는 어부' 영어의 달인이 될 것이라 믿는다. 지면의 제한으로 마태복음1장에서 15장 까지만 다루게 된 것을 아쉽게 여기며 동시에, 본서의 모든 미흡한 점은 전적으로 필자의 부족한 한계에서 비롯됨을 밝혀 두는 바이다.

2010년 가을의 끝자락,
칼빈대학교 연구실에서
한귀란

contents

contents

CHAPTER 9 마태복음 9장

CHAPTER 10 마태복음 10장

CHAPTER 11 마태복음 11장

CHAPTER 12 마태복음 12장

CHAPTER 13 마태복음 13장

CHAPTER 14 마태복음 14장

CHAPTER 15 마태복음 15장

CHAPTER 1 마태복음 1장

Theme 1. The Genealogy of Jesus (Mt.1:1-17)

예수의 계보

Theme 2. The Birth of Jesus Christ (Mt.1:18-25)

예수 그리스도의 탄생

Theme 1 The Genealogy of Jesus • Mt.1:1-17 •
예수의 계보

A. Words & Phrases • Mt.1:1-17

1. genealogy

n the history of family members 가계, 족보, 계보, 보계 *n* genealogist 계보학자
adj genealogical 계통의, 혈통의 *syn* pedigree, list of ancestor, family tree, lineage

독해작문 Pursuing the roots and lineage or the genealogy is extremely important in the Bible because it is related to the birth of Jesus Christ.
성경에서 家系(가계)의 뿌리나 계보를 추적하는 일은 매우 중요하다. 왜냐하면 그것은 예수 그리스도의 탄생과 관련되어 있기 때문이다.

• Mt. 1:1

• Lk.3:21 [The Baptism and Genealogy of Jesus] When all the people were being baptized, Jesus was baptized too. And as he was praying, heaven was opened.
백성이 다 세례를 받을때 예수도 다 세례를 받을 때 예수도 세례를 받으시고 기도 하실 때에 하늘이 열리며

2. at the time of

phr in the time of ~의 때에(다만 at the time of 와 비교하여 좀 더 구체적인 역사적 시기가 뒤에 나온다.)

독해작문 Korean people had gone through a severe difficulty at the time of Korean conflict during nineteen fifties.
한국인들은 1950년대 한국 동란 때에, 극심한 곤란을 겪었다.

• Mt.1:1 see above

• Jn.18:39 But it is your custom for me to release to you one prisoner at the time of Passover. Do you want me to release the king of the Jews?
유월절이면 내가 너희에게 한 사람을 놓아 주는 전례가 있으니 그러면 너희는 내가 유대인의 왕을 놓아 주기를 원하느냐 하니

3. exile

n deportation from one's country 망명, 추방, 유배 *v* 추방하다, 귀양 보내다
exile oneself 망명 생활로 들어가다 die in exile 망명 중 사망하다
syn banishment, expulsion, ostracism, banish, expel, ostracize

독해작문 It is reported that Amazonian native leaders returned from exile leaving 350 people dead in the prison.
아마존 원주민 리더들이 350명을 감옥에서 죽은 채로 남겨두고 유배생활에서 돌아왔다고 보고되었다.

• Mt.1:12

• Mt.1:17 Thus there were fourteen generations in all from Abraham to David, fourteen from David to the exile to Babylon, and fourteen from the exile to the Christ.
그런즉 모든 대수가 아브라함부터 다윗까지 열네 대요 다윗부터 바벨론으로 이거할 때 까지 열네 대요 바벨론으로 이거한 후부터 그리스도까지 열네 대러라

4. generation

n a single unit years in the development of a family, normally the span of 30 years. 세대
Mt.1:17;24:34 *syn* progeny, offspring, procreation

독해작문 The word, 'generation' literally indicates the span of single life.
'世代'(세대)라는 말은 문자적으로 한 삶의 기간을 의미한다.

• Mt.1:17 see above

• Mt.24:34 I tell you the truth, this generation will certainly not pass away until all these things have happened.
내가 진실로 너희에게 말하노니 이 세대가 지 나가기 전에 이 일이 다 이루리라.

B. Related Grammar • Mt.1:1-7

◈ 同格(apposition)을 나타내는, 용법

- Mt. 1:1 A record of the genealogy of Jesus Christ the son of David, the son of Abraham 〈아브라함과 다윗의 자손 예수 그리스도의 세계라.〉
- Mt.11:25 At that time Jesus said, "I praise you, Father, Lord of heaven and earth, because you have hidden these things from the wise and learned, and revealed them to little children. 〈그 때에 예수께서 대답하여 이르시되 천지의 주재이신 아버지여 이것을 지혜롭고 슬기 있는 자들에게는 숨기시고 어린 아이들에게는 나타내심을 감사하나이다.〉

명사, 또는 명사 상당어귀가 앞에 나오는 말과 동등한 관계로 설명, 또는 수식하는 경우를 동격이라 하고 동격어로 쓰이는 경우는 명사, 명사절, 부정사, 의문사 + to 부정사, 명사 + of 동명사, 명사 + of + 명사 등이 있다. 이를 다시 분류하면,

1) 명사 + 명사의 동격관계

위의 (Mt.1:1) A record of the genealogy of Jesus Christ the son of David, the son of Abraham.
여기서 다윗의 자손(the son of David)와 아브라함의 자손(the son of Abraham)은 동격을 이룬다.

- Mt.11:25 At that time Jesus said, "I praise you, Father, Lord of heaven and earth, because you have hidden these things from the wise and learned, and revealed them to little children. 〈그 때에 예수께서 대답하여 이르시되 천지의 주재이신 아버지여 이것을 지혜롭고 슬기 있는 자들에게는 숨기시고 어린 아이들에게는 나타내심을 감사하나이다.〉 → you, Father, Lord of heaven and earth 세 가지 표현이지만 다 같이 하나님 아버지와 동격을 이룬다.

2) 명사 + 명사절의 동격관계

이때 명사절 앞에 명사로는 주로 fact, doubt, thought, feeling, impression, belief, rumor 등의 認知性(인지성) 단어가 쓰인다.

I have a belief that he will become a great preacher. 〈나는 그가 위대한 설교가가 되리라 믿는다.〉

3) 명사 + 부정사의 동격관계

I have a wish to go abroad. 〈나는 외국에 나가고 싶은 소망이 있다.〉

4) 명사 + 의문사 + to 부정사의 동격관계

We discussed the subject how to live according to the Biblical truth. 〈우리는 어떻게 성경적 진리에 따라서 살 것인가를 토의하였다.〉

5) 명사 + of + 동명사의 동격관계

He started the business with the idea of carrying out his Christian mission. 〈그는 그의 기독교적 사명을 실행하려는 생각으로 사업을 시작하였다.〉

6) 명사 + of + 명사의 동격관계

He lived in the neighboring town of *Ku Sung*. 〈그는 구성이라고 하는 인근 마을에 살았다.〉

7) a(an) + 명사(A) + a(an) + 명사(B)의 관용적인 표현의 동격관계: "A 같은 B"의 뜻

She is an angel of a girl. 〈그녀는 천사 같은 소녀이다.〉

8) 앞 문장 전체와 동격관계

He killed almost 18 people - a barbarious act. 〈그는 약 18명의 사람들을 죽였다 - 야만적인 행위였다.〉

◈ whose 용법(관계대명사 소유격의 계속적인 용법)

- Mt.1:3 Judah the father of Perez and Zerah, whose mother was Tamar, Perez the father of Hezron, Hezron the father of Ram. 〈유다는 다말에게서 베레스와 세라를 낳고 베레스는 헤스론을 낳고 헤스론은 람을 낳고〉
- Mt.3:11 "I baptize you with water for repentance. But after me will come one who is more powerful than I, whose sandals I am not fit to carry. 〈나는 너희로 회개하게 하기 위하여 물로 세례를 베풀거니와 내 뒤에 오시는 이는 나보다 능력이 많으시니 나는 그의 신을 들기도 감당하지 못하겠노라.〉

관계대명사(Relative Pronoun)란

앞에 나온 명사를 뒤따르는 문장에서 다시 받고자 할 경우에 대명사를 이용하여 중문의 형태로 만든다. Mary has a son. She lives in New York. 를 연결하여 말하면 Mary has a son who lives in New York. 이 된다. 〈son = 선행사 / who = 접속사 + he〉
이렇게 접속사 + 대명사의 역할을 하고 있으므로 '관계대명사'라고 한다.

관계대명사의 종류

A. 주격 (+ V.)

사람 (who): I have a student who has stayed long time in America. (나에게는 미국에 오래 체류했던 학생이 있다.)

Mt. 2:2 and asked, "Where is the one who has been born king of the Jews? 〈이르러 말하되 (V.1) "유대인의 왕으로 나신 이가 어디 계시냐〉

동물, 사물 (which): **Mt. 4:13** Leaving Nazareth, he went and lived in Capernaum, which was by the lake in the area of Zebulun and Naphtali 〈나사렛을 떠나 스불론과 납달리 지경 해변에 있는 가버나움에 가서 사시니〉

동물, 사물 (that): The car and the driver that fell into the driver have not been found yet. (강물 속으로 추락한 차와 운전수는 아직 발견되지 않았다.)

선행사 포함 (what): **Mt.1:20** But after he had considered this, an angel of the Lord appeared to him in a dream and said, "Joseph son of David, do not be afraid to take Mary home as your wife, because what is conceived in her is from the Holy Spirit. 〈이 일을 생각할 때에 주의 사자가 현몽하여 이르되 다윗의 자손 요셉아 네 아내 마리아 데려오기를 무서워 말라〉

B. 소유격 관계대명사 (+ 명사) - 완전한 문장

사람 (whose): **Lk.6:6** On another Sabbath he went into the synagogue and was teaching, and a man was there, whose right hand was shriveled. 〈또 다른 안식일에 예수께서 회당에

들어가사 가르치실새 거기 오른손 마른 사람이 있는지라〉

동물, 사물(whose, of which): 동물이나 사물에 쓰이는 소유격 관계대명사, whose / of which는 다음 3가지의 경우로 쓰일 수 있다.

The house is unoccupied. (그 집은 비어있다.)

Its windows are broken.---ⓐ (그 집의 창문은 깨졌다.)

The windows of it are broken.---ⓑ (그 집의 창문은 깨졌다.)

위 문장을 소유격 관계대명사를 써서 한 문장으로 이을 때,

ⓐ의 경우 : The house whose windows are broken is unoccupied

(whose + 무관사명사)

(= The house of which the windows are broken is unoccupied.)

(of which + the + 명사)

(= The house the windows of which are broken is unoccupied)

(the + 명사 + of which)

(창문이 깨진 그 집은 비어 있다.)

ⓑ의 경우 : The house which the windows of are broken is unoccupied.

(= The house of which the windows are broken is unoccupied.)

(of which the + 명사)

(= The house the windows of which are broken is unoccupied.)

(the + 명사 + of which)

(= The house whose windows are broken is unoccupied.)

(whose + 무관사명사)

· 소유격의 경우 (whose + 무관사 명사)로 해석하는데 계속적용법으로 해석하는 것이 편리하다. 즉, "그 집-그 집의 유리창은 깨졌는데-그 집은 비어 있다"로 해석한다.

Deut. 13:2 and if the sign or wonder of which he has spoken takes place, and he says, "Let us follow other gods" (gods you have not known) "and let us worship them,"
〈그가 네게 말한 그 이적과 기사가 이루어지고 너희가 알지 못하던 다른 신들을 우

리가 따라 섬기자고 말할지라도〉

C. 목적격 관계대명사

사람(whom) (+ S + 타동사; 목적어 생략) / (+자동사 + 전치사; 목적어 생략)

I have a sister and I have to take care of her. → I have a sister whom I have to take care of. (나는 돌보아야만 할 누이가 있다.)

Lk.12:5 But I will show you whom you should fear: Fear him who, after the killing of the body, has power to throw you into hell. Yes, I tell you, fear him. 〈마땅히 두려워 할 자를 내가 너희에게 보이리니 곧 죽인 후에 또한 지옥에 던져넣는 권세 있는 그를 두려워하라 내가 참으로 너희에게 이르노니 그를 두려워하라.〉

동물, 사물(which) (+ S + 타동사; 목적어 생략) / (+ 자동사 + 전치사; 목적어 생략)

Lk.11:22 But when someone stronger attacks and overpowers him, he takes away the armor in which the man trusted and divides up the spoils. 〈더 강한 자가 와서 그를 굴복 시킬 때에는 그가 믿던 무장을 빼앗고 그의 재물을 나누느니라.〉

사람,동물,사물(that)--(+ S + 타동사; 목적어 생략) / (+ 자동사 + 전치사; 목적어 생략)

I can do the job that you can do. (나는 네가 할 수 있는 일을 할 수 있다).

선행사 포함 목적격 (what)--(+ S + 타동사; 목적어 생략) / (+ 자동사 + 전치사; 목적어 생략)

Mt.2:15 where he stayed until the death of Herod. And so was fulfilled what the Lord had said through the prophet: "Out of Egypt I called my son." 〈헤롯이 죽기까지 거기 있었으니 이는 주께서 선지자를 통하여 말씀하신 바 애굽으로부터 내 아들을 불렀다 함을 이루려 하심이라.〉

C. Unique Expression of the Bible • Mt.1:1-17

1. be the father of **(Mt.1:1-16)** : ~의 아버지 이다 / 성경번역은 ' ~는 ~를 낳고'로 의역 됨.
2. the exile to Babylon **(Mt. 1:11)** : 바벨론 유수

D. Reading with the Theme: The Genealogy of Jesus • vv. 1:1-17

예수의 계보

◈ Some particulars from *Matthew Henry's Commentary*[1] (p.1)

• **v.1** In calling Christ the son of David, and the son of Abraham Matthew shows that God is faithful to his promise, and make good every word that he has spoken; 〈그리스도를 다윗의 자손, 아브라함의 자손으로 부른 것으로 보아 마태는 하나님이 그의 약속을 지킴에 있어서 신실하시다는 사실을 보여주며 또 그가 말씀하신 모든 것을 다 이루고 계심을 보여주고 있다.〉

• **v.16** The line is brought down, not to Mary the mother of our Lord, but to Joseph the husband of Mary. for the Jews always reckoned their genealogies by the males. 〈예수의 계보는 주님의 모친인 마리아에게 전수되지 않고 마리아의 남편 요셉에게 전수된다. 왜냐하면 유태인들은 항상 그들의 족보를 남성위주로 인정했기 때문이다.〉

1) Mathew Henry, *Mathew Henry's Commentary*, ed. David Wrinter, (London, Hodder Stoughton, 1975) p.1

A. Words & Phrases • Mt.1:18-25

5. come about

phr 일어나다, 발생하다 *syn* take place, occur, break out

독해작문 Finally, the press conference raised a question asking that how that quarrel came aboutt?
결국, 기자회담은 어떻게 그 논쟁이 일어났는가에 대하여 질문을 던졌다.

• Mt.1:18

6. pledge

n v to make a solemn promise or something given as a sign of relationship 서약(하다), 맹세(하다), 보증(하다)

독해작문 The President of the U.S., Obama renewed the pledge to censure N. Korea deadly ship sinking.
미국의 대통령 오바마는 북한의 치명적 군함의 침몰사건을 비난하고자 다시금 약속하였다.

• Mt.1:18 see above

• Lk.2:25 He went to register with Mary, who was pledged to be married to him and was expecting a child.
그 약혼한 마리아와 함께 호적하러 올라가니 마리아가 이미 잉태하였더라

7. righteous

adj morally acceptable and lawful 의로운, 정당한 *syn* godly, incorrupt, upright, just
n righteousness / righteous anger 義憤(의분)

독해작문 In the Bible, the meaning of 'right' or 'righteousness' is dramatically shifted from the view of coming short of ethical commands to a state of having a warm and personal relationship with God.
성경에서, '의로운' 또는 '의로움'의 의미는 윤리적 요구에 부응하지 못하는 견해로부터 하나님과의 친근하고 개인적인 관계를 갖는 상태의 뜻으로 과감하게 전환되었다.

- Mt.1:19

- Mt.10:41 Anyone who receives a prophet because he is a prophet will receive a prophet's reward, and anyone who receives a righteous man because he is a righteous man will receive a righteous man's reward.
선지자의 이름으로 선지자를 영접하는 자는 선지자의 상을 받을 것이요 의인의 이름으로 의인을 영접하는 자는 의인의 상을 받을 것이요

8. expose

v to uncover, to reveal 폭로하다, 노출시키다 *n* exposition, exposure
syn unmask, make bare, disclose
expose a secret 비밀 따위를 까발리다

독해작문 The reporters finally exposed the secret informations on the corruption of the former President.
기자들은 마침내 전 대통령의 비리에 대한 비밀정보를 폭로하였다.

- Mt.1:19 see above

- Jn.3:20 Everyone who does evil hates the light, and will not come into the light for fear that his deeds will be exposed.
악을 행하는 자마다 빛을 미워하여 빛으로 오지 아니하나니 이는 그 행위가 드러날까 함이요.

9. disgrace

n v shame or lose of honor and respect 창피, 불명예, 망신시키다 ***syn*** humiliate, insult, shame
disgrace oneself 망신(창피) 당하다

독해작문 The word, 'disgrace' indicates public humiliation and the embarrassment.
'disgrace'라는 말은 공적 수치와 당혹스러움을 말한다.

• **Mt. 1:19** **see above**

• **Lk.1:25** "The Lord has done this for me," she said. "In these days he has shown his favor and taken away my disgrace among the people."
주께서 나를 돌보시는 날에 사람들 앞에서 내 부끄러움을 없게 하시려고 이렇게 행하심이라 하더라

10. divorce

n to end the marriage relation between the spouses 이혼하다 / to terminate interrelatedness of some idea 어떤 사상 따위와 결별하다 ***syn*** separate, part, disunite
– divorce A from B A와 B를 분리하다, 이혼하다 / divorce church from(and) state 교회와 국가의 분리 /
Mr. Kim was divorced from his wife.

독해작문 Unfortunately, the rate of divorce has been increasing consistently and it is same even with Christian people.
불행하게도 이혼율은 꾸준히 증가하고 있고 심지어 기독교인들 사이에서도 그러하다.

• **Mt.1:19** **see above**

• **Mt.5:31** It has been said, "Anyone who divorces his wife must give her a certificate of divorce."
또 일렀으되 누구든지 아내를 버리려거든 이혼증서를 줄 것이라 하였으나

11. consider

v to think about, to take into account, examine 고려하다, 생각하다 ***n*** consideration
syn contemplate, ponder, study
– consider a matter in all aspects 여러 면에서 사태를 고려하다

독해작문 Please consider my situation and try to reflect my opinion on that.
제 사정을 고려해 주셔서 저의 의견을 반영해주십시오.

• Mt.1:20

• Lk12:27 Consider how the lilies grow. They do not labor or spin. Yet I tell you, not even Solomon in all his splendor was dressed like one of these.
백합화를 생각하여 보라 실도 만들지 않고 짜지도 아니하느니라 그러나 내가 너희에게 말하노니 솔로몬의 모든 영광으로도 입은 것이 이 꽃 하나만큼 훌륭하지 못 하였느니라

12. be afraid to V.

phr ~하기를 두려워하다, 꺼리다
be afraid of + n ~을 무서워하다, 두려워하다

독해작문 I decided to get divorced, because I was afraid to take his bad temper.
나는 이혼하기로 결심했다. 왜냐하면 그의 악랄한 기질을 감당하기 두려웠기 때문이다.

• Mt.1:20 see above

• Rev.2:10 Do not be afraid of what you are about to suffer.
너는 장차 받을 고난을 두려워하지 말라

13. conceive

v to think, to imply, to imagine 생각하다, 의미하다, 상상하다
聖 to become pregnant with / a child 임신(잉태)하다
n conception – conceive a hatred 증오심을 품다
syn form, bear in the womb, think, apprehend

독해작문 Mr. & Mrs. Kim was very happy that their prayers to conceive have been heard.
김 씨 부부는 임신하기 위한 그들의 기도가 응답되어서 매우 행복해 했다.

• Mt. 1:20 see above

• Lk.2:21 On the eighth day, when it was time to circumcise him, he was named Jesus, the

name the angel had given him before he had been conceived.
할례 할 팔일이 되매 그 이름을 예수라 하니 곧 잉태하기 전에 천사가 일컬은 바더라.

14. give birth to a son(daughter)

phr bear 아들(딸)을 낳다

독해작문 They finally gave birth to their twin sons, after long years of infertility.
그들은 오랜 불임 끝에 결국 쌍둥이 아들을 낳았다.

• Mt.1:21

• Rev.12:2 She was pregnant and cried out in pain as she was about to give birth.
이 여자가 아이를 배어 해산하게 되매 아파서 애를 쓰며 부르짖더라

15. sin

n guilt, doing wrong disobedience to God 과실, 잘못, 죄 *v* to break God's law 과오를 범하다, 죄를 짓다
commit sin / commit crime 죄를 짓다 crime 현실적인 형법에 저촉 되는 죄
syn offense, transgression, iniquity, unrighteousness, trespass

독해작문 Bible views sin, as the distortion of human nature by birth.
성경은 죄를 날 때부터 망가진 인간의 본성으로 본다.

• Mt.1: 21 see above

• Rev.2:14 Nevertheless, I have a few things against you: You have people there who hold to the teaching of Balaam, who taught Balak to entice the Israelites to sin by eating food sacrificed to idols and by committing sexual immorality.
그러나 네게 두어 가지 책망할 것이 있나니 거기 네게 발람의 교훈을 지키는 자들이 있도다 발람이 발락을 가르쳐 이스라엘 자손 앞에 걸림돌을 놓아 우상의 제물을 먹게 하였고 또 행음하게 하였느니라.

16. take place

phr 일어나다, 발생하다 *syn* happen, occur, come to pass

독해작문 Some change need to take place to be improved, and it is the sooner, the better.
개선되기 위해서는 모종의 변화가 일어나야 할 필요가 있다. 그것은 빠를수록 좋다.

• Mt.1:22

• Rev.1:1 The revelation of Jesus Christ, which God gave him to show his servants what must soon take place. He made it known by sending his angel to his servant John,
예수 그리스도의 계시라 이는 하나님이 그에게 주사 반드시 속히 일어날 일들을 그 종들에게 보이시려고 그의 천사를 그 종 요한에게 보내어 알게 하신 것이라

17. fulfill

v to carry out or perform (duty, promise) 성취하다, 이행하다, 충족시키다 *n* fulfillment
syn accomplish, effectuate, bring to pass, realize

독해작문 New Testament is mostly composed of the fulfillment of what was prophesied in the Old Testament.
신약성경은 대부분 구약에서 예언된 것의 성취로 구성되어 있다.

• Mt.1:22 see above

• Mt.5:17 Do not think that I have come to abolish the Law or the Prophets; I have not come to abolish them but to fulfill them.
내가 율법이나 선지자를 폐하러 온 줄로 생각하지 말라 폐하러 온 것이 아니요 완전하게 하려 함이라.

18. prophet

n a man who believes and proclaims that he is sent by God to fulfill God's will 선지자, 예언자
女. prophetess (poet/important thinker) *v* prophesy *adj* prophetic
syn predictor, foreteller, seer
聖. Isaiah the Prophet이사야 선지자/Jeremiah the Prophet 예레미야 선지자

독해작문 Prophets, both those of O.T. and the N.T., were spokesmen for God to their own generation and today ministers of churches should take same roles.
선지자들은 구약이나 신약성경 둘 다 부분에서 그들 자신의 세대에게 하나님의 대언자들이었다. 그리고 오늘날은 교회 목사들이 같은 역할을 해야한다.

• **Mt.1:22** see above

• **Mt.2:11** The crowds answered, "This is Jesus, the prophet from Nazareth in Galilee."
무리가 이르되 갈릴리 나사렛에서 나온 선지자 예수라 하니라

19. virgin

n a person who has never has sexual relations with opposite sex 처녀, 동정남 – Virgin Mary 성모 마리아 virginity 동정성, 순수성, 불모지 / keep virginity 동정성을 지키다
adj pure, unspoiled, remain undeveloped 순수한, 더렵혀지지 않은, 개척 되지 않은

독해작문 The most controversial issue throughout the Bible has been the birth of Christ by virgin Mary, but it is resolved by the N.T. that the angel announced to Joseph that Isaiah's prophecy was to be fulfilled in Mary.
성경 전체를 통하여서 가장 논쟁거리가 되어왔던 사안은 그리스도의 동정녀 탄생이다. 그러나 이는 신약성경에서 천사가 요셉에게 이사야의 예언이 마리아에게서 성취되리라는 알림으로 해소된다.

• **Mt.1:23**

• **Lk.1:34** "How will this be," Mary asked the angel, "since I am a virgin?"
마리아가 천사에게 말하되 나는 남자를 알지 못하니 어찌 이 일이 있으리이까

20. command

v to order or direct with the right to be obeyed 명령하다, 지배하다, 언어 따위를 자유롭게 쓰다, 驅使하다 (command language) ***n*** an order, control 명령, 지휘, 지시 / Commander in Chief 총사령관
syn order, direct, govern, rule

독해작문 Now the vice President was in command, due to the assassination of the President by the assassin.
대통령이 암살범에 의해 암살당함으로 부통령이 권한을 장악하였다.

• **Mt.1:24**

• **Mt.15:3** Jesus replied, "And why do you break the command of God for the sake of your tradition?
대답하여 이르시되 너희는 어찌하여 너희의 전통으로 하나님의 계명을 범하느냐

21. have no union with

phr have no (sexual) relation with (부부)관계를 갖지 않다

독해작문 If the workers have no union with the Labour Party, they would not be able to take any kind of political advantages this time.
만일 노동자들이 노동당과 아무 관계가 없다면, 그들은 이번에 어떤 종류의 정치적 혜택도 취할 수 없을 것이다.

• Mt.1:25

B. Related Grammar • Mt.1:18-25

◈ This is + how(의문사)절

• Mt.1:18 This is how the birth of Jesus Christ came about. 〈예수 그리스도의 나심은 이러하니라〉

이러한 문장은 영어의 기초 5문형 중, 제2 형식문〈주어 + 불완전 자동사 + 주격보어〉의 여러 가지 형식문중의 한가지로 주어와 동일한 내용을 갖는 주격보어가 that 또는 (wh-절)의 명사절로 오는 경우이다. 즉, 위 문장의 This 주어는 how이하 절의 내용이다. 즉, S + be + that(wh-)명사절의 형식이다.

This is how you did on the test. 〈이것이 네가 시험 치른 결과이다〉

This is what the Lord had commanded. 〈이것이 주님이 명령하셨던 것이다〉

The trouble is that we are short of money. 〈문제는 우리가 돈이 부족하다는 것이다〉

◈ 제5문형(S + V + O + O.C.); 주어 + 불완전타동사 + 목적어 + 목적보어

• Mt.1:23 The virgin will be with child and will give birth to a son, and they will call him Immanuel -which means, "God with us." 〈보라 처녀가 잉태하여 아들을 낳을 것이요 그의 이름은 임마누엘이라 하리라 하셨으니 이를 번역한 즉, 하나님이 우리와 함께 계시다 함이라〉

영어의 기초 5문형 중, 위의 문장은 제5 형식문 〈주어 + 불완전 타동사 + 목적어 + 목적보어〉의 형식으로 그 형태는 여러 가지가 있는데 그 중 S + vt + O + O.C(명사, 형용사)의 형식이다. 즉, 목적보어(O.C.)로는 다음과 같은 여러 가지 요소들이 올 수 있다.

1) 명사, 형용사가, 2) wh-명사절, 3) 현재분사, 과거분사), 4) to 부정사, 5) (to be) 명사, 형용사, 6)

as + O.C., 7) S + vt + 가목적어 it + O.C + 명사구(절)

이 중에 본문 예문은 1)(O.C.로 명사가 옴)에 속한다.

We appointed him chairman. 〈우리는 그를 의장으로 임명했다.〉

They will call him Immanuel. (Mt.1:23) 〈그들은 그를 임마누엘이라 부르리라.〉

And he gave him the name Jesus. (Mt.1:26) 〈이름을 예수라 하니라.〉

1)의 경우 O.C로 형용사가 오면?

This portraits makes him too old. 〈이 초상화는 그를 너무 늙어 보이게 한다.〉

C. Unique Expression of Bible • Mt.1:18-25

1. **약혼하다, 정혼하다**: be pledged to be married (Mt.1:18)
2. **동거하다, 동침하다**: come together (Mt.1:18)
3. **성령으로 잉태하다**: be found to be with child through the Holy Spirit (Mt.1:18)
4. **주의 사자가 현몽하다**: an angel of the Lord appear in a dream (Mt. 1:20)

D. Reading with the Theme: The Birth of Jesus Christ • vv. 18-25

예수의 나심

◈ Some Particulars from *Matthew Henry's Commentary*[2] (pp.2-5)

This theme of the birth of Christ is summed up in following particulars

1. Mary's espousals to Joseph (마리아의 요셉과의 정혼)
2. Her pregnancy of the promised seed (마리아의 언약된 후손의 임신) (v.18)
3. Joseph's perplexity, and his care what to do in this case (요셉의 당혹스러움과 이러한 경우에 대처할 그의 염려)
4. Joseph's discharge from his perplexity by a messenger sent from heaven (요셉이 하늘의 사자로부터 받은 당혹스러움의 해소)
5. The fulfilling of the scripture in all this (이 모든 것으로 이루어진 말씀의 성취)
6. Joseph's obedience to the divine precept (요셉의 하나님 명령에 대한 복종) (v.24)
7. The accomplishment of divine promise (하나님 약속의 성취) (v.25)

2) Matthew Henry, *Matthew Henry's Commentary*, pp.2-5 요약

CHAPTER 2 마태복음 2장

Theme 1. The visit of Magi (Mt.2:1-12)
동방박사들의 방문

Theme 2. The Escape to Egypt (Mt.2:13-18)
애굽으로 피하다

Theme 3. The Return to Nazareth (Mt.2:19-23)
애굽에서 이스라엘 땅으로

Theme 1 The visit of Magi • Mt.2:1-12 •
동방박사들의 방문

A. Words & Phrases • Mt.2:1-12

22. Magi

n wise man in ancient East, magicians in the old age 박사, 마술사
聖 the three Magi 동방박사 세 사람

독해작문 In Christian tradition the word, Magi also referred to as wise men.
기독교 전통에서 'Magi'란 말은 현인, (또는 철학자)와 같은 말로 의미되었다.

• Mt.2:1

• Mt.2:7 Then Herod called the Magi secretly and found out from them the exact time the star had appeared.
이에 헤롯이 가만히 박사들을 불러 별이 나타난 때를 자세히 묻고

23. Jews

n a member of Judaism, an Israelite 유대인 *adj* Jewish

독해작문 The word, 'Jews' is derived from the name 'Judah', and Judah was one of the sons of the twelve tribes of Israel.
"Jews" 라는 말은 'Judah'라는 이름에서 유래 되었다. 그리고 Judah는 이스라엘 12지파 아들들의 한 사람이다.

• Mt.2:2

• Mk.15:2 "Are you the king of Jews?" asked Pilate. "Yes, it is as you say," Jesus replied.
빌라도가 묻되 네가 유대인의 왕이냐 예수께서 대답하여 이르시되 네 말이 옳도다 하시매

24. worship

n admiration, showing great respect 예배(경배)하다, 숭상 *v* to show great respect or admiration
– a hero worship 영웅숭배 / the worship of idols 우상숭배

독해작문 The original meaning of the word, 'worship' is to 'bow down' or 'prostrate oneself' out of respectful mind.
'worship'이란 말의 원래 뜻은 '구부려 절하다' 또는 존경하는 마음으로 '엎드리다'이다.

• Mt.2:2 see above

• Mt.4:9 "All this I will give you," he said, "if you will bow down and worship me.
이르되 만일 내게 엎드려 경배하면 이 모든 것을 네게 주리라

25. disturb

v to interrupt, to upset or unsettle 방해하다, 소요를 일으키다 *n* disturbance
syn agitate, shake, annoy, throw into confusion
– I hope I'm not disturbing you 폐가 안 되기를 바랍니다

독해작문 The noise of music disturbed the neighbors all the time and they were so angry about that.
시끄러운 음악이 항상 이웃을 못살게 해서 그들은 몹시 분노하였다.

• Mt.2:3

• Ps.42:5 Why are you so downcast, O my soul? Why so disturbed within me? Put your hope in God, for I will yet praise him, my Savior and so
내 영혼아 네가 어찌하여 낙심하며 어찌하여 내 속에서 불안해하는가 너는 하나님께 소망을 두라 그가 나타나 도우심으로 말미암아 내가 여전히 찬송하리로다.

26. reply

v to answer, to give response 대답하다, 반응하다 *n* answer, response
– reply to a question 질문에 답하다

독해작문 South Korea finally received reply from North Korea on that sensitive issue.

한국은 그 민감한 사안에 대하여 북한으로부터 결국 응답을 받았다.

• Mt.2:5

• Mt.22:46 No one could say a word in reply and from that day on no one dared to ask him any more questions.
한 마디도 능히 대답하는 자가 없고 그날부터 감히 그에게 묻는 자도 없더라

27. by no means

phr not by any means 결코 ~하지 않는

독해작문 He will by no means speak about his own scandal.
그는 결코 그 자신의 추문에 대해서 말하지 않을 것이다.

• Mt.2:6

• Mt.5:18 I tell you the truth, until heaven and earth disappear, not the smallest letter, not the least stroke of a pen will by any means disappear from the Law until everything is accomplished.
진실로 너희에게 이르노니 천지가 없어지기 전에는 율법의 일점 일획도 결코 없어지지 아니하고 다 이루리라

28. ruler

n a person who rules or govern 통치자, 다스리는 자 *v* rule the rulers and the ruled 지배자와 피지배자

독해작문 The ruler only can determine who can use the military power when it is in crisis.
통치자만이 위기 시에 누가 군사력을 사용할 수 있는지 결정할 수 있다.

• Mt.2:6 see above

• Lk.1:52 He has brought down rulers from their thrones but has lifted up the humble.
권세 있는 자를 그 위에서 내리치셨으며 비천한 자를 높이셨고

29. shepherd

n a person who takes care of or flock the sheep 양치기, 목자 ***v*** to lead people or cattle
聖 the Shepherd 예수 그리스도 ***syn*** herdsman, pastor, minister
shepherds crowd into a train 군중을 열차에 태우다

독해작문 In the Old Testament God himself is described as the shepherd of His people. (Ps.80:1).
구약성경에서는 하나님 자신이 그의 백성의 목자로 묘사되고 있다. (시편80:1)

• Mt.2:6 see above

• Mt.9:36 When he saw the crowds, he had compassion on them, because they were harassed and helpless, like a sheep without a shepherd.
무리를 보시고 불쌍히 여기시니 이는 그들이 목자 없는 양과 같이 고생하며 기진함이라

30. secretly

adv in secret, keeping from the knowledge of others 몰래, 비밀로 ***n*** secret
syn in hidden way, in concealed way, mysteriously

독해작문 North Korea was trying to build nuclear bomb secretly with Iranian technicians.
북한은 몰래 이란 기술진과 함께 핵폭탄을 구축하려고 노력하고 있었다.

• Mt.2:7

• Jn.19:38 Later, Joseph of Arimathea asked Pilate for the body of Jesus. Now Joseph was a disciple of Jesus, but secretly because he feared the Jews. With Pilate permission, he came and took the body away.
아리마대 사람 요셉은 예수의 제자이나 유대인이 두려워 그것을 숨기더니 이 일 후에 빌라도에게 예수의 시체를 가져가기를 구하매 빌라도가 허락하는지라 이에 가서 예수의 시체를 가져 가니라

31. find out

phr to discover or learn something hidden 알아내다, 찾아내다

독해작문 They struggled to find out what is wrong with the students.
그들은 학생들에게 무슨 잘못이 있는지 찾아내려고 고전하고 있었다.

• Mt. 2:7 see above

• Mk.11:13 Seeing in the distance a fig tree in leaf, he went to find out if it had any fruit.
멀리서 잎사귀 있는 한 나무를 보시고 혹 그 나무에 무엇이 있을까 하여 가셨더니

32. appear

v come into sight, seem, be known 나타나다, 출현하다, ~하게되다 *syn* emerge, visible, occur
n appearance *ant* disappear-disappearance
– appear in public 대중 앞에 나타나다, appear on the stage 무대에 서다

독해작문 The terror suspects were to appear in New York Court last month.
테러범 용의자들이 뉴욕 법원에 출두할 계획이었다.

• Mt.2:7 see above

• Mt.13:26 When the wheat sprouted and formed heads, then the weeds also appeared.
싹이 나고 결실할 때에 가라지도 보이거늘

33. make a search

phr look through or examine thoroughly, investigate 자세히 알아보다, 찾아내다
make a search for ~을 수색하다 / the right of search 수색권

독해작문 The soldiers made a search to find more victims but it was in vain.
군인들은 더 많은 희생자들을 찾기 위하여 수색하였으나 허사였다.

• Mt.2:8 He sent them to Bethlehem and said, "Go and make a careful search for the child. As soon as you find him, report to me, so that I too may go and worship him.
베들레헴으로 보내며 이르되 가서 아기에 대하여 자세히 알아보고 찾거든 내게 고하여 나도 가서 그에게 경배하게 하라

34. go on one's way

phr ~의 길을 가다

독해작문 All the great men in history made their efforts to go on their ways in spite of all that difficulties.
역사의 모든 위대한 인물들은 모든 난관에도 불구하고 그들 자신의 길을 가려고 노력하였다.

• Mt.2:9 After they had heard the king, they went on their way, and the star they had seen in the east went ahead of them until it stopped over the place where the child was.
박사들이 왕의 말을 듣고 갈새 동방에서 보던 그 별이 문득 앞서 인도하여 가다가 아기 있는 곳 위에 머물러 서 있는지라

35. go ahead of~

phr ~를 앞서 가다 / walk ahead of ~를 앞장서 걸어가다
phr ahead of time ~시간 전에, 의외로 빨리 / go ahead 계속하다, continue

독해작문 The professional team of course went ahead of amateurs in many ways.
프로팀은 물론 여러 면에서 아마추어 팀을 앞서 갔다.

• Mt.2:9 see above

• Mt.21:9 The crowds that went ahead of him and those that followed shouted, "Hosanna to the Son of David!"
앞에서 가고 뒤에서 따르는 무리가 소리 높여 이르되 "호산나 다윗의 자손이여!"

36. overjoy

v be full of joy, be pleased 기쁨이 넘치게 하다 – be overjoyed 크게 기뻐하다, 기쁨이 충만하게 되다.

독해작문 Mr. President was not overjoyed by dramatic slide in the opinion polls.
대통령은 의견조사에서 나타난 극적인 압도에도 크게 기뻐하지 않았다.

• Mt.2:10

• Jn.20:20 After he said this, he showed them his hands and side. The disciples were overjoyed when they saw the Lord.
이 말씀을 하시고 손과 옆구리를 보이시니 제자들이 주를 보고 기뻐하더라

37. bow down

phr bend forward one's upper body to show respect or yielding, to greet 절하다, 항복하다
– make a bow to ~에게 절하다
return a bow 답례하다

독해작문 Not to bow down to the idols is one of the important teachings in the Bible.
우상에게 절하지 않는 것은 성경의 중요한 가르침 중 하나다.

• Mt.2:11

• Mt.4:9 "All this I will give you," he said, "if you bow down and worship me."
이르되 만일 내게 엎드려 경배하면 이 모든 것을 네게 주리라

38. treasure

n very valuable objects such as gold, silver and all other jewels 보배, 보물, 부
v to give or to keep treasures
cost blood and treasure 생명과 재산을 요하다

독해작문 Jesus teaches that use of treasures is very important. That is to say earthly treasures is transitory and heavenly treasures, secure.
예수님은 재물의 사용을 아주 중요한 것으로 가르치신다, 즉 세상의 보물은 덧없는 것이요 하늘의 보물은 안전한 것이라 하신다.

• Mt.2:11 see above

• Lk.12:34 For where your treasure is, there your heart will be also.
너희 보물이 있는 곳에는 너희 마음도 있으리라

39. incense

n v a substance used in religious service especially for funeral etiquette that gives off peculiar smell when burned 향, 향을 피우다, 분향하다
v to provoke someone to be very angry 누군가를 몹시 화나게 하다 – burn incense 향을 피우다

독해작문 The city council was going to ban the particular incense product because it was known to be harmful to human body.
시 의회는 그 특정한 향 제품을 금지하려고 한다, 왜냐하면 그것은 인체에 해롭다고 알려졌기 때문이다.

• **Mt.2:11** **see above**

• **Lk.1:9** He was chosen by lot, according to the custom of the priesthood, to go into the temple of the Lord and burn incense.
제사장의 전례를 따라 제비를 뽑아 주의 성전에 들어가 분향하고

40. myrrh

n a kind of incense that is made of Arabian tree 몰약 ***adj*** myrrh

독해작문 Jesus was told to receive gold, frankincense, and myrrh at birth.
예수는 탄생 시에, 황금과, 유향과 몰약을 받은 것으로 전해진다.

• **Mt.2:11** **see above**

• **Mk.15:23** Then they offered him wine mixed with myrrh, but he did not take it.
몰약을 탄 포도주를 주었으나 예수께서 받지 아니 하시니라

B. Related Grammar • Mt.2:1-12

◈ 시간을 나타내는 전치사 during

• Mt.2:1 After Jesus was born in Bethlehem in Judea, during the time of King Herod, Magi from the east came to Jerusalem. 〈헤롯 왕 때에 예수께서 유대 베들레헴에서 나시매 동방으로부터 박사들이 예루살렘에 이르러〉

시간을 나타내는 전치사, at, on, in, after, within, till (until), by, since, from, for, during, through 중에서 '~동안'으로 해석되는 전치사는 for, during, through이다.
단, 그 용법상의 차이는 1) for + 수사포함 하는 기간, 2) during + 특정기간, 구체적인 사건, 3) through 는 ~하는 동안 줄곧, 내내의 형태로 쓰인다.

1) She kept complaining for about an hour. 〈그녀는 약 한시간 동안 불평을 계속했다.〉
2) My father was born during the Korean War. 〈우리 아버지는 한국전쟁 중, 태어났다.〉
3) Pastor Kim was looking for the key through the meeting. 〈김 목사님은 회담 내내 열쇠를 찾고 있었다.〉

◈ 시간을 나타내는 부사절 as soon as 구문 (~하자마자)

- Mt.2:8 ~As soon as you find him, report to me, so that I too may go and worship him. 〈~찾거든 내게 고하여 나도 가서 그에게 경배하게 하라〉

시간을 나타내는 부사절에는 여러 가지가 있지만 그 중,' ~하자마자'의 뜻을 갖는 구문에는 다음과 같은 것이 있다.

1) on + ing → On seeing his mother, he ran away. 〈자기 어머니를 보자마자 그는 도망쳤다.〉
2) as soon as + 주어 + 동사 → As soon as he saw his mother, he ran away.
3) the moment + 주어 + 동사 → The moment he saw his mother, he ran away
4) the minute + 주어 + 동사 → The minute he saw his mother, he ran away
5) the instant + 주어 + 동사 → The instant he saw his mother, he ran away
6) 또는 부사, instantly, immediately, directly + 주어 + 동사
Instantly he saw his mother, he ran away.
Immediately he saw his mother, he ran away.
Directly he saw his mother, he ran away.

◈ so that ~may (might, can, could) 구문 (~해서 ~할 수 있도록)

- Mt.2:8 As soon as you find him, report to me, so that I too may go and worship him. 〈찾거든 내게 고하여 나도 가서 그에게 경배하게 하라〉

so that 이하의 절이 might, can, could 등의 조동사를 포함할 때는 특수한 관용적인 구문으로 해석되며 목적적인 의미를 포함하게 된다. 즉, '~해라, ~해서, ~할 수 있도록'의 뜻이 된다.

Soon Ja had to study very hard so that she could pass the exam. 〈순자는 열심히 공부해야한다, 그래서 시험에 합격할 수 있도록.〉

◈ Having been + p.p 의 완료형 분사구문

- **Mt.2:12** And having been warned in a dream not to go back to Herod, they returned to their country by another route. 〈그들은 꿈에 헤롯에게로 돌아가지 말라 지시하심을 받아 다른 길로 고국에 돌아가니라〉

1) 이는 동사의 p.p.(과거분사)가 들어가 과거분사 구문(수동태 분사구문)이라고 불리워지며 분사구문이 현재분사(V.의 ing형) 능동태 분사 구문이고 과거분사로 시작되면 수동태 분사구문이라고 한다. 수동태 분사구문의 단순형 [being + p.p.]과 완료형 [having been + p.p]에서 being, having been이 보통 생략 되서 쓰인다. 그러므로 두 가지 서로 다른 구문의 분별이 쉽지 않다. 둘 다 p.p.부터 시작되기 때문이다. 이런 경우에는 전후 문맥의 의미상 판단하는 수 밖에 없다. 즉, 한 시점의 일이면 단순시제 [being + p.p]이고, 두 시점의 일이면 완료시제[having + been + p.p.]로 보면 된다.

Because the picture is taken in black and white, it seldom attracts the attention of others. 〈그 사진은 흑백으로 찍혔기 때문에 다른 사람들의 관심을 거의 끌지 못한다.〉

→ Being taken in black and white, it seldom attracts the attention of others.

→ Taken in black and white, it seldom attracts the attention of others.

Because he had been educated in the U.S., he wanted to do everything through discussion. 〈그는 미국에서 교육받았기 때문에 모든 일을 토의해서 하기를 원했다.〉

이 문장의 경우 원인을 나타내는 종속절의 시제가 주절의 시제보다 더 앞선다. Because 이하 과거완료 시제 / 주절은 단순과거 시제이다.

→ Having been educated in the U.S., he wanted to do everything through discussion.

→ Educated in the U.S., he wanted to do everything through discussion.

2) **진행형 분사구문**: 단순진행의 [being + rooting]과 완료진행 [having been + rooting]에서 보통

being, having been이 생략된다. 그러므로 다 현재분사로 시작되는데 그것이 단순형인지 완료형인지의 구분은 문장의 앞뒤를 보아 판단하여야 한다.

When I was dancing in the hall, I saw her. 〈홀 안에서 춤추고 있는 동안에 나는 그녀를 보았다.〉

→ Being dancing in the hall, I saw her.

→ Dancing in the hall, I saw her.

3) **이유 분사구문**: 이유를 나타내는 주격보어 문장이 문두로 나가는 경우에도 being과 having been 중에 어느 것이 생략 되었는지 문장의 앞뒤를 보고 판단한다.

As he is smart, he is respected by all. 〈그는 총명하여서 모든 사람에게 존경받고 있다.〉

→ Being smart, he is respected by all.

→ Smart, he is respected by all.

C. Unique Expression in the Bible • Mt.2:1-12

1. **대제사장**: chief priest (v.4)
2. **서기관**: teachers of the law (v.4)
3. **선지자**: prophet (v.5)
4. **동방박사**: Magi from the east (v.7)
5. **유향**: incense (v.11)
6. **몰약**: myrrh (v.11)

D. Reading with the Theme • Mt.2:1-12; The Visit of Magi

◈ Some particulars from *Matthew Henry's Commentary*[3] (pp. 5-8)

The story written in the Scriptures concerning the wise men or the Magi can be summed up in following specific points made.

1. It was in the days of Herod the king. Even though he was known as a man of falsehood and cruelty, yet he was titled as 'Herod the Great'. Christ was born in the 35th year of his reign. 〈이 사건은 헤롯왕 시대였다. 헤롯왕이 비록 가증스럽고 잔인한 왕으로 알려졌으나 그는 '헤롯 대왕'의 칭호로 불리워졌다. 그리스도는 그의 통치 35년 되던 해 탄생했다.〉

   · in the days of Herod 헤롯 시절
   · Herod the Great '헤롯대왕' 특정한 역사적 인물의 경우 표기법; 〈고유명사 + the + 타이틀〉 Se Jong the Great(세종대왕) / Alexander the Great(알렉산더대왕) / John the Baptist(세례요한) / Isaiah the Prophet(이사야 선지자) / Paul the Apostle(사도바울) etc.

2. About the identity of Magi
   1) in a good sense; the Magi among the Persians were philosophers and priests. 〈좋은 의미에서는; 동방박사들은 페르시아 지역에서는 철학자이며 성직자들이었다.〉
   2) not in a good sense; They dealt in unlawful arts, the word is used of Simon, the 'sorcerer' (Acts 8:9,11), and of Elymas, the 'sorcerer'. 좋지 않은 의미로는; 그들은 불법적인 기술을 행하였다, 시몬에 의해서 '마술하는 자'로 쓰여졌다.(Acts.8:9,11) 그리고 엘루마에 의해서 '마술사'로 쓰여졌다.(Acts13:6)
   3) However, they began to be 'wise men' when they themselves to inquire after Christ. 〈그러나 그들이 예수에 대하여 묻기를 자처했을 때 그들은 '박사'가 되었다.〉

3. How they made the inquiry
   1) To the Jewish shepherds: The birth of Christ was notified by an angel. 〈유대인 목동들에게는 예수의 탄생은 천사들에 의해서 알려졌다.〉

3) Matthew Henry, *Matthew Henry's Commentary*, pp 5~8 요약

2) To the Gentile philosophers: It was known by a star. 〈이방인들에게는: 한 큰 별에 의해서 알려졌다.〉

3) And to both: God spoke in their own language, and in the way they were best acquainted with. 〈그리고 둘 다에게: 하나님은 그들 자신의 언어로 말씀하셨다, 그들이 가장 친숙한 방법으로.〉

·This theme on the birth of Christ can also be summed up in the following particulars.

4. According to the Old Testament question, "Where Christ should be born?", it is said that Christ should be born at Bethlehem. (Jn.7:42). But Herod would have counsel's opinion on it. 〈"어디서 예수가 나실까" 하는 구약의 의문에 따라서 '그리스도는 베들레헴에서 나시리라'고 말한다. (Jn.7:42) 그러나 헤롯은 그것에 대한 정치적인 의견을 갖는다.〉

·according to ~에 의하면, ~에 따라서　·counsel 의논, 조언, 협회　·opinion 의견

5. The bloody project and design of Herod, occasioned by this inquiry.(vv.7,8) 〈예수를 좇는 일로 발생한 헤롯왕의 잔인한 기획과 설계.〉

·bloody 피 흘리는 잔혹한　·occasioned by ~에 의해서 야기된, 일어난
·inquiry 조사, 탐구, 탐색

6. The wise men's humble attendance upon this new-born 'King of the Jews', and the honors they paid him. (vv.9-12) 〈새로 나신 '유대인의 왕'에 대한 동방박사들의 겸손한 참배와 그에게 드린 경배.〉

·humble 겸손한 소박한, 천한
·attendance 출석, 참석, 참배
·pay honors 경배하다 숭앙하다 → pay attention 주목하다 → pay respect 존경하다

1) Observe how graciously God directed them. 〈하나님이 그들을 얼마나 은혜롭게 인도 하셨는가를 보라.〉

2) Observe how joyfully they followed God's direction. (v.10) 〈그들이 얼마나 기쁘게 하나님의 인도하심을 따랐는가 보라〉

7. See how they made their address to him when they found him. 〈그들이 아기 예수를 찾았을 때 어떻게 경배하였는가를 보라.〉

· make address 자세를 취하다, ~를 대하다

1) They presented themselves to him; They fell down and worshipped him. 〈그들은 예수께 그들 자신을 드렸다; 그들은 엎드려 경배하였다.〉

2) They presented their gifts to him. 〈그들은 그에게 예물을 드렸다.〉

8. God did not permit them, and prevented the mischief Herod designed to the Child Jesus. 〈하나님은 그들을 허락하지 않아 헤롯이 아기 예수에게 행하려고 한 해악을 막으셨다.〉

· permit 허락하다, 인가하다　　· prevent 막다, 예방하다　　· mischief 해악, 악영향

Theme 2 The Escape to Egypt • Mt2:13-18 •
애굽으로 피하다

A. Words & Phrases • Mt.2:13-18

41. escape

v get out of somewhere, to find a way out, run away from 탈출하다, 도망가다, 피하다 *n* 탈출, 도망, 피함, 벗어남 *syn* flee from, avoid, shun, evade
a narrow escape 구사일생

독해작문 The North Korean woman crossed the river of death and finally escaped the border.
그 북한 여인은 죽음의 강을 건너 마침내 국경을 탈출하였다.

• Mt.2:13

• Jn.10:39 Again they tried to seize him, but he escaped their grasp.
그들이 다시 예수를 잡고자 하였으나 그 손에서 벗어나 나가시니라

42. be outwitted by

phr ~의 지략으로 속아 넘어가다.

독해작문 The strong Greek Team had been outwitted by Korean national soccer for their rapidly developed skill in recent days.
강한 그리스 팀은 최근에 급속히 발전된 기술을 가진 한국 국가대표 축구팀에게 묘하게 당했다.

• Mt.2:16 When Herod realized that he had been outwitted by the Magi, he was furious, and he gave orders to kill all the boys in Bethlehem and its vicinity who were two years old and under, in accordance with the time he had learned from Magi.
이에 헤롯이 박사들에게 속은 줄 알고 심히 노하여 사람을 보내어 베들레헴과 그 모든 지경 안에 있는 사내아이를 박사들에게 자세히 알아본 그 때를 기준하여 두 살부터 그 아래로 다 죽이니

• Cor.2:11

43. furious

adj very angry, in uncontrolled anger 몹시 화난, 격렬한 *n* furiousness

독해작문 It is reported that he was furious about the U.S. oil disaster but that yelling was pointless.
그는 미국 석유재난에 대하여 격노했으나 소리를 지른 것은 무모했다고 보도되었다.

• Mt.2:16 see above

• Mk.4:37 A furious squall came up, and the waves broke over the boat, so that it was nearly swamped.
큰 광풍이 일어나며 물결이 배에 부딪쳐 들어와 배에 가득하게 되었더라

44. give orders

phr 명령하다, 지시하다(= command)

독해작문 Let us not wait for somebody to give orders and instructions.
누군가가 명령하고 지시하기를 기다리지 말자.

• Mt.2:16 see above

• Mk.5:43 He gave strict orders not to let anyone know about this, and told them to give her something to eat.
예수께서 이 일을 아무도 알지 못하게 하라고 그들을 많이 경계하시고 이에 소녀에게 먹을 것을 주라 하시니라

45. vicinity

n neighborhood, surroundings, nearby place 부근, 인근지역 in the vicinity of ~근처에

독해작문 The body was found in the vicinity of Camp II by a military man.

그 시신은 군인에 의해서 2번 캠프 근처에서 발견되어졌다.

• **Mt.2:16** see above

• **Mt.15:22** A Canaanite woman from that vicinity came to him, crying out, "Lord, Son of David, have mercy on me!
가나안 여자가 그 지경에서 나와서 소리 질러 이르되 주 다윗의 자손이여 나를 불쌍히 여기소서

46. in accordance with

phr ~에 따라서, ~과 일치하여(= according to)

독해작문 The case has been resolved without any difficulty in accordance with the law.
그 사건은 법에 따라서 아무 어려움 없이 해결되었다.

• **Mt.2:16** see above

• **Jn.19:40** Taking Jesus' body, the two of them wrapped it, with the spices, in strips of linen. This was in accordance with Jewish burial customs.
이에 예수의 시체를 가져다가 유대인의 장례법대로 그 향품과 함께 세마포로 쌌더라

47. weeping

n falling down tears from eyes 울음, 통곡 weep-wept-wept
syn wailing, lamentation, sobbing, to shed tears
weeping and great mourning 동어반복으로 강조-크게 통곡하다 = mourning and weeping / mourning and wailing

독해작문 The match followed emotional scenes at the opening ceremony with fans weeping aloud.
그 시합은 열광적 팬들의 큰 울음소리와 함께 개막식에서 감동적인 장면들과 함께 시작 되었다.

• **Mt.13:42** They will throw them into the fiery furnace, where there will be weeping and gnashing of teeth.
풀무불에 던져 넣으리니 거기서 울며 이를 갈게 되리라

48. mourning

n the state of grief for death 애곡, 통곡 *syn* lamentation, bewailing
– deep mourning / be in mourning (喪中이다) / mourning dress 상복 / leave off mourning 탈상하다

독해작문 The family was mourning the loss of their only child whose body was found on the street near the 1st Avenue.
그 가족은 1번가 근처에서 시신으로 발견된 그들의 하나뿐인 자식을 잃고서 통곡하고 있었다.

• Mt.2:18 see above

• Mk.16:10 She went and told those who had been with him and who were mourning and weeping.
마리아가 가서 예수와 함께 하던 사람들이 슬퍼하며 울고 있는 중에 이 일을 알리매

49. refuse to

phr ~하기를 거절하다 refuse to + 동사원형 ~하기를 거절하다, ~하지 않으려고 하다
syn deny, negate, reject *ant* accept n. refusal
– refuse an invitation 초대를 거절하다

독해작문 Korean primary school teachers who were joined in the teachers' union refused to come to schools for the time being.
전교조에 가입했던 한국 초등학교 교사들은 당분간 출근하지 않기로 하였다.

• Mt.2:18 see above

• Jn.19:10 "Do you refuse to speak to me?" Pilate said, "Don't you realize I have power either to free you or to crucify you?"
빌라도가 이르되 네게 말하지 않느냐 내가 너를 놓을 권한도 있고 십자가에 못 박을 권한도 있는 줄 알지 못하느냐?

B. Related Grammar • Mt.2:13-18

◈ 명령형 문장 (Imperative Sentence)

• **Mt.2:13** ~"Get up," he said, "take the child and his mother and escape to Egypt. Stay there until I tell you, for Herod is going to search for the child to kill him." 〈~헤롯이 아기를 찾아 죽이려 하니 일어나 아기와 그의 어머니를 데리고 애굽으로 피하여 내가 네게 이르기까지 거기 있으라 하시니〉

명령문은 '~하여라' 또는 (please + V. + 목) = '~해 주십시오'의 뜻으로 크게 1) 직접 명령문과 2) 간접 명령문으로 나눌 수 있다. 또한 명령문은 명령, 의뢰, 요구, 충고, 금지, 권유, 제안의 내용을 갖는다.

1) 직접 명령문: 동사원형 + (대)명사(목)

Open the door. 〈문을 여세요.〉

2) 간접 명령문: Let + (대)명사 + 동사원형 + (대)명사(목)

Let him open the door. 〈그에게 문을 열라고 하세요.〉

· 명령은 항상 상대방 'You'에게 하는 것이기 때문에 You는 보통 생략된다. 그러나 You를 써서 강조하거나 동사 앞에 Do를 써서 강조할 수 있다.

Be a nice man. → You be a nice man. 또는 → Do be a nice man. 으로 강조된다. 〈좋은 사람이 되어라〉

· 부정 명령문, 즉 '~하지 마라'의 문장은 [Don't + 동사원형], [Never + 동사원형]으로 쓴다. 그리고 간접 명령문의 부정형은 [Let + (대)명사 + not + 동사원형 + (대) 명사(목)], 또는 [Don't let + (대)명사 + 동사원형]을 쓴다.

Don't be late for school. 〈학교에 늦지 마시오.〉

Never be late for school. 〈학교에 절대 늦지 마시오.〉

Don't let him be late for school. 〈그에게 학교에 늦지 말라고 하세요.〉 = Let him not be late for school.

· 'Let us~(Let's~)는 ~합시다, 즉 권유나 제안의 의미로 쓰이는데 [Let us + 동사원형 + ~]의 형식으로 [Let's~의 부정형은 [Let's not~], '~하지 맙시다'가 된다.

Let's go home. → Don't let us go home. = Let's not go home. 〈집에 가지 맙시다.〉

C. Unique Expression of Bible

1. the massacre of the innocent: '무고한 자에 대한 대량학살' 헤롯왕의 유아학살사건을 일컫는다 (v.16)

Theme 3 The Return to Nazareth • Mt.2:19-23 •
애굽에서 이스라엘 땅으로

A. Words & Phrases • Mt.2:19-23

50. reign

v rule, govern, to exercise supreme power or authority 통치하다, 지배하다 *n* kingship
syn prevail, govern, control, administer
– during the period of King Se Jong the Great 세종대왕 시대에

독해작문 The period of five-year reign is the Korean Presidential term appointed by the Constitution of the Republic of Korea.
5년 통치기간이 대한민국 헌법에 지정된 한국 대통령 임기이다.

• Mt.2:22 But when he heard that Archelaus was reigning in Judea in place of his father Herod, he was afraid to go there.
그러나 아켈레오가 그의 아버지 헤롯을 이어 유대의 임금 됨을 듣고 거기로 가기를 무서워하더니--

• Lk.1:33

51. in place of

phr ~대신에, ~을 이어서 (대치하여) = in the room of

독해작문 No more advanced items can be produced in place of the newly invented electronics.
새롭게 고안된 전자제품을 대신하여 더 나아간 제품이 생산될 수는 없다.

• Mt.2:22 see above

• Gen.4:25 Adam lay with his wife again, and she gave birth to a son and named him Seth,

saying, "God has granted me another child in place of Abel, since Cain killed him."
아담이 다시 자기 아내와 동침하매 그가 아들을 낳아 그의 이름을 셋이라 하였으니 이는 하나님이 내게 가인이 죽인 아벨 대신에 다른 씨를 주셨다 함이며

52. withdraw

v to move back or to move away 물러나다, 철수하다 withdraw-withdrew-withdrawn
– withdraw money from bank account 돈을 은행에서 인출하다 / deposit money into bank account 계좌에 입금하다 / withdraw hand from hot pot 뜨거운 냄비에서 손을 떼다
n withdrawal *syn* remove, subduct, draw out
– the withdrawal of U.S. forces from the R.O.K.

독해작문 The attorney decided to withdraw from the case for it is going to take too long period of time to win.
그 변호사는 그 사건을 종식하기로 결심했다. 왜냐하면 승소하기 까지는 너무 오랜 시간이 걸릴 것이기 때문이다.

• Mt.2:22 see above

• Lk.5:16 But Jesus often withdrew to lonely place and prayed.
예수는 물러가사 한적한 곳에서 기도하시니라

B. Related Grammar (도치구문) • Mt. 2:23

◈ 부사 + V + S (what 이하)의 도치구문 (Inversion):

• Mt.2:23 So was fulfilled what was said through the prophets: "He will becalled a Nazarene."
〈이는 선지자로 하신 말씀에 나사렛 사람이라 칭하리라 하심을 이루려 함이러라〉

정치시키면 의미는 What was said through the prophets was fulfilled so.
'그렇게' (so) 이루어짐을 강조하기 위하여 쓰여진 도치구문. What was said through the prophets가 주어부분.

자동사가 이끄는 문장에서 부사가 문두에 오면 문장이 도치된다. 즉, [부사 + V + S]의 형태가 된다. 단, 주어가 대명사이면 [부사 + S + V]가 되고 주어가 명사이면 [부사 + V + S]가 된다.

1) **명사주어:** The man fell down. → Down fell the man. (같은 뜻이나 앞에 나오는 down의 의미를 강조)
2) **대명사 주어:** She fell down. → Down fell she. (X) → Down she fell. (O)

C. Unique Expression of the Bible • Mt.2:19-23

1 **주의 사자:** an angel of the Lord (v.19)
2. **현몽하다:** appear in a dream (v.19)
3. **선지자:** prophet (v.23)

CHAPTER 3 마태복음 3장

Theme 1. John the Baptist Prepares the Way (Mt.3:1-12)
세례요한이 천국을 전파하다

Theme 2. The Baptism of Jesus (Mt.3:13-17)
세례를 받으시다

Theme 1 John the Baptist Prepares the Way
세례요한이 천국을 전파하다 • Mt.3:1-12 •

A. Words & Phrases • Mt.3:1-12

53. In those days

phr 그 때에 (과거를 회상할 때 쓰는 관용어)

독해작문 In those days, even the inquiry was invisible for security reasons.
그 당시에는 물어보는 것조차도 보안상의 이유로 드러나지 않았다.

• Mt.3:1 In those days John the Baptist came, preaching in the Desert of Judea
그 때에 세례요한이 이르러 유대 광야에서 전파하여 말하되

• Lk.2:1

54. preach

v deliver sermons or religious message 설교하다, 전파하다 *n* preach
– preach to deaf ears 馬耳東風

독해작문 To preach the gospel, or to preach the good news is one of the key concepts of the New Testament and in other words it indicates to proclaim or to announce publicly.
복음을 전파하다, 또는 복된 소식을 전파하다가 신약성경의 주요 개념 중 하나이고 다른 말로는 이는 공적으로 선포하고 알림을 의미한다.

• Mt.3:1 see above

• Mt.4:17 From that time on Jesus began to preach, "Repent, for the kingdom of heaven is near."

이 때부터 예수께서 비로소 전파하여 이르시되 회개하라 천국이 가까이 왔느니라 하시더라

55. repent

v to feel sorry or to admit one's own fault 회개하다, 뉘우치다　*n* repentance

독해작문　The word, 'repent' in Biblical context means turning from evil to God, from evil ways to God's ways, or from idols to God.
성경문맥상, 회개하다란 말은 악으로부터 하나님에게로, 사악한 방법으로부터 하나님의 방법으로, 또는 우상으로부터 하나님에게로 돌아오는 것을 의미한다.

• Mt. 3:2

• Lk.17:4　If he sins against you seven times in a day and seven times comes back to you and says, 'I repent' forgive him.
만일 하루에 일곱 번이라도 네게 죄를 짓고 일곱 번 네게 돌아와 내가 회개하노라 하거든 너는 용서하라하시더라

56. kingdom

n a country governed by a king or a queen 왕국　the kingdom of Heaven 천국
Thy kingdom come thy will be done 나라가 임하시오며 뜻이 이루어 지이다

독해작문　The Kingdom of Saudi Arabia is opening its doors for the first time to foreign investors.
사우디 아라비아 제국은 최초로 외국인 투자자들에게 문호를 개방하고 있다.

• Mt.3:2　see above

• Mt.5:3　Blessed are the poor in spirit, for theirs is the kingdom of heaven.
심령이 가난한 자는 복이 있나니 천국이 그들의 것임이요

57. prepare

v to get ready in advance, to have one's mind up toward someone's ideas or event 준비하다, 각오하다 *n* preparation *adj* preparatory
prepare the table 식탁을 차리다

독해작문 At World Cup 2010, South Korea must prepare very difficult match with Argentina.
2010 월드컵에서 한국은 아르헨티나와 매우 힘든 시합을 준비해야한다.

• Mt.3:3 Prepare the way for the Lord, make straight paths for him.'
너희는 주의 길을 준비하라 그가 오실 길을 곧게 하라 하였느니라

• Mt.22:2

58. make straight paths

phr 길을 곧게 하다, 평탄케 하다

독해작문 To construct good highway system, the construction company has to spend some money and time to make straight paths.
훌륭한 고속도로 체제를 구축하기 위해서 건설회사는 길을 곧게 하기 위하여 시간과 돈을 써야만 한다.

• Mt.3:3 see above = Mt1:3 = Lk.3:4

59. leather

n animal skin treated to use for clothes, shoes etc. 가죽 *adj* leather

독해작문 These leather boots will last long since they are produced in high quality.
이 가죽 부츠는 고급으로 생산되었기 때문에 오래 갈 것이다.

• Mt.3:4 John's clothes were made of camel's hair, and he had a leather belt around his waist. His food was locusts and wild honey.
이 요한은 낙타털 옷을 입고 허리에 가죽 띠를 매고 음식은 메뚜기와 석청이었더라

• Mk.1:6

60. locust

n an insect living in Asian or African area, it often destroys crops 메뚜기, 매미-美
the locust years 불황과 고난의 시대

독해작문 Federal Government set up the plan to fight against locust threateating up the grains.
연방정부는 곡물을 먹어치우는 메뚜기 위협에 맞서 싸우기 위하여 계획을 수립하였다.

- Mt.3:4 see above = Mk.1:6

61. confess

v tell something in not secret way, admit one's own fault 고백하다, 고해성사하다 *n* confession
syn acknowledge, admit, grant, recognize, manifest
to confess the truth 사실을 말하자면

독해작문 The police arrested the self-confessed serial killer, Kang in two months.
경찰은 두 달 만에 자백한 연쇄 살인범 강씨를 체포했다.

- Mt.3:6 Confessing their sins, they were baptized by him in the Jordan river.
자기들의 죄를 자복하고 요단강에서 그에게 세례를 받더니

- Jn.1:20

62. be baptized by

~에게 세례받다 *n* baptism

독해작문 Her new born baby was baptized by her pastor in Calvary Baptist Church last Sunday.
그녀의 새로 태어난 아기는 지난 주일 갈보리 침례교회에서 목사님으로부터 세례를 받았다.

- Mt.3:6 see above

• **Mt.3:13** Then Jesus came from Galilee to the Jordan to be baptized by John.
이때에 예수께서 갈릴리로부터 요단강에 이르러 세례를 받으려 하시니

63. brood

n a family of young creatures 한 배 새끼 ***v*** to sit on eggs as a hen does 부화하다, 새끼를 까다
syn offspring, progeny, issue, to incubate, dwell upon, think anxiously, meditate
– to think over and over again 계속 신경 쓰다, 생각하다
Don't brood over such trifles. 그런 하찮은 일에 계속 신경 쓰지 말라

독해작문 The last of a brood of four beloved owls has been taken away.
네 마리의 사랑스러운 올빼미 중 마지막 새끼가 없어졌다.

• **Mt.3:7** But when he saw many of the Pharisees and Sadducees coming to where he was baptizing, he said to them: "You brood of vipers! Who warned you to flee from the coming wrath?
요한이 많은 바리새인들과 사두개인들이 세례 베푸는 데로 오는 것을 보고 이르되 독사의 자식들아 누가 너희를 가르쳐 임박한 진노를 피하라 하더냐

• **Mt.23:33**

64. viper

n a small poisonous snake, a person who has ill will 독사, 악의를 품은 사람

독해작문 A rare kind of vipers has been found in the desert of the area.
독사의 희귀종이 그 지방 사막에서 발견되었다.

• **Mt.3:7** see above

• **Lk.3:7** = Mt.3:7

65. flee from

phr escape from, hurry away 도망하다, 달아나다
flee-fled-fled / flee from temptation 유혹으로부터 피하다

독해작문 Thousands of people flee from volcano eruption in Guatemala.
수 천명의 사람들이 과테말라 화산 폭발로부터 도망치다

• Mt.3:7 see above

• Lk.3:7 see above

66. wrath

n anger, indignation, rage, fury, big anger especially of God 분노, 노여움, 혹독함, 특히 하나님의 노여움
adj wrathful
children of wrath 분노의 자녀(성) / the grapes of wrath 분노의 포도(성)

독해작문 Chinese Fung-Shei is developed to prevent people from the wrath of their ancestors by positing the graves of the forefathers in good site.
중국의 풍수지리설은 그들 조상의 묘를 좋은 자리에 놓음으로써 조상의 분노로부터 사람들을 지키기 위해 개발되었다.

• Mt.3:7 see above

• Jn.3:36 Whoever believes in the Son has eternal life, but whoever rejects the Son will not see life, for God's wrath remains on him.
아들을 믿는 자에게는 영생이 있고 아들에게 순종하지 아니하는 자는 영생을 보지 못하고 도리어 하나님의 진노가 그 위에 머물러 있느니라

67. in keeping with

phr in accordance with ~과 조화하여, ~과 일치하여

독해작문 The language course program has been developed step by step in keeping with the children's intellectual quest.
어학과정 프로그램은 아이들의 지능에 맞추어 단계별로 개발되었다.

• Mt.3:8

• Lk.2:24 and to offer a sacrifice in keeping with what is said in the Law of the Lord a pair

of doves or two young pigeons.
또 주의 율법에 말씀하신 대로 산비둘기 한 쌍이나 혹은 어린 집비둘기 둘로 제사하려 함이더라

68. ax

n a tool made of heavy metal blades to cut down trees 도끼
get the ax 해고당하다, 퇴학당하다 / have an ax to grind 딴 속셈이 있다, 속 배포가 있다.

독해작문 The murderer was on trial for hacking his wife with an ax and leaving her to die on street.
살인범은 도끼로 그의 아내를 위협하고 길에서 죽게 내버려두어서 법정에 섰다.

• **Mt.3:10** The ax is already at the root of the trees, and every tree that does not produce good fruit will be cut down and thrown into the fire.
이미 도끼가 나무뿌리에 놓였으니 좋은 열매를 맺지 아니하는 나무마다 찍혀 불에 던져지리라

• **Lk.3:9** **= Mt.3:10**

69. baptize

v to perform the ceremony of baptism 세례를 베풀다 *n* baptism, baptist
John the Baptist 세례요한

독해작문 In spite of common conception of water baptism, the Bible speaks of the baptism by the Holy Spirit, and baptism as union with Christ.
물 세례의 일반적인 개념에도 불구하고 성경은 성령에 의한 세례를 말하며 또한 그리스도와 연합하는 세례를 말한다.

• **Mt.3:11** I baptize you with water for repentance. But after me will come one who is more powerful than I, whose sandals I am not fit to carry. He will baptize you with the Holy Spirit and with fire.
나는 너희로 회개하게 하기위하여 물로 세례를 베풀거니와 내 뒤에 오시는 이는 나보다 능력이 많으시니 나는 그의 신을 들기도 감당하지 못하겠노라 그는 성령과 불로 너희에게 세례를 베푸실 것이요

• **Mt.3:14**

70. fit to

phr to be right size or shape, to make approving or suitable for something 딱 맞는, 적당한, 딱 맞다, 적합하다 *syn* competent, suitable, adapt to, approving, healthy
as fit as fiddle 아주 건강하여 / the survival of the fittest 적자생존

독해작문 Any other Korean football player will not be able to fit to take Jisung Park's place even in the future.
심지어 장래에도 그 어떤 축구 선수도 박지성의 자리를 차지할 수 없을 것이다.

• **Mt.3:11** **see above**

• **Acts 22:22** The crowd listened to Paul until he said this. Then they raised their voices and shouted, "Rid the earth of him! He's not fit to live!"
이 말하는 것까지 그들이 듣다가 소리 질러 이르되 이러한 자는 세상에서 없애 버리자 살려둘 자가 아니라 하여

71. winnowing fork

n 키, 키질 *v* winnow 키질하다 *syn* winnowing basket

독해작문 Winnowing fork or shovel is used in the time of harvest to winnow the crops.
키나 삽은 추수 때 농작물을 키질하기 위해 사용된다.

• **Mt.3:12** His winnowing fork is in his hand, and he will clear his threshing floor, gathering his wheat into the barn and burning up the chaff with unquenchable fire.
손에 키를 들고 자기의 타작 마당을 정하게 하사 알곡은 모아 곡간에 들이고 쭉정이는 꺼지지 않는 불에 태우시리라

• **Lk.3:17** **=M t.3:12**

72. threshing floor

n the floor or small area to separate or beat the grain. 타작마당 *v* thresh 타작하다

독해작문 There is a church named 'threshing floor' in Lisbon according to the Scripture

Matthew 3:12.
마태복음 3장 12절을 따라서 리스본에 '타작마당'이라고 이름 붙여진 교회가 있다.

• Mt.3:12 see above = Lk.3:17

73. wheat

n a plant from which flour is produced 밀
separate wheat from chaff 옥석을 가리다

독해작문 His doctor found that he was gluten sensitive and advised him to shun wheat related products.
그의 의사는 그가 글루텐 민감성임을 알아냈고 그에게 밀 관련 제품을 피할 것을 권고하였다.

• Mt.3:12 see above

• Lk.22:31 Simon, Simon, Satan has asked to sift you as wheat.
시몬아, 시몬아, 보라 사탄이 너희를 밀 까부르듯 하려고 요구하였으나

74. barn

n a farm building to store or to keep the grains, food, or animals 광, 창고, 곡간
between you and I and the barn 너와 나 사이의 비밀인데, 내막적으로

독해작문 Antique barns will be opened with its green house for stimulating organic life in the country.
시골의 유기농 생활을 권장하기 위하여 전원주택과 함께 고풍스러운 광이 공개될 것이다.

• Mt.3:12 see above

• Mt.6:26 Look at the birds of the air; they do not sow or reap or store away in barns, and yet your heavenly Father feeds them. Are you not much more valuable than they?
공중의 새를 보라 심지도 않고 거두지도 않고 창고에 모아들이지도 아니하되 너희 하늘 아버지께서 기르시나니 너희는 이것들 보다 귀하지 아니하냐

75. chaff

n the outer seed separated from grain 겨, 짚, 놀림, 희롱
the chaff and dust 폐물 / separating wheat from the chaff 옥석을 가리기

독해작문 The new technology will improve its ability to separate wheat from the chaff.
새로운 기술이 옥석을 가리기 위하여 그 능력을 개선할 것이다.

- Mt.3:12 see above = Lk.3:17

76. unquenhchable

adj not being able to quench or control 끌 수 없는, 막을 수 없는, 억누를 수 없는 *syn* inextinguishable, quenchless

독해작문 Unquenchable thirst for power is the key element of the power game.
권력에 대한 꺼지지 않는 갈구가 권력 다툼의 요인이다.

- Mt.3:12 see above

- Jer. 17:27 But if you do not obey me to keep the Sabbath day holy by not carrying any load as you come through the gates of Jerusalem on the Sabbath day, then I will kindle an unquenchable fire in the gates of Jerusalem that will consume her fortress.
그러나 만일 너희가 나를 순종하지 아니하고 안식일을 거룩 되게 아니하여 안식일에 짐을 지고 예루살렘 문으로 들어오면 내가 성문에 불을 놓아 예루살렘 궁전을 삼키게 하리니 그 불이 꺼지지 아니하리라 하셨다 할지니라 하시니라

B. Related Grammar • Mt.3:1-12

◈ made of / made from

- Mt.3:4 John's clothes were made of camel's hair, and he had a leather belt around his waist.
〈이 요한은 낙타털 옷을 입고 허리에 가죽 띠를 매고〉

원료, 재료를 나타내는 전치사는 of / from/ into 가 쓰이는데 차이점은 다음과 같다.

1) of : 재료를 나타내는 물리적 변화, 즉 본질이 변하지 않은 재료

The wall is made of stone. 〈그 담은 돌로 만들어졌다.〉

2) from : 원료를 나타내는 화학적 변화, 즉 본질이 다른 성분으로 변화하는 재료

Wine is made from grapes. 〈포도주는 포도로 만들어졌다.〉

3) into : 원료가 제품화 되는 것

Milk is made into cheese or butter. 〈우유는 치즈나 버터로 가공된다.〉

◈ 의문대명사로 시작되는 특수 의문문 Mt.3:7

- Mt.3:7 Who warned you to flee from the coming wrath? 누가 너희를 가르쳐 임박한 진노를 피하라 하더냐

의문대명사(Interrogative Pronoun)로 시작되는 특수 의문문은 의문사가 없는 일반 의문문과 구별된다. 그러므로 이를 Wh-Question 이라고도 한다. 그리고 일반 의문문과 달리 Yes, No 대답이 불가능하다. 이 때 쓰여지는 의문대명사는 다, 복수 동형이며 격변화를 한다.

〈사람〉 Who(주격)	Whose(소유격)	Whom (목적격)
〈사물, 사람〉 Which (주격)	(소유격)	Which(목적격)
〈사물〉 What(주격)	(소유격)	What(목적격)

1) Who is the pastor of your church? (누가 당신 교회의 목사님입니까?)-〈주격〉

2) Whose piano is this? (이것은 누구의 피아노 입니까?)-〈소유격〉

3) Whom did you go there with? (그곳에 누구와 같이 갔습니까?)-〈목적격〉

- Which (주격 / 목적격)

  1) She will take coffee or tea. (목) → Which will she take, tea or coffee?

  2) Which is your child in this picture? (보어)

  3) Which of the two cars drives faster? (주어)

- What (주격, 목적격)

1) These apples are ours. → What is yours? (주어의 경우)

2) You studied vocal music. → What did you study? (목적어의 경우)

3) He is a doctor. → What is he? (보어-직업을 물음)

4) My professor made me What I am today. (존재) 〈나의 교수가 오늘날의 나로 만들어 주었다.〉

이 외에도 의문부사(Interrogative Adverbs) 가 문두에 쓰여 특수 의문문을 만들기도 한다. 의문 부사로는 언제(When), 어디서(Where), 어떻게(How), 왜(Why), 또는 How + 형용사 또는 부사 형식이 있다.

1) When did you arrive in In Chun Airport? 〈언제 인천 공항에 도착하셨나요?〉

I arrived (got) there about 3 o'clock. 〈약 세시 경에 그곳에 도착 했어요.〉

2) Where did you put your shoes? 〈어디에 구두를 두셨습니까?〉

I put them in the garage. 〈차고에 두었습니다.〉

3) How could you solve that difficult problem? 〈어떻게 그 어려운 문제를 풀으셨습니까?〉

I did it because I studied. 〈공부해서 풀었습니다.〉

4) Why didn't you explain it to me? 〈왜 나에게 설명하지 않으셨나요?〉

It is because I was afraid to do so. 〈겁이 나서 그랬습니다.〉

5) How + 형용사 에는 내용에 따라 여러 가지가 있다.

길이, 시간을 물을 때: How long is your skirt? 〈당신의 스커트는 얼마나 깁니까?〉

How long does it take from Seoul to Busan? 〈서울에서 부산까지 얼마나 걸립니까?〉

수, 양을 물을 때: How many + 복수명사 / How much + 단수형 명사

How many church members do you have 〈교인이 얼마나 됩니까?〉

How much water does this tank contain? 〈이 탱크 안에 물이 얼마나 있습니까?〉

거리를 물을 때: How far is it to church from your school? 〈당신 학교에서 교회까지 얼마나 멉니까?〉

나이를 물을 때: How old are you? 〈당신은 몇 살입니까?〉

이 외에도 How + 형용사의 많은 다른 경우들이 있다.

How large / How long / How young / How wide / How often / How deep / How thick, How thin etc.

C. Unique Expression of the Bible • Mt.3:1-12

1. **세례요한**: John the Baptist
2. **유대광야**: the Desert of Judea (v.1)
3. **천국**: the kingdom of heaven (v.2)
4. **광야에 외치는 자의 소리**: A voice of one calling in a desert (v.3)
5. **석청**: wild honey (v.4)
6. **죄를 자복하다**: confess one's sins (v.6)
7. **바리새인**: Pharisees (v.7)
8. **사두개인**: Sadducees (v.7)
9. **독사의 자식들아!**: You brood of vipers! (v.7)
10. **회개**: repentance (v.8)
11. **성령**: the Holy Spirit (v.8)
12. **꺼지지 않는 불**: unquenchable fire (v.12)

D. Reading with the Theme • Mt.3:1-12: John the Baptist Prepares the Way
세례요한이 천국을 전파하다

◈ Some particulars from *Matthew Henry's Commentary*[4)] (pp.12-17)

1. John the Baptist came, not fighting nor disputing, but preaching.(v.1)
   〈세례요한은 싸우거나 논쟁함으로 오지 않고 말씀을 전파함으로 왔다.〉
   ·The doctrine he preached was that of repentance. (v.2): 〈그가 전파한 말씀은 회개에 대한 것이었다.〉
   ·This repentance is a necessary duty, in obedience to the command of God.(Acts17:30): 〈이러한 회개는 필수적인 임무이고 하나님 계명에 순종하는 일이다.(Acts 17:30)〉

2. The argument he used to enforce this call was, "For the kingdom of heaven is at hand"(v.2)

4) Matthew Henry, *Matthew Henry's Commentary*, pp.12-17 요약

〈이러한 요구에 부응하기 위하여 그가 사용한 말씀은, "천국이 가까웠다"는 것이었다.〉

·This is a great inducement to us to repent. 〈이것은 우리로 하여금 회개하게 하기 위한 큰 권유의 말씀이다.〉

·It is a great encouragement to us to repent. 〈이는 우리로 하여금 회개하게 하기 위한 큰 독려의 말씀이다.〉

3. As the voice of one crying in the wilderness: (v.3): 〈광야에 외치는 자의 소리에 대하여:〉

·John owned it himself (John 1:23); I am the voice, and that is all, God is the Speaker, who make known his mind by John, as a man does by his voice. 〈요한이 이를 스스로 인용하였다.(John1:23). 나는 소리일 뿐 하나님이 말씀하시는 자이다. 하나님은 요한에게 그를 알리시고 사람은 그의 소리가 될 뿐이다.〉

·As one whose business it was to prepare the way of the Lord, and to make his paths straight. 〈주의 길을 예비하고 그의 첩경을 곧게 하는 임무를 띤 자에 대하여.〉

so it was said of him before he was born, that he should make ready a people prepared for the Lord. (Lk.1:17) 〈그가 나기 전에 예언된 바, 그가 '주를 위하여 세운 백성을 준비하리라'.〉

(Lk1:17)-as Christ's harbinger and forerunner. 〈-그리스도의 선구자로서 또한 전주자로서.〉

·They, who expected the Messiah as a temporal prince, would think that his forerunner must come in great pomp and splendor; but it proves quite contrary.-he shall be great in the sight of the Lord, but mean in the eye of the world. 〈메시아를 현세의 왕으로 기대하였던 그들은 그의 선구자가 대단한 위엄과 영광으로 임할 것을 기대하였다.-그러나 정반대였다. 그는 하나님 앞에서는 그러할 지 몰라도 세상의 안목으로는 초라하였다.〉

1) His dress was plain. This same John had his raiment of camels' hair, and a leathern girdle about his loins; he did not go in long clothing, as the scribes, or soft clothing, as the courtiers, but in the clothing of a country husbandman. 〈그의 복장은 보잘 것 없었다. 그는 약대 털과 가죽 띠를 허리에 둘렀다; 그는 서기관들처럼 긴 옷을 늘어뜨리지 않았으며 귀족들처럼 부드러운 옷을 입지도 않았다. 그는 시골 머슴과 같은 옷을 입었다.〉

2) His diet was plain; his meat was locust and wild honey. 〈그의 음식도 보잘것없었다. 그의 음식은 메뚜기와 석청이었다.〉

·They went out to him Jerusalem and all Judea.(v.5): 〈그들은 예루살렘과 온 유대에서 그에게

로 나아왔다.〉

·Those who received his doctrine, and submitted to his discipline, were baptized by him in Jordan. (v.6), thereby professing their repentance, and their belief that the kingdom of the Messiah was at hand. 〈그의 말씀을 듣고 그의 교훈에 굴복한 자들은 요단강에서 그에게 세례를 받았다. 그들은 죄를 자복하고 메시아 왕국이 임박함을 믿었다.〉

·The title John gives the generation is, "You, the brood of vipers!"(v.7): 〈요한이 이 세대에게 주는 견책은 "독사의 자식들아" (v.7)이다.〉

Christ gave them the same title; (12:34); (23:33). The alarm he gives them is, "Who has warned you to flee from the wrath to come?" This intimates that they were in danger of the wrath to come; and that their case was so nearly desperate, and their hearts so hardened in sin. (the Pharisees by their parade of religion, and the Sadducees by their arguments against religion).: 〈예수도 같은 견책을 하셨다: (12:34); (23:33). 그가 그들에게 울리는 경종은 "누가 너희를 가르쳐 임박한 진노를 피하랴 하더냐?" 이다. 이는 그들이 임박한 진노의 위협에 처하여 있음을 암시하고 있다; 그리고 그들의 경우가 아주 절박하고 죄로 마음이 강퍅해 있음을 의미한다. (바리새인들은 경건의 과시로, 사두개인들은 종교에 대한 논쟁으로)〉

·With the warning, a word of instruction concerning Jesus Christ, in whom all John's preaching centered. 〈이러한 경고와 함께 요한의 설교는 예수 그리스도에 관한 가르침의 말씀으로 집약되어 진다.〉

1) The dignity and pre-eminence of Christ above John. (v.11) He speaks of himself, that he might magnify Christ. 〈요한 위에 군림하시는 그리스도의 위엄과 걸출함. 그는 그리스도를 높일 것이라 스스로 말하고 있다.〉

By the powerful working of his grace; "he should baptize you, with the Holy Ghost and with fire." 〈그리스도 은혜의 권능 있는 사역으로; "그는 성령과 불로 세례를 베풀리라"〉

By the final determinations of his judgement. (v.12); 〈하나님 심판의 최종국. (v.12)〉 "His winning fork is in his hand" 〈"손에 키를 들고"〉

Theme 2 The Baptism of Jesus • Mt.3:13-17 •
세례를 받으시다

A. Words & Phrases • Mt.3:13-17

77. deter

v to prevent from acting, keep in custody 방해하다, 막다, 저지하다 *n* deterrer
syn hinder, restrict, discourage, hold back

독해작문 Recently, software technology designed a new invention to deter medical mistakes.
최근에 소프트웨어 기술이 의료사고를 막기 위해 새로운 제품을 설계하였다.

• Mt.3:14

78. proper

adj suitable, correct, fit, accurate 적당한 알맞은, 딱 맞는
– in the proper way 적당한 방법으로 / a proper measure to take 취해야할 적절한 조치, 처사

독해작문 To prevent border shooting the construction of proper fence has been requested by the Senator.
국경의 총기사고를 방지하기 위하여 상원의원은 적절한 울타리를 세워야할 것을 요청하였다.

• Mt.3:15

• Lk.1:20 And now you will be silent and not able to speak until the day this happens, because you did not believe my words, which will come true at their proper time.
보라 이 일이 되는 날까지 네가 말 못하는 자가 되어 능히 말을 못하리니 이는 네가 내 말을 믿지 아니 함이거니와 때가 이르면 내 말이 이루어지리라 하더라

79. consent

v to give permission, to agree 동감하다, 동의하다   *n* consent
syn concord, accord, agreement, approval
– the consenting party 찬성 측 / give one's consent 승낙하다

독해작문 It is known that assault can only be defended by the consent of the person being assaulted.
폭행, (또는 강간)사건은 폭행당한 사람의 동의에 의해서만 변호 받을 수 있다고 알려져 있다.

• Mt.3:15

• Lk.22:6 He consented, and watched for an opportunity to hand Jesus over to them when no crowd was present.
유다가 하락하고 예수를 무리가 없을 때에 넘겨 줄 기회를 찾더라

80. descend

v to sink from higher to lower level, go down 내리다, 하강하다   *syn* fall, drop   *ant* ascend
– The roads descends steeply. 도로가 급한 내리막길이다
– He descended to begging. 그는 거지로까지 전락했다.

독해작문 The celebration was fantastic like seeing angels descend from heaven.
축제는 하늘에서 천사가 내려오는 것을 보는 것 같이 환상적이었다.

• Mt.3:16

• Jn.1:51 "I tell you the truth, you shall see heaven open, and the angels of God ascending and descending on the Son of Man."
진실로 진실로 너희에게 이르노니 하늘이 열리고 하나님의 사자들이 인자위에 오르락 내리락 하는 것을 보리라.

81. dove

n a type of bird belongs to pigeon used as a sign of peace 평화의 상징으로 쓰이는 비둘기, 반전론자
聖 Dove = Holy Spirit

독해작문 White dove is a symbol of heavenly peace.
흰색 비둘기는 천국평화의 상징이다.

• Mt.3:16 see above

• Mt.21:12 He overturned the tables of the money changers and the benches of those selling doves.
돈 바꾸는 사람들의 상과 비둘기 파는 사람들의 의자를 둘러 엎으시고

B. Related Grammar • Mt.3:13-17

◈ It ~ for ~ to 구문

• Mt.3:15 Jesus replied, "Let it be so now; it is proper for us to do this to fulfill all righteousness." 〈예수께서 대답하여 이르시되, "이제 허락하라 우리가 이와 같이 하여 모든 의를 이루는 것이 합당하니라."〉

이는 부정사의 의미상의 주어에 해당하는 구문이다. 부정사의 의미상의 주어는 "for (of) + 대명사 + to + 동사원형"의 형식을 가진다. 뜻은' for이하가 to이하 하는 것은 It이하하다'로 해석 된다.
It is good for him to be honest. 〈그가 정직하게 되는 것은 좋은 일이다.〉

◈ As soon as의 시간을 나타내는 부사절

• Mt.3:16 As soon as Jesus was baptized, he went up out of the water. 〈예수께서 세례를 받으시고 곧 물에서 올라 오실새〉

'~하자마자'의 뜻을 가진 시간 부사절

1) As soon as + 절: As soon as she saw him, she fled from him. 〈그녀는 그를 보자마자 도망쳤다.〉
2) The moment + 절: The moment she saw him, she fled from him.
3) The minute + 절: The minute she saw him, she fled from him.
4) The instant + 절: The instant she saw him, she fled from him.

5) Instantly + 절: Instantly she saw him, she fled from him.

6) Directly + 절: Directly she saw him, she fled from him.

7) Immediately + 절: Immediately she saw him, she fled from him.

8) 주어 + had + no sooner + pp. + than + 주어 + 동사: She had no sooner seen him than she fled from him.

9) No sooner + had + 주어 + pp. + than + 주어 + 동사: No sooner had she seen him than she fled from him.

10) 주어 + had + (hardly, scarcely, rarely, barely) + pp. + (when, before) + 주어 + 동사: She had hardly (scarcely, rarely, barely) seen him when (before) she fled from him.

11) Hardly (Scarcely, Rarely, Barely) + had + 주어 + when (before) + 주어 + 동사: Hardly (Scarcely, Rarely, Barely) had she seen him when (before) she fled from him.

C. Unique Expression of the Bible • Mt.3:13-17

1. 하나님의 성령이 비둘기 같이 내리다: the Spirit of God descending like a dove

CHAPTER 4 마태복음 4장

Theme 1. The Temptation of Jesus (Mt.4:1-11)
시험을 받으시다

Theme 2. Jesus begins to preach (Mt.4:12-17)
비로소 천국을 전파하시다

Theme 3. Calling of the First Disciples (Mt.4:18-22)
어부들을 부르시다

Theme 4. Jesus heals the Sick: (Mt.4:23-25)
가르치시며 전파하시며 고치시다

Theme 1 The Temptation of Jesus • Mt.4:1-11 •
시험을 받으시다

A. Words & Phrases • Mt.4:1-11

82. be led by

phr ~에 이끌리다, 인도되다 lead-led-led

독해작문 An investigation led by Korean Central Information Agency has caused a lot of political trouble consequently.
KCIA에 의하여 진행된 조사는 결국 많은 정치적 문제를 일으켰다.

• Mt.4:1 Then Jesus was led by the Spirit into the desert to be tempted by the devil.
그 때에 예수께서 성령에게 이끌리어 마귀에게 시험을 받으러 광야로 가사

• Job 31:7

83. tempt

v induce or persuade someone to do something bad or immoral 시험하다, 꾀다, 유혹하다
syn test, put to trial, entice, provoke, incline *n* temptation
– The serpent tempted Eve. 뱀이 이브를 유혹했다.

독해작문 Special offer could tempt consumers and it helps promote consumption.
특별가격으로 파는 것은 소비자를 유혹할 것이고 그것은 소비를 증진시키게 한다.

• Mt.4:1 see above

• Mk.1:13 and he was in the desert forty days, being tempted by Satan.
광야에서 사십 일을 계시면서 사탄에게 시험을 받으시며

84. devil

n an evil spirit or a dirty spirit, or a Satanic spirit *syn* Satan, Lucifer, the Old Serpent
adj devilish
– and the devil knows what 그 밖에 이것저것 많이 / black as the devil 새까만

독해작문 Most of Oriental icons built on the palaces are believed to keep the devils away and protect the country.
궁전위에 세워진 동양의 대부분의 상징물들은 마귀를 쫓아내고 나라를 보호해준다고 믿어졌다.

• Mt.4:1 see above

• Mt.4:11 Then the devil left him, and angels came and attended him.
이에 마귀는 예수를 떠나고 천사들이 나와서 수종드니라.

85. fast

v to eat nothing 금식하다 *n* fasting
– Muslims have fasting period called Ramadan.

독해작문 Hindu people were on a fast-unto-death, demanding the lifting of the blockade for the poor people in the village.
힌두교도들은 목숨 거는 금식을 하고 있었다. 그들은 마을에 있는 가난한 자들을 위해 봉쇄를 풀 것을 요구하였다.

• Mt.4:2

• Mk.2:18 Now John's disciples and the Pharisees were fasting. Some people came and asked Jesus, "How is it that John's disciples and the disciples of Pharisees are fasting, but yours are not?
요한의 제자들과 바리새인들이 금식하고 있는지라 사람들이 예수께 와서 말하되 요한의 제자들과 바리새인의 제자들은 금식하는데 어찌하여 당신의 제자들은 금식하지 아니 하나이까?

86. temple

n a building for public worship 성전, 예배당, 절 *syn* sanctuary, tabernacle, fane, church, synagogue
the temple of the Holy Ghost 성령이 거하시는 성전

독해작문 Bul Kook temple is one of the famous Buddhist historic sites in southern part of South Korea.
불국사는 한국의 남쪽에 있는 유명한 불교 유적지의 하나다.

• Mt.4:5

• Mt.21:14 The blind and the lame came to him at the temple, and he healed them.
맹인과 저는 자들이 성전에서 예수께 나아오매 고쳐주시니

87. command

v the direct order, an order requires to be obeyed 명령하다 *n* 명령, 계명 지시 = commandment
syn rule, govern sway, control, order *n* commander, commandment
the Commander in Chief 총사령관 / to command language 언어를 구사하다
the Ten Commandments 십계명

독해작문 To obey God's command is the basic and the most prominent teaching of Old Testament.
하나님의 명령에 순종하는 것이 구약의 기본적이고 가장 중요한 가르침이다.

• Mt.4:6 "If you are the Son of God," he said, "throw yourself down. For it is written:" He will command his angels concerning you, and they will lift you up in their hands, so that you will not strike your foot against stone.
이르되 네가 만일 하나님의 아들이어든 뛰어 내리라 기록되었으되 그가 너를 위하여 그의 사자들을 명하시리니 그들이 손으로 너를 받들어 발이 돌에 부딪치지 않게 하리로다 하였느니라

• Mk.15:3

88. concerning

pre with regard to, about ~에 관한, ~을 고려하여 *syn* respecting, regarding, relating to
concerning the matter 그 일에 관하여

독해작문 The court allowed her to present evidence concerning the case.
법원은 그녀에게 그 사건에 관한 증거를 제출하도록 허락했다.

• **Mt.4:6** see above

• **Lk.2:17** When they had seen him, they spread the word concerning what had been told them about this child,
보고 천사가 자기들에게 이 아기에 대하여 말한 것을 전하니

89. lift up

phr bring something or someone from a lower to higher level 들어 올리다, 향상시키다
syn raise, elevate
lift up one's heart 기운을 내다, 고양시키다 / lift up one's horn 뽐내다, 오만하게 굴다

독해작문 The 2010 World Cup will lift up people's spirit and that is one of the great advantages people can take.
2010 월드컵은 사람들 마음을 고양시킬 것이고 그것이 사람들이 취할 수 있는 큰 이익중 하나다.

• **Mt.4:6** see above

• **Lk.10:15** And you, Capernaum, will you be lifted up to the skies? No, you will go down to the depths.
가버나움아 네가 하늘에까지 높아지겠느냐 음부에까지 낮아지리라

90. strike

v to hit more powerfully or strongly 세게 치다, 때리다 strike-struck-stricken
syn beat, hit, knock, punish, inflict
strike a person on the head ~의 머리를 치다 / strike a mean 평균치를 얻다 / strike a bargain 거래하다

독해작문 British Labour Union announced general strike on this coming Tuesday.
영국노조는 이번 화요일 총파업을 예고하였다.

• **Mt.4:6** see above

• **Mt.5:39** But I tell you, Do not resist an evil person. If someone strikes you on the right cheek, turn to him the other side also.
나는 너희에게 이르노니 악한 자를 대적하지 말라 누구든지 네 오른 뺨을 치거든 왼편도 돌려대며

91. splendor

n grand beauty or honour 찬란함, 아름다움, 장엄함
syn brilliance, magnificence, pomp, gorgeousness
live in splendor 호사스럽게 살다, 호강하다 / the splendor of the palace 궁전의 장려함

독해작문 The palace has been completely restored to its original Victorian splendor and it has a vast lobby in front.
그 궁전은 원래의 빅토리아 스타일 웅장함으로 복구되었고 전면에 광대한 로비가 있다.

• Mt.4:8

• Mt.6:29 Yet I tell you that not even Solomon in all his splendor was dressed like one of these.
그러나 내가 너희에게 말하노니 솔로몬의 모든 영광으로도 입은 것이 이 꽃 하나만 같지 못하였느니라

92. away from

phr go away to another direction 물러나다, 비키다 *syn* get away from, begone

독해작문 It seemed North Korea still distances away from its socialist dream.
북한은 아직도 사회주의 꿈으로부터 멀리 떨어져 있어 보인다.

• Mt.4:10 Away from me, Satan! For it is written: "Worship the Lord your God, and serve him only."
이에 예수께서 말씀하시되 사탄아 물러가라 기록되었으되 주 너의 하나님께 경배하고 다만 그를 섬기라 하였느니라

• Mt.7:23

93. Satan

n devil, evil spirit, dirty spirit , Lucifer 사탄, 악마, 악령 *adj* Satanic

독해작문 Satan, in Biblical sense, includes the devil, the serpent, the accuser of the brethren, and the ruler of the kingdom of the air.

사탄은 성경적 의미에서 마귀, 뱀, 형제를 참소하는 자, 그리고 공중의 권세 잡은 자를 포함한다.

• **Mt.4:10** **see above**

• **Mk.3:23** So Jesus called them and spoke to them in parables: "How can Satan drive out Satan?"
예수께서 그들을 불러다가 비유로 말씀하시되 사탄이 어찌 사탄을 쫓아낼 수 있느냐

94. attend

v to be present or to go, to participate in 참가하다, 가다 *n* attendance
to serve, to look after 시중들다, 섬기다(= attend on) / be attended by ~을 수반하다, ~의 시중을 들다

독해작문 We don't understand why the President of South Africa, Nelson Mandela canceled to attend World Cup opening.
우리는 왜 남아공 대통령 넬슨 만델라가 월드컵 개막식에 참석하는 것을 취소했는지 이해하지 못한다.

• **Mt.4:11**

• **Jn.3:29** The bride belongs to the bridegroom. The friend who attends the bridegroom waits and listens for him, and is full of joy when he hears the bridegroom's voice.
신부를 취하는 자는 신랑이나 서서 신랑의 음성을 듣는 친구가 크게 기뻐하나니

B. Related Grammar • Mt.4:1-11

◈ not ~ but 구문

● **원인, 이유를 나타내는 부사절을 이끄는 상관 접속사**

1) not A but B: A가 아니라 B이다// Man does not live on bread alone, but on every word that comes from the mouth of God. 〈사람이 떡으로만 살 것이 아니요 하나님의 입으로부터 나오는 모든 말씀으로 살 것이라.〉

2) not only A but also B = not merely A but also B: A뿐만이 아니라 B까지도// We appointed

both men as the presidents not only Mr. Kim but also Mr. Park. 〈우리는 두 사람 다 회장으로 임명했다. Mr. Kim뿐만이 아니라 Mr. Park까지도.〉

3) not because A but because B: A 때문이 아니라 B 때문// I respect my father not because he is a rich man but because he is a diligent man. 〈나는 아버지께서 부자이기 때문에 존경하는 것이 아니라 부지런한 사람이기 때문에 존경한다.〉

4) not that A but that B: A 때문이 아니라 B 때문이다// Not that I loved Caesar less, but that I loved Rome more. 〈내가 시저를 덜 사랑해서가 아니라 로마를 더욱 사랑하기 때문이다.〉

◈ 사역동사 + 원형부정사 용법 Mt.4:5

● **지각동사, 사역동사 뒤에 쓰이는 'to 없는 부정사' (Root Infinitive)**

1) 지각동사; see, watch, look (at), notice, listen to, hear, feel 등의 知覺을 나타내는 동사가 앞에 오면 to 없는 부정사가 온다.

I saw her take off the glasses. 〈나는 그녀가 안경을 벗는 것을 보았다.〉

I noticed him run away from home. 〈나는 그가 가출하는 것을 목격했다.〉

2) 사역동사; let, make, have의 '~하게 하다' 라는 사역동사가 오면 'to 없는 원형 부정사'가 온다.

(Mt.4:5) Then the devil took him to the holy city and had him stand on the highest point of the temple. 〈이에 마귀가 예수를 거룩한 성으로 데려다가 성전 꼭대기에 세우고〉

I had her lock the door. 〈나는 그녀에게 문을 잠그라고 했다.〉

He made me laugh. 〈그가 나를 웃겼다.〉

3) 준 사역동사; help, bid가 오면 'to 없는 부정사'나 'to 부정사' 둘 다 온다.

I helped her go home early = I helped her to go home early. 〈나는 그녀가 집에 일찍 가도록 해주었다.〉

C. Unique Expression of the Bible • Mt.4:1-11

1. **하나님의 아들**: the Son of God (v.3)
2. **사탄아 물러가라**: Away from me, Satan! (v.10)

Theme 2 Jesus begins to preach • Mt.4:12-17 •
비로소 천국을 전파하시다

A. Words & Phrases • Mt.4:12-17

95. be put in prison

phr be cast into prison 감옥에 갇히다, 투옥되다 *syn* be put, in jail – a prison without bars 창살 없는 감옥

독해작문 She was sentenced to be put in prison for the rest of her life for killing six people with poison.
그녀는 6인을 독약으로 죽인데 대하여 평생을 수감되도록 선고 받았다.

• Mt.4:12

• Mk.1:14 After John was put in prison, Jesus went into Galilee, proclaiming the good news of God.
요한이 잡힌 후 예수께서 갈릴리에 오셔서 하나님의 복음을 전파하여

96. lake

n a large portion of water surrounded by land 호수 *syn* pond Great Lakes 미국의 오대호 지방

독해작문 A student finally died after being pulled from the lake in 3 hours.
학생은 세 시간 만에 호수에서 건져졌으나 결국 사망했다.

• Mt.4:13

• Mt.8:24 Without warning, a furious storm came up on the lake, so that the waves swept over the boat. But Jesus was sleeping.
바다에 큰 놀이 일어나 배가 물결에 덮이게 되었으니

97. darkness

n having no light in part or completely 어두움, 흑암 *adj* dark
syn obscurity, dimness, blindness, ignorance
– the deeds of darkness 악행, 범죄

독해작문 The student demonstration against police stopped due to darkness.
학생 시위는 어둠으로 인하여 중단되었다.

• Mt.4:16 the people living in darkness have seen a great light; on those living in the land of the shadow of death a light has dawned.
흑암에 앉은 백성이 큰 빛을 보았고 사망의 땅과 그늘에 앉은 자들에게 빛이 비치었도다 하였느니라

• Jn.1:5

98. shadow

n dark area without light 그늘, 그림자 *syn* shade, umbra, darkness, shelter, image
– cast a long shadow 중요하다 / the shadow of death 죽음의 그림자
– beyond the shadow of doubts 아무런 의심 없이

독해작문 The heavy industry has cast the shadow over the Korean economic situation due to the increased price of raw material.
중공업은 원자재 가격의 상승으로 한국의 경제 상황에 그늘을 드리웠다.

• Mt.4:16 see above

• Lk.1:79 ~to shine on those living in darkness and in the shadow of death, to guide our feet into the path of peace.
어둠과 죽음의 그늘에 앉은 자에게 비치고 우리 발을 평강의 길로 인도하시리로다 하니라

99. death

n the end of life, having no life, dying 죽음, 사망, 소멸 *v* die *syn* decease, dissolution
– put to death 사형에 처하다, 죽이다 / violent death 사고사, 변사

독해작문 The so-called the group of death in 2010 World Cup, will soon have the match

and it is the one between Brazil and North Korea.
2010 월드컵에서 소위 죽음의 조라고 불리우는 조가 곧 시합을 갖게 될 것이다, 그것은 브라질과 북한의 조다.

• **Mt.4:16** **see above**

• **Mt.26:66** "What do you think?" "He is worthy of death," they answered.
너희 생각은 어떠하냐 대답하여 이르되 그는 사형에 해당하니라 하고

100. dawn

v n the time of day when the light begins to appear, very early in the morning 동트다, 새벽
cf twilight
dawn on(upon) 생각이 떠오르다 / from dawn till dusk 새벽부터 황혼까지 / Dawn breaks 새벽이 동 튼다

독해작문 It is inappropriate for the anchor to talk about sex scenes in breaking dawn through the public mass media.
방송인이 공중파를 통해서 새벽 동틀 무렵에 성적인 장면들에 대하여 이야기 하는 것은 부적절하다.

• **Mt.4:16** **see above**

• **Mt.28:1** After the Sabbath, at dawn on the first day of the week, Mary Magdalene and the other Mary went to look at the tomb.
안식일이 다 지나고 안식 후 첫날이 되려는 새벽에 막달라 마리아와 다른 마리아가 무덤을 보려고 갔더니

101. preach

v to deliver sermon or religious message 설교하다, 전도하다 ***syn*** proclaim, declare, pronounce
– preacher 설교가, 목사 / preach the Gospel 복음을 전파하다 / preach to deaf ears 마이동풍

독해작문 Usually Hindus do not preach or teach but they can conduct the yoga activities and meditation.
보통 힌두교인들은 설교하거나 가르치지는 않지만 그들은 요가행위를 하거나 명상할 수 있다.

• **Mt.4:17**

• Mk.16:15 He said to them, "Go into all the world and preach the good news to all creation.
또 이르시되 너희는 온 천하에 다니며 만민에게 복음을 전파하라

B. Related Grammar • Mt.4:12-17

◈ 분사구문

• Mt.4:13 Leaving Nazareth, he went and lived in Capernaum, which was by the lake in the area of Zebulun and Naphtali 〈나사렛을 떠나 스불론과 납달리 지경 해변에 있는 가버나움에 가서 사시니〉

● 분사구문(Participial Construction)은 내용상 네 가지 부사절로 구분할 수 있다.

1) 시간, 때를 나타내는 부사절이 분사구문으로 전환되는 경우: when, after, while, until, before, since, as soon as

When he received the mail, he gave up looking for him. 〈그가 우편을 받았을 때 그를 찾는 것을 포기하였다.〉

→ Receiving the mail, he gave up looking for him.

2) 이유, 원인을 나타내는 부사절이 분사구문으로 전환되는 경우: (because, as, since)

As I had not met him before, I didn't remember his name. 〈내가 그를 전에 만나지 않았기 때문에 그의 이름을 기억하지 못했다.〉

→ Not having met him before, I didn't remember his name. 〈전에 그를 만나지 않았기 때문에 그의 이름을 기억하지 못했다.〉

3) 양보를 나타내는 부사절이 분사구문으로 전환되는 경우: (though, even though, even if, although, while)

Though she does not like me, I still love her. 〈그녀가 나를 좋아하지 않아도 나는 여전히 그녀를 사랑한다.〉

→ Not loving me, I still love her.

Even if I have never tried this kind of food, I have an idea that it will taste good. 〈내가 비록 이 음식을 먹어본 적이 없어도 나는 이 음식이 맛이 좋으리라 생각한다.〉

→ Never having tried it, I have an idea that it will taste good.

4) 조건을 나타내는 부사절이 분사구문으로 전환되는 경우: (if, unless)

If you do not work hard, you will fail in life. 〈열심히 일하지 않으면 너는 인생에 실패할 것이다.〉

→ Not working hard, you will fail in life.

● **분사구문을 만드는 방법**

1) 부사절(종속절)을 분사구문으로 만든다.

2) 부사절의 접속사를 생략한다. (단, 접속사를 없앰으로 문맥상 뜻이 불분명할 때는 생략하지 않는다, 극히 드문 경우)

While swimming, he was drowned. 〈수영하는 도중, 그는 익사하였다.〉

Though not playing well, everybody paid attention to her music. 〈비록 훌륭한 연주는 아니었으나 모든 이들이 그녀의 음악에 주목하였다.〉

3) 부사절의 주어와 주절의 주어가 같은 경우 = 부사절의 주어를 생략한다. 〈일반 부사구문〉

Being sick, I stayed at home. ← As I was sick, I stayed at home. 〈나는 아파서 집에 머물렀다.〉

다른 경우 = 부사절의 주어를 생략하지 않는다. 〈독립 분사구문〉

It being fine, we went on a picnic. ← Since it was fine, we wnet on a picnic. 〈날씨가 좋아서 우리는 소풍갔다.〉

4) 부사절 동사와 주절의 동사시제를 비교

같으면(V = V'); 부사절의 동사가 과거, 현재이든 간에 [동사원형 + ~ing + ~, S + V + ~]으로 한다.〈단순 분사구문〉

When I lived in Seoul, I became acquainted with her.

→ Living in Seoul, I became acquainted with her. 〈서울에 살 때 나는 그녀와 친숙해졌다.〉

틀리면(V≠V'); 부사절 속의 동사시제가 과거완료, 현재완료이든 [having + p.p + ~, S + V + ~]으로 한다. 〈완료 분사구문〉

After I had finished my homework, I went home.

→ Having finished my homework, I went home. 〈숙제를 마치고 나는 집에 갔다.〉

5) 분사구문의 부정은 분사 바로 그 앞에 [not, never]를 둔다.

As I had not received an answer, I wrote again.

→ Not having received an answer, I wrote again. 〈답장을 받지 못해서 다시 편지를 썼다.〉

If you do not working hard, you will fail in the exam. 〈열심히 공부하지 않으면 너는 시험에서 떨어질 것이다.〉

→ Not working hard, you will fail in the exam.

● **분사구문의 특징**

1) 복문을 단문화 시키는 것이다.

즉, 〈복문〉 접속사 + S' + V' + ~, S + V + ~.

(부사절(종속절)) (주절)

As I was sick, I stayed at home. 〈아파서 집에 있었다.〉

〈단문화〉 부사구, S + V + ~.

(주절)

Being sick, I stayed at home. 〈아파서 집에 있었다.〉

2) 단문화 시킨 구문을 해석할 때에는 원래 부사절의 내용대로 해석해야 한다.

Being sick, I stayed at home. → As I was sick, I stayed at home. 〈아팠기 때문에 집에 있었다.〉

3) 분사의 위치는 문두, 문중, 문미 어디에든 올 수 있다. (단, 주어가 대명사일 경우에는 문중에 오는 것은 부적절하므로 문두, 문미 둘 중에 하나로 한다)

Seeing me, the boy ran away. (문두) 〈그 소년은 나를 보고 달아났다.〉

The boy, seeing me, ran away. (문중)

The boy ran away, seeing me. (문미)

· 주어가 대명사인 경우

Seeing me, the boy ran away. (O)

He ran away, seeing me. (O)

He, seeing me, ran away.(X)

C. Unique Expression in the Bible • Mt.4:12-17

1. **선지자 이사야**: the prophet Isaiah = Isaiah the Prophet (v.14)
2. **이방의 갈릴리**: Galilee of the Gentiles (v.15)
3. **흑암에 앉은 백성**: the people living in darkness (v.16)
4. **사망의 땅과 그늘**: the land of the shadow of the death (v.16)
5. **빛이 비치었도다**: the light has dawned(v.16)
6. **회개하라**: Repent. (v.17)
7. **천국이 가까이 왔느니라**: the kingdom of heaven is near. (v.17)

Theme 3 Calling of the First Disciples • Mt.4:18-22 •
어부들을 부르시다

A. Words & Phrases • Mt.4:18-22

102. cast a net

phr 그물을 던지다 ***syn*** throw a net

독해작문 Youngsters should cast nets far and wide in search of their promotion of talent.
젊은이들은 그들의 재능 증진을 향상하기 위해서 넓고 멀게 그물을 던져야 한다.

• Mt.4:18 They were casting a net into the lake, for they were fishermen.
그들이 바다에 그물을 던지니 그들은 어부라

• Mk.1:16

103. fishermen

n(복) men who catch fish 어부 ***syn*** fisher, angler, piscator
(여) fisher woman

독해작문 In that reign, commercial fisherman is a very popular job because the area is skirted by beautiful lakes.
그 지역에서는 상업어부가 매우 인기 있는 직업이다. 왜냐하면 그 지역은 아름다운 호수로 둘러싸여 있기 때문이다.

• Mt.4:18 see above

• Lk.5:2 he saw at the water's edge two boats, left there by the fishermen, who were washing their nets.
호숫가에 배 두 척이 있는 것을 보시니 어부들은 배에서 나와서 그물을 씻는지라

104. At once

phr 당장에, 곧 ***syn*** right away, instantly, immediately

독해작문 The people were informed to leave at once, for it was found to bethe sign of earthquake.
사람들에게 당장에 떠나라고 알렸다, 왜냐하면 지진의 징후가 발견되었기 때문이다.

• Mt.4:20

• Mk.1:12 At once the Spirit sent him out into the desert,
성령이 곧 예수를 광야로 몰아 내신지라

105. immediately

adv at once, right away, proximately, directly, as soon as 곧, 당장

독해작문 The new facility in the market will be immediately available to all consumers and they are so happy about that.
시장의 새로운 시설은 곧 모든 소비자들이 쓸 수 있게 될 것이고 사람들은 그것에 대해 아주 행복해 하고 있다.

• Mt.4:22

• Lk.5:25 Immediately he stood up in front of them, took what he had been lying on and went home praising God.
그 사람이 그들 앞에서 곧 일어나 그 누웠던 것을 가지고 하나님께 영광을 돌리며 자기 집으로 돌아가니

B. Related Grammar • Mt.4:18-22

◈ 부사절을 유도하는 종속 접속사 as

• Mt.4:18 As Jesus was walking beside the Sea of Galilee, he saw two brothers, Simon called Peter and his brother Andrew. 〈갈릴리 해변에 다니시다가 두 형제 곧 베드로라 하는 시몬과 그

의 형제 안드레를 보시니〉

as(~할 때에, ~하면서) = when 또는 문맥상 뜻이 통할 때는 while 로 바꿀 수 있다.

◈ 4형식문장과 수여동사

- Mt.4:19 "and I will make you fishers of men". <내가 너희를 사람을 낚는 어부가 되게 하리라.〉

- **영어문장의 기본 5문형 중 제4형식문장으로 그 형식은 [S + V + I.O + D.O]의 형식이다.**

즉, 이는 (주어 + 수여동사 + 간접목적어 + 직접목적어)의 형식이다. 이 때에 수반되는 동사는 ~을 해 주다의 뜻이 포함되므로 '수여동사(Dative Verb)라고 한다. 그리고 이러한 수여동사는 '~에게'라는 간접 목적어(I.O)와 '~을'이라는 직접 목적어(D.O), 두 개의 목적어를 필요로 한다. 3형식의 동사처럼 수여동사도 완전 타동사의 일종이다.

이 문장의 기본적인 내용은 ~가(S), ~에게(I.O), ~을(D.O) 하여준다(V.)라는 뜻을 이룬다.

1) 4형식의 기본 문형은 다음과 같은 종류들이 있다:

(1) S + vt. + (대)명사 + 명사 및 그 상당어구 → My mother bought me a dress.
(I.O) (D.O) 〈어머니가 내게 옷을 사 주셨다.〉

(2) S + vt + (대)명사 + that (wh -) 명사절 → I told you that he would come back.
(I.O) (D.O) 〈나는 그가 돌아오리라고 네게 말했다.〉

(3) S + vt + (대)명사 + 의문사 + to 부정사 → I asked him what to do next.
(I.O) (D.O) 〈나는 그에게 다음에 무엇을 할 것인지 물었다.〉

2) 4형식 문장은 3형식(S + Vt, + O)로 전환 시킬 수 있다:

4형식: 주어 + 완전타동사 + 간접목적어 + 직접목적어

→ 3형식으로: 주어 + 완타 + 직목 + 전치사 + 간목)
(3형식 전환) (부사구)

이 때 전치사로 이용될 수 있는 것은 to, for, of, on등이 있는데 수여동사의 뜻에 따라서 적용된다.

(1) 대부분의 수여동사가 이에 속하고 '주다'란 뜻을 가진다 즉, give, lend, show, bring, tell, hand, teach, offer, own, send, read, sell, write, pass, pay, allow 등이 있다.

I sent her a letter. (p4) → I sent a letter to her. 〈나는 그녀에게 편지를 보냈다.〉

(2) '~를 위해 ~을 해 주다'의 뜻을 가진 동사들; spare, reach, sing, play, order, call, make, do, get, find, choose, buy, cook, leave, leave 등은 전치사 for를 사용한다.

Dr. Kim played me beautiful music. → Dr. Kim played beautiful music for me. 〈김 박사는 나를 위해 아름다운 음악을 연주해 주셨다.〉

(3) desire, ask, demand, beg, require, inquire 등, 요구하다의 뜻을 가진 동사는 전치사 of를 사용한다.

She asked me a question. → She asked a question of me. 〈그녀는 나에게 질문 했다.〉

(4) 전치사 on을 쓰는 경우:

He played me a mean trick. → He played a mean trick on me. 〈그는 나에게 야비한 술책을 부렸다.〉 -play a trick 사기치다, 야비한 술책을 부리다 (숙; 사기치다, 농담걸다)의 경우 on 사용.

They conferred a medal on me. (주다, 수여하다)--〈그들은 나에게 메달을 수여하였다.〉

(5) 간접목적어를 전치사와 함께 뒤로 옮기지 못하는 특수수여동사;

pardon(용서하다), forgive(용서하다), envy(부러워하다), save(덜어주다), charge(요구하다), cause(야기시키다), cost(비용이들다), answer(대답하다), strike(때리다), owe, own, wish 등의 동사를 가진 문장은 3형식으로 전환하지 못한다.

I envy you your success. (O) → I envy your success to you.(X) 〈너의 성공이 부럽다.〉

Machines save us much time and effort. (O) → Machines save much time and efforts for us.(X) 〈기계는 우리들의 많은 시간과 노력을 덜어준다.〉

C. Unique Expression of the Bible • Mt.4:18-22

1. **갈릴리 바다**: the Sea of Galilee(v.18)
2. **그물을 던지다**: cast a net(v.18)
3. **사람 낚는 어부**: fishers of men(v.19)

D. Reading with the Theme • Mt.4:18-22

The Calling of the First Disciples: 어부들을 부르시다

◈ Some Particulars from *Matthew Henry's Commentary*[5] (pp. 27-29):

Observe; 다음을 주목하라

1. 'Where' they were called: 어디에서 그들이 부르심을 받았는가

by the Sea of Galilee, where Jesus was walking, Capernaum being situated near that sea. They who were picked up at the sea of Galilee, had not the advantages and improvements no, not of the more polished Galileans, yet there Christ went, to call his apostles who were to be the prime ministers of state in his kingdom, for he chooses the foolish things of the world, to confound the wise.

〈예수가 거닐었던 가버나움 근처에 자리 잡은 갈릴리 바닷가에서였다. 갈릴리 바닷가에서 선택 받았던 그들은 세련된 갈릴리인들의 특권과 우수성을 지닌 자들이 아니었다. 그러나 예수님은 그들에게로 가셨다. 그의 왕국에서 주요인물의 사역자로 세우기 위해 그의 사도들을 부르시러 가신 것이다. 왜냐하면 그는 세상의 어리석은 자들을 취하여 지혜 있는 자들을 굴복시키기 위해서였다.〉

2. 'Who' they were: 그들은 누구였는가

We have an account of the call of two pairs of brothers; Peter and Andrew, James and John; the two former and the two latter also had had acquaintance with Christ before. (Jn.1:40-41)

〈두 쌍의 형제들의 부르심을 본다; 베드로와 안드레 그리고 야고보와 요한이다. 전자와 후자의 형제들이 다 전에 그리스도와의 교분이 있었다. (Jn.1:40-41)〉

1) They were brothers. It is a blessed thing, when they who are kinsmen 'according to the flesh', They are brought together into a spiritual alliance to Jesus Christ. 그들은 형제였다. 〈그들이 혈육을 따라 혈족인 것은 축복 받은 일이다. 그들은 예수 그리스도 안에서 영적인 연합을 이루기 위해 함께 성장하였다.〉

2) They were 'fishers'. Being fishers, 〈그들은 어부였다. 어부가 된다는 것은,〉

·They were 'poor men'. 〈그들은 가난했다.〉

---

5) Matthew Henry, *Matthew Henry's Commentary*, pp.27-29 요약

·They were 'unlearned men'. Christ sometimes chooses to endow those with gifts of grace who have least to show of the gifts of nature. 〈그들은 무식했다. 그리스도는 때때로 거의 타고난 재능이 없는 자들에게 은사를 베푸신다.〉

·They were men of business, who had been bred up to labor. Note, diligence in an honest calling is pleasing to Christ, and no hindrance to a holy life. 〈그들은 열심히 일하며 성장한 일꾼 들이었다. 진정한 부르심에 있어서 근면함은 그리스도를 기쁘시게 하고 거룩한 삶을 사는데 걸림돌이 되지 않음을 기억하라.〉

·They were men who were accustomed to hardships and hazards. Note, Those who have learned to bear hardships, and to run hazards, are best prepared for the fellowship and disciples of Jesus Christ. Good soldiers of Christ must endure hardness. 〈그들은 고생과 위험에 길들여진 사람들이었다. 고생을 견디고 위험을 극복하는 사람들이 예수 그리스도의 교제와 훈련에 가장 잘 준비되고 있음을 기억하라. 그리스도의 선한 군병은 고난을 잘 견디어야만 한다.〉

3. 'What they were doing': 그들은 무엇을 하고 있었는가

Peter and Andrew were using their nets, they were fishing; and James and John were 'mending their nets', which was an instance of their industry and good husbandry.

〈베드로와 안드레는 그들의 그물을 던져 고기를 잡고 있었고; 야고보와 요한은 그물을 깁고 있었다. 그것은 그들의 근면함과 좋은 사역의 일례이다.〉

4. What the call was (v.19); 그 부르심은 무엇이었는가 (v.19)

'Follow me, and I will make you fishers of men'; They had followed Christ before, as ordinary disciples (Jn.1:37), but so they might follow their calling, too. Note, even they who have been called to follow Christ, have need to be called to follow on, and to follow nearer, especially when they are designed for the work of the ministry. 〈'나를 따르라 그리하면 내가 너희로 사람낚는 어부가 되게 하리라'. 그들은 평범한 제자들로 전에도 그리스도를 따랐다. (Jn.1:37), 그들이 그 부르심을 따라갈 수 있도록. 비록 그들이 그리스도를 따라가도록 부름 받았을지라도 계속 따를 수 있고 더 가까이 따라 갈 수 있도록 부르심을 받을 필요가 있음을 주목하라. 특별히 그들이 사역을 감당할 수 있도록 계획되었다면 말이다.〉

1) What Christ intended them for; 'I will make you fishers of men'.

〈그리스도가 그들에게 뜻하신 바는: '내가 너희로 사람 낚는 어부 되게 하리라'.〉

Note, ·Ministers are fishers of men, not to destroy them, but to save them.

〈다음을 주목하라. ·사역자들은 사람 낚는 어부이다. 그들을 멸망시키지 않고 구하는 자들이다.〉

·It is Jesus Christ that makes them so; 'I' will make you fishers of men.

〈그들을 그렇게 만드는 것은 예수 그리스도이다; '내가 너희로 사람 낚는 어부되게하리라.'〉

2) What they must do to achieve this; 'Follow me'. They must separate themselves to a diligent attendance on him, and set themselves to a humble imitation of him; must follow him as their Leader.

〈이것을 이루기 위해 그들이 해야만 하는 것: '나를 따르라'이다. 그들은 예수를 열심히 수종들기 위해 구별된 생활을 하여야 하며, 그를 겸허하게 닮아가도록 스스로 노력해야 하며 주를 그들의 리더로 따라가야만 한다.〉

5. What was the success of this call. 이러한 부르심으로 이루신 것은 무엇인가

Peter and Andrew straightway left their nets.(v.20); and James and John immediately left their ship and their father. (v.22); and they all followed him. Note, Those who would follow Christ aright, must leave all to follow him.

〈베드로와 안드레는 즉시 그물을 버렸다. (v.20): 야고보와 요한도 즉시 그들의 배와 그들의 아비를 떠났다. (v.22); 주목하라, 그리스도를 바르게 따르려고 하는 자들은 그를 따르기 위해서 모든 것을 버려두어야 한다.〉

1) This instance of the power of the Lord Jesus; How strong and effectual is his word! He speaks and it is done.

〈주 예수의 권능의 일례; 그의 말씀이 얼마나 강하고 효험 있는가! 그가 말씀하시니 그대로 되니라.〉

2) This instance of the pliableness of the disciples, gives us a good example of obedience to the command of Christ. Being called, they obeyed.

〈제자들의 유순함의 이러한 일례는 그리스도의 명령에 순종하는 좋은 본보기를 우리에게 보여준다. 부르심을 받고 그들은 순종했다.〉

Theme 4 Jesus heals the Sick • Mt.4:23-25 •
가르치시며 전파하시며 고치시다

A. Words & Phrases • Mt.4:23-25

106. synagogue

n a place or a temple where Jews attend for worship 회당 *syn* Jewish temple, Sanhedrin

독해작문 The term, 'synagogue' was for any religious or secular gathering, however, nowadays it usually indicates Jewish community meeting place.
'synagogue'라는 용어는 종교적 또는 세속적 집회를 일컫는 말이었다, 그러나 요즈음에는 주로 유태인 공동체가 모이는 장소를 의미한다.

• Mt.4:23 Jesus went throughout Galilee, teaching in their synagogues, preaching the good news of the kingdom, and healing every disease and sickness among the people.
예수께서 온 갈릴리에 두루 다니사 그들의 회당에서 가르치시며 천국 복음을 전파하시며 백성 중의 모든 병과 모든 약한 것을 고치시니

• Lk.4:15

107. good news

n Christian gospel, doctrine, creed, divine revelation 복음
– proclaim the good news 복음을 전파하다

독해작문 Good news refers to Gospel in Christianity.
기독교에서는 굿 뉴스란 복음을 의미한다.

• Mt.4:23 see above

• Mk.1:14 After John was put in prison, Jesus went into Galilee, proclaiming the good

news of God.
요한이 잡힌 후 예수께서 갈릴리에 오셔서 하나님의 복음을 전파하여

108. healing

n to treat or to become healthy 치료, 회복, 신유(聖)
– heal the sick 병자를 고치다 / the gift of healing 신유의 은사

독해작문 Bible describes God as a healer, because it teaches both physical and spiritual health come from God.
성경은 하나님을 치유자로 묘사하고 있다. 왜냐하면 성경은 신체적 영적 건강이 다 하나님으로부터 온다고 가르치고 있기 때문이다.

• Mt.4:23 see above

• Jn.7:23 Now if a child can be circumcised on the Sabbath so that the law of Moses may not be broken, why are you angry with me for healing the whole man on the Sabbath?
모세의 율법을 범하지 아니하려고 사람이 안식일에도 할례를 받는 일이 있거든 내가 안식일에 사람의 전신을 건전하게 한 것으로 너희가 내게 노여워하느냐

109. disease

n naturally caused illness or disorder of body by infection 병, 질병, 폐해
syn sickness, disorder, malady, ailment
– suffer from a disease 병을 앓다 / catch a disease 병에 걸리다 / a family (a hereditary disease) 가족(유전병) / a serious disease 중병

독해작문 It is know that Parkinson's disease is linked to gene variant and pesticide.
파킨슨씨병은 유전자 변이와 살균제에 관련된 것으로 알려졌다.

• Mt.4:23 see above

• Lk.7:21 At that very time Jesus cured many who had diseases, sickness and evil spirits, and gave sight to many who were blind.
마침 그 때에 예수께서 질병과 고통과 및 악귀 들린 자를 고치시며 또 많은 맹인을 보게 하신지라

110. sickness

n the condition of being sick 병, 멀미　*adj* sick
– have a sea sick 배 멀미 하다 / a slight sick 가벼운 병

독해작문　Sleep deprivation can cause fatal sickness and people have to be able to manage their time when they watch football games.
수면 결핍증은 치명적 질병을 일으킬 수 있다. 그래서 사람들은 축구 경기를 관전할 때 시간을 조절할 수 있어야 한다.

• Mt.4:23　see above

• Lk.4:40　When the sun was setting, the people brought to Jesus all who had various kinds of sickness, and laying his hands on each one he healed them.
해 질 무렵에 사람들이 온갖 병자들을 데리고 나아오매 예수께서 일일이 그 위에 손을 얹으사 고치시니

111. spread all over

phr reach out, stretch out, or become broader 사방에 퍼지다
syn expend, extend, mantle, disperse, scatter　*adj* spreadable　*n* spreadability
– spread a map 지도를 펴다 / spread out (가지 따위가) 뻗다, 손을 펼치다 / spread over (소문 따위가) 퍼지다

독해작문　The bad rumor spread all over internet instantly and there was nothing we could do about it.
그 악성 소문은 삽시간에 인터넷으로 번져나갔고 그것에 대해 우리는 속수무책이었다.

• Mt.4:24　News about him spread all over Syria, and people brought him all who were ill with various diseases, those suffering severe pain, the demon-possessed, those having seizures, and paralyzed, and he healed them.
그의 소문이 온 수리아에 퍼진지라 사람들이 모든 앓는 자 곧 각종 병에 걸려서 고통당하는 자, 귀신 들린 자, 중풍병자들을 데려오니 그들을 고치시더라

• Mt.9:31

112. suffer

v experience pain or difficulty (~from) 고통 받다, 질병을 앓다   *n* suffering
syn undergo, endure, put up with
– suffer from mental illness 정신병을 앓다

독해작문 Children suffered severely from the neighborhood homicide and it affected their academic performance.
아이들은 이웃에서 일어난 살인사건으로 몹시 고통스러워하였고 그것은 그들의 학업에 지장을 주었다.

• Mt.4:24 see above

• Mt.8:6 "Lord", he said, "my servant lies at home paralyzed and in terrible suffering."
이르되 주여 내 하인이 중풍병으로 집에 누워 몹시 괴로워하나이다.

113. severe

adj not gentle nor kind 심한, 혹독한, 수수한, 꾸밈없는   *n* severity, adv. severly
syn rigorous, stern, strict, rigid, sarcastic
– severe punishment 엄벌 / severe criticism 혹평

독해작문 The weather forecast warned severe thunderstorm coming up to Chicago area pretty soon.
일기예보가 곧 시카고 지역으로 올라오는 극심한 폭풍우를 경고하였다.

• Mt.4:24 see above

• Lk.15:14

114. pain

n suffering, great discomfort of mind or in body 고통, 형벌, 노력   *v* pain
syn distress, ache, pang, soreness
– be in pain 괴로워하다 / feel no pain 고통을 모르다, 죽어 있다

독해작문 A month of pain without no end finally led her to kill herself.
한 달 동안 쉴 새 없는 고통이 결국 그녀를 자살로 몰고 갔다.

• **Mt.4:24** **see above**

• **Mt.24:8** All these are the beginning of birth pains. 이 모든 것은 재난의 시작이라

115. the demon-possessed

adj having demonic spirit 귀신들린 *n* demon-possessed person or people 귀신들린 자들

독해작문 Bible acknowledges that demons exist and they can influence and oppress people-they are called 'demon-possessed.'
성경은 귀신이 존재하고 또한 그들이 사람들에게 영향을 주거나 억압할 수 있다고 인정한다. -그들은 '귀신들린 자'라고 불리워진다.

• **Mt.4:24** **see above**

• **Jn.8:49** "I am not possessed by a demon," said Jesus, "but I honor my Father and you dishonor me."
예수께서 대답하시되 나는 귀신 들린 것이 아니라 오직 내 아버지를 공경함이거늘 (너희가 나를 무시하는도다.)

116. seizures

n a act of seizing or a sudden attack of an illness 붙잡힘, 강탈, 졸도, 발작 *v* seize
a heart seizure 심장발작(= a heart attack)

독해작문 The couple's 8 year old son with a seizure disorder was put on powerful anti-seizure medicines and it affected his other organs.
그 부부의 8살짜리 아들이 발작장애가 있어서 강한 반 발작제를 투여했는데 그것이 그의 다른 부위에 지장을 주었다.

• **Mt.4:24** **see above**

• **Mt.17:15** "Lord, have mercy on my son," he said. "He has seizures and is suffering greatly. He often falls into the fire or into the water.
주여 내 아들을 불쌍히 여기소서 그가 간질로 심히 고생하여 자주 불에도 넘어지며 물에도 넘어지는지라

117. paralyzed

adj become unable to move 마비된, 불능이 된, 무효의 *syn* benumbed, deadened, palsied be paralyzed in both legs 두 다리가 마비된

독해작문 Paralyzed patient was injured by the sudden attack for he could not escape from there.
신체가 마비된 환자는 거기로부터 빠져 나올 수 없었기 때문에 갑작스런 공격에 부상을 당했다.

• Mt.4:24 see above

• Lk.5:24 But that you may know that the Son of Man has authority on earth to forgive sins..” He said to the paralyzed man, “I tell you get up, take your mat and go home.”
그러나 인자가 땅에서 죄를 사하는 권세가 있는 줄을 너희로 알게 하리라 하시고 중풍병자에게 말씀하시되 내가 네게 이르노니 일어나 네 침상을 가지고 집으로 가라 하시매

B. Related Grammar • Mt.4:23-25

◈ the + 형용사 = 복수보통명사

• Mt.4:24 News about him spread all over Syria, and people brought to him all who were ill with various diseases, those suffering severe pain, the demon-possessed, those having seizures, and the paralyzed, and he healed them. ⟨그의 소문이 온 수리아에 퍼진지라 사람들이 모든 앓는 자 곧 각종 병에 걸려서 고통당하는 자, 귀신 들린 자, 간질 하는 자, 중풍병자들을 데려오니 그들을 고치시더라⟩

● [the + 형용사 = 복수보통명사]의 형태는 형용사의 명사적인 용법의 한가지로서 주로 성상 형용사의 경우이다. 이때의 형용사는 일반 형용사 또는 (~ing, 즉 현재분사형태의 형용사 / p.p(과거분사형태의 형용사) 로서, 1) 주로 사람을 나타내는 복수보통명사, 2) 특정한 것에 쓰이는 단수보통명사, 3) 추상명사, 4) 사물의 부분을 가리키는 명사를 만들 수 있다.

1) The rich (= rich people) should not despise the poor(= poor people). ⟨부자들은 가난한 자

들을 명시해서는 안 된다.〉

2) The judge told the accused to stand up. 〈판사는 피고에게 일어서라고 말했다.〉

3) The evil men do runs in the family and the good reaches out to the neighbors. 〈사람들이 행하는 악은 그 가문에 내력으로 흐르나, 선행은 이웃들에 이른다.〉

4) In Korea, "the yellow of an egg" signifies the core of valuable things. 〈한국에서 '계란 노른자위'는 가치 있는 것의 핵심을 의미한다.〉

· 형용사가 완전히 명사화된 것들
  a noble 귀족 / a native 원주민 / a white 백인 / a black 흑인
· 형용사가 복수명사형으로 전환된 경우
  valuables 귀중품 / eatables and drinkables 식료품 / greens 야채 / necessaries 필수품 / elders 연장자
· 형용사가 접속사를 이용해 서로 대조적인 관계로 연결되면 관사를 생략한다
  poor and rich 부자와 가난한 자
  high and low 신분이 높은 자와 낮은 자
  young and old 노인과 젊은이
  sick and aged 노약자
· 명사를 그대로 다른 명사에 붙여서 형용사처럼 쓰는 경우
  the child mind(보통명사 + 명사): 어린아이 같은 마음
  a class meeting(집합명사 + 명사): 학급회의
  a silver neckless(물질명사 + 명사): 은 목걸이
  a love letter(추상명사 + 명사): 연애편지
  the Seoul train(고유명사 + 명사): 서울행 기차

C. Unique Expression in the Bible • Mt.4:23-25

1. **귀신들린 자**: the demon-possessed (v.24)
2. **간질 하는 자**: those having seizures (v.24)

CHAPTER 5 마태복음 5장

Theme 1. The Beatitudesw (Mt.5:1-12)
복이 있는 사람

Theme 2. Salt and Light (Mt.5:13-16)
빛과 소금

Theme 3. The Fulfillment of the Law (Mt.5:17-20)
예수와 율법

Theme 4. Murder (Mt.5:21-26)
노하지 말라

Theme 5. Adultery (Mt.5:27-32)
간음하지 말라

Theme 6. Oaths (Mt.5:33-37)
맹세에 관하여

Theme 7. An eye for an eye (Mt.5:38-42)
악한 자를 대적하지 말라

Theme 8. Love for Enemies (Mt.5:43-48)
원수를 사랑하라

Theme 1 the Beatitudes • Mt.5:1-12 •
복이 있는 사람

A. The Words & Phrases • Mt.5:1-12)

118. crowd

n a great number of people gathered 군중, 무리 ***v*** 들어차다, 몰려오다
syn multitude, concourse, herd, mob
– in crowds 여럿이 / pass in a crowd 그만 그만한 정도다, 이렇다 할 흠이 없다 / rise up above the crowd 뛰어나다, 群鷄一鶴이다 / be crowded with ~으로 가득 찬, 빽빽이 들어찬

독해작문 Certain players were injured facing tough crowd in the stadium.
어떤 선수들은 경기장에서 거친 관중들을 만나서 부상을 당했다.

• Mt.5:1 Now when he saw the crowds, he went up on a mountainside and sat down. His disciples came to him.
예수께서 무리를 보시고 산에 올라가 앉으시니

• Mt.13:2

119. disciples

n a follower or a student of a great teacher 제자, 문하생 ***v*** discipline
syn follower, adherent, scholar
– the Twelve Disciples of Jesus Christ 예수의 열 두 제자 / discipleship 제자도

독해작문 In addition to the twelve disciples of Jesus, there were many adherents of the movement associated with Jesus.
예수의 12제자 이외에도 예수와 관련된 활동의 많은 신자들이 있었다.

• Mt.5:1 see above

• Lk.6:13 When morning came, he called his disciples to him, and chose twelve of them, whom he also designated apostles.
밝으매 그 제자들을 부르사 그중에서 열둘을 택하여 사도라 칭하셨으니

120. blessed

adj favored by God 축복받은, 은총 받은, 신성한 *n* blessedness
syn blissful, happy, sacred, hollowed
of blessed memory 고인이 된 / the blessed 천국에 있는 성도들

독해작문 Blessed with the wealth of talent she is expected to be a great movie star.
풍성한 재능으로 축복받아서 그녀는 위대한 영화배우가 되리라 생각된다.

• Mt.5:3

• Mk.14:61 But Jesus remained silent and gave no answer. Again the high priest asked him, "Are you the Christ, the Son of the Blessed One?
침묵하고 아무 대답도 아니하시거늘 대제사장이 다시 물어 이르되 네가 찬송 받을 이의 아들 그리스도냐

121. comfort

v to give comfort that is the state of being free from anxiety or suffering 위로하다, 안락하게 하다
n comfort *adj* comfortable *syn* solace, console, encouragement, relief *ant* discomfort
– words of comfort 위로의 말 / live in comfort 안락하게 지내다

독해작문 Comfort is not always a good word when you are in decisive situation that needs tension.
편안함이란 항상 좋은 말이 아니다,-당신이 긴장을 필요로하는 결정적 상황에서는.

• Mt.5:4

• Lk.6:24 But woe to you who are rich, for you have already received your comfort.
그러나 화 있을진저 너희 부요한 자여 너희는 너희의 위로를 이미 받았도다.

122. meek

adj gentle natured, yield to other's opinions 온유한, 다른 사람의 말을 잘 듣는 *n* meekness
syn humble, lowly, submissive
– as meek as a lamb 양처럼 온순한 / meek and mild 온순한, 기백이 없는

독해작문 The President has become meek in political gesture and weakened his threatening power recently.
대통령은 정치적 제스쳐가 유순하여졌고 최근에 위협적 권세가 약화되었다.

• Mt.5:5 Blessed are the meek, for they will inherit the earth.
온유한 자는 복이 있나니 그들이 땅을 기업으로 받을 것임이요

• 2 Cor.10:1

123. inherit

v to receive property or a title from deceased person 상속하다, 물려받다 *n* inheritance, inheritor
syn get from ancestors
– inherit the family estate 대대로 내려오는 재산을 물려받다 / inherited character 유전형질

독해작문 Many people love their pets these days, and sometimes dogs inherit mansions of their owners.
요즈음에는 많은 사람들이 애완동물들을 사랑한다. 때때로 그들은 주인들의 저택을 물려받기도 한다.

• Mt.5:5 see above

• Lk.18:18 A certain ruler asked him, "Good teacher, what must I do to inherit eternal life?"
어떤 관리가 물어 이르되 선한 선생님이여 내가 무엇을 하여야 영생을 얻으리이까

124. merciful

adj showing mercy, instead of punishing showing forgiveness 자비로운, 불쌍히 여기는, 긍휼히 여기는
n mercifulness, mercy *syn* forgiving, favorable, blessing, providential
– a merciful death 안락사(= euthanasia)

독해작문 God is merciful and I'm sure the pain will be reduced.

하나님은 자비로우셔서 고통이 줄어들 것이라 확신합니다.

• Mt.5:7

• Lk.6:36 Be merciful, just as your Father is merciful.
너희 아버지의 자비로우심 같이 너희도 자비로운 자가 되라

125. pure

adj not mixed with any other substance, free fromm evil 순수한 깨끗한, 정결한 ***n*** pureness
syn clean, unstained, undefiled
pure gold 순금 / pure reason 순수이성(칸트) / the Critique of Pure Reason 순수이성비판
pure and simple 순전한, 섞인 것이 없는

독해작문 What he said was far from pure and simple, and I think we have to reconsider it.
그가 말한 것은 순전한 것과는 거리가 멀었다. 그래서 우리는 그것을 재고해야한다고 생각한다.

• Mt.5:8

• Jn.12:3 Then Mary took about a pint of pure nard, an expensive perfume; she poured it on Jesus' feet and wiped his feet with her hair.
마리아는 지극히 비싼 향유 곧 순전한 나드 한 근을 가져다가 예수의 발에 붓고 자기 머리털로 그의 발을 닦으니

126. peacemaker

n someone who makes peace 조정자, 중재자, 화평케 하는 자
syn mediator, intercessor, pacificator ***ant*** troublemaker

독해작문 He is a law abiding citizen and never breaks the law. He is called a 'peacemaker'.
그는 법을 잘 준수하여 절대로 법을 어기지 않는다. 그는 피스메이커라고 불리운다.

• Mt.5:9

• Jam.3:18 Peacemakers who sow in peace raise a harvest of righteousness.
화평케 하는 자들은 화평으로 심어 의의 열매를 거두느니라

127. persecute

v cause to suffer a religious or political will, to treat in cruelty 박해하다, 괴롭히다, 학대하다
n persecution, persecutor *syn* oppress, harass, run down

독해작문 To harrass and persecute political opponents is in other words, to be a dictator.
정치적으로 반대하는 자들을 못살게 굴거나 박해하는 것은 다른 말로 하면, 독재자가 되는 것이다.

• Mt.5:10

• Mt.24:9 Then you will be handed over to be persecuted and put to death, and you will be hated by all nations because of me.
그 때에 사람들이 너희를 환난에 넘겨 주겠으며 너희를 죽이리니 너희가 내 이름 때문에 모든 민족에게 미움을 받으리라

128. insult

v to offend or hurt someone by speech or act 해치다, 모욕하다 *n* insult
syn offense, indignity, insolence, abuse
heap insults on 욕을 퍼붓다

독해작문 The public insult and humiliation done by internet will be a felony pretty soon.
인터넷을 통한 공적 모독이나 욕설은 곧 중범죄가 될 것이다.

• Mt.5:11 Blessed are you when people insult you, persecute you and falsely say all kinds of evil against you because of me.
나로 말미암아 너희를 욕하고 박해하고 거짓으로 너희를 거슬러 모든 악한 말을 할 때에는 너희에게 복이 있나니

• Mt.27:44

129. evil

adj very bad and wicked in thought or in behaviour 나쁜, 사악한, 불쾌한 *n* evil
syn wickedness, calamity, ill, mischievous, adverse
speak evil of ~의 험담을 하다 / evil conduct 비행 / an evil tongue 독설

독해작문 The Bible approaches the concept of evil in different way from philosophers and it teaches that unbelieving God is the start of being evil.
성경은 철학자들과 다른 방법으로 악의 개념에 접근한다. 그리고 하나님을 믿지 않는 것이 악하게 되는 출발이라고 가르친다.

• Mt.5:11 see above

• Mt.5:37 Simply let your 'Yes,' be 'Yes,' and your 'No,' 'No'; anything beyond this comes from the evil one.
오직 너희 말은 옳다 옳다, 아니라 아니라 하라 이에서 지나는 것은 악으로부터 나느니라.

130. rejoice

v to be joyful or to celebrate 크게 기뻐하다, 축하하다 ***n*** rejoicing
syn gladden, exhilarate, delight
rejoice over the good news 좋은 소식에 기뻐하다 / I am rejoiced to see you(= I am glad to see you.)

독해작문 Let's rejoice over the beauty of all the creation God did!
하나님이 창조하신 모든 아름다움을 기뻐하자!

• Mt.5:12 Rejoice and be glad, because great is your reward in heaven,
기뻐하고 즐거워하라 하늘에서 너희의 상이 큼이라

• Lk.1:14

131. reward

n something given or returned for work 보상, 상, 응보, 현상금 ***v*** reward ***adj*** rewarding
in reward for ~에 보상으로, 답례로 / No reward without toil 고생 끝에 낙

독해작문 The Bible teaches that God is both a rewarder of good and punisher of evil.
성경은 하나님은 선에 대해 상주시고 악을 벌주시는 자임을 가르친다.

• Mt.5:12 see above

• Mt.5:46 If you love those who love you, what reward will you get? Are nopt even the tax collectors doing that?
너희가 너희를 사랑하는 자를 사랑하면 무슨 상이 있으리요 세리도 이같이 아니하느냐

B. The Related Grammar • Mt.5:1-12

◈ Blessed are the + 형용사의 도치구문

• Mt.5:3,5,7~Mt.5:3 Blessed are the poor in spirit, for theirs is the kingdom of heaven. 〈심령이 가난한 자는 복이 있나니 천국이 그들의 것임이요〉

내용상 Blessed "복 있음'을 강조하기 위하여 주격보어(C)인 과거분사 형태의 형용사 blessed가 문두로 나오고 V(are) + S(the poor) 로 문장이 도치되었다. 정치시키면 → the poor in spirit is blessed. (심령이 가난한 자는 복되다)로 된다. the poor = poor people로서 the + 형용사 = 복수명사의 용법이다. 5, 7의 the meek = meek people, the merciful = merciful people의 뜻이 된다.

C. Unique Expression of the Bible • Mt.5:1-12

1. 심령이 가난한 자: the poor in spirit (v.3)
2. 의를 위하여 박해를 받는 자: those who are persecuted because of righteousness(v.6)

Theme 2 Salt and Light • Mt.5:13-16 •
빛과 소금

A. Words & Phrases • Mt.5:13-16

132. saltiness

n having the taste of salt 소금기, 짠맛 *adj* salty

독해작문 To prevent heart disease, you must reduce the amount of saltiness in food taking.
심장병을 예방하기 위해서는 음식섭취에서 짠맛의 양을 줄여야 한다.

• Mt.5:13 "You are the salt of the earth. But if the salt loses its saltiness, how can it be made salty again? It is no longer good for anything, except to be thrown out and trampled by men.
너희는 세상의 소금이니 소금이 만일 그 맛을 잃으면 무엇으로 짜게 하리요 그 후에는 아무 쓸데없어 다만 밖에 버려져 사람에게 밟힐 뿐이니라

• Lk.14:34

133. be thrown out

phr throw out의 수동태
to sen through the air or to fall off 던지다, 내버리다
throw-threw-thrown
throw out of work 실직시키다

독해작문 The defense asks for the judge the murder case should be thrown out.
변호사는 판사에게 그 살인사건이 기각되어져야 한다고 요청한다.

• Mt.5:13 see above

• Jn.9:35 Jesus heard that they had thrown him out, and when he found him, he said, "Do you believe in the Son of Man?"
예수께서 그들이 그 사람을 쫓아냈다 하는 말을 들으셨더니 그를 만나사 이르시되 네가 인자를 믿느냐

134. be trampled by

trample의 수동태 *v* to crush or to step heavily with the feet 짓밟다, 밟아뭉개다, 묵살하다 *n* trample
syn tread upon, tread down, crush
He trampled down my feelings. 그는 나의 감정을 짓밟았다. / trample on law and justice 법과 정의를 무시하다

독해작문 The stadium has to have enough exits to escape not to be trampled by crowds.
경기장은 군중에게 짓밟히지 않도록 충분한 비상구를 가지고 있어야한다.

• Mt.5:13 see above

• Mt.7:6 Do not give dogs what is sacred; do not throw your pearls to pigs. If you do, they may trample them under their feet, and then turn and tear you to pieces.
거룩한 것을 개에게 주지 말며 너희 진주를 돼지 앞에 던지지 말라 그들이 그것을 발로 밟고 돌이켜 너희를 찢어 상하게 할까 염려하라

135. hidden

v to put or keep something or someone out of sight, to make something secret 숨기다, 비밀로 하다
hide-hid-hidden
hide away ~을 ~에게 숨기다 (from) / hide behind bushes 도망쳐 숨다, 비겁하게 굴다

독해작문 If you are a good observer, you have to be able to find out hidden messages of the movie.
당신이 훌륭한 관람자라면 당신은 그 영화의 숨은 메시지를 발견할 수 있어야한다.

• Mt.5:14

• Lk.18:34 The disciples did not understand any of this. Its meaning was hidden from them, and they did not know what he was talking about.
제자들이 이것을 하나도 깨닫지 못하였으니 그 말씀이 감취었으므로 그들이 그 이르신 바를 알지 못하였더라

136. bowl

n a round container that holds soup or cereal 사발, 공기 *syn* beaker, basin, goblet
a bowl of vegetable soup 야채스프 한 그릇 / over the bowl 술을 마시면서, 연회석에서

독해작문 In a separate bowl, break up the cheese into smallest pieces and mix it up with milk.
다른 그릇에 치즈를 잘게 부셔서 우유와 섞으세요.

• Mt.5:15 Neither do people light a lamp and put it under a bowl. Instead they put it on its stand, and it gives light to everyone in the house.
사람이 등불을 켜서 말 아래에 두지 아니하고 등경 위에 두나니 이러므로 집안 모든 사람에게 비치느니라

• Mt.26:23

137. instead

adv in place of something, in replacement ~대신에, 대치하여
instead of
Give me advice instead of money. 돈을 주는 대신에 충고해 주세요

독해작문 She was given no reward, instead food coupons were guaranteed for one more year.
그녀에겐 아무 상도 주어지지 않았다, 대신에 앞으로 일년간 더 식권을 보장받게 되었다.

• Mt.5:15 see above

• Lk.11:11 Which of you fathers, if your son asks for a fish, will give him a snake instead?
너희 중에 아버지 된 자로서 누가 아들이 생선을 달라 하는데 생선 대신에 뱀을 주며

138. In the same way

phr in the like manner 이와 같이

독해작문 The coach mentioned, "the game must be played in the same way no matter where you are in the world.
그 감독은 너희들이 세상 어디에 있든지 시합은 같은 방법으로 해야 된다고 언급하였다.

• **Mt.5:16** In the same way, let your light shine before men, that they may see your good deeds and praise your Father in heaven.
이같이 너희 빛이 사람에게 비치게 하여 그들로 너희 착한 행실을 보고 하늘에 계신 너희 아버지께 영광을 돌리게 하라

• **Lk.15:10**

139. deeds

n an action or behaviour done on purpose 행위, 공적 *syn* action, purpose, exploit good deeds 선한 행실 *ant* bad deeds 악행 a deed of arms 무공 / in deed as well as name 명실 공히

독해작문 Korean government will celebrate good deeds of the people to stimulate the morality of the society.
한국 정부는 사회의 도덕성을 증진시키기 위하여 백성의 선행을 치하하여 줄 것이다.

• **Mt.5:16** **see above**

• **Jn.3:19** This is the verdict: Light has come into the world, but men loved darkness instead of light because their deeds were evil.
그 정죄는 이것이니 곧 빛이 세상에 왔으되 사람들이 자기 행위가 악하므로 빛보다 어두움을 더 사랑한 것이니라

140. praise

n to thank and honor God, to speak favorably with admiration 찬양, 칭송, 숭배, 찬양의 말 *v* praise praise ye the Lord! 주 찬양하세! / be worthy of praise 칭찬할 만하다 beyond all praise 이루 다 칭찬할 수 없을 만큼

독해작문 God loves to be praised by his believers and it takes place first in worship.
하나님은 그를 믿는 자들로부터 찬양받으시기를 기뻐하시며 찬양은 첫째로 예배 중에 일어난다.

• **Mt.5:16** **see above**

• **Lk.1:68** Praise be to the Lord, the God of Israel, because he has come and has redeemed

his people.
찬송하리로다 주 이스라엘의 하나님이여 그 백성을 돌보사 속량하시며

B. Related Grammar • Mt.5:13-16

◈ 수사의문문(Rhetorical Question)

• Mt.5:13 "You are the salt of the earth. But if the salt loses its saltiness, how can it be made salty again? 〈너희는 세상의 소금이니 소금이 만일 그 맛을 잃으면 무엇으로 짜게 하리요〉

이 예문으로 알 수 있듯이 형식은 의문문이지만 상대방의 대답을 요하지 않는 의문문으로 자신의 의견을 반어적으로 강조하는 방법이다. 다른 의문문과 달리 끝을 내린다. 또한 이러한 수사 의문문의 특징은 그 질문 속에 반대적 내용을 포함하고 있다는 것이다. 즉, 긍정의 의문문은 부정의 대답을 부정의 의문문은 긍정의 대답을 함유하고 있다.

Who cares?

→ Nobody cares.

What is the use of these kind of things?

→ It is no use of these kind of things.

Isn't it strange?

→ It is very strange.

Who doesn't know that true?

→ Everybody knows it's true.

위의 성경의 예문은 How can it be made salty again? → Nothing can make it salty again의 대답이 포함되어져 있음을 알 수 있다.

◈ Neither 부정어의 강조 용법

• Mt.5:15 Neither do people light a lamp and put it under a bowl. Instead they put it on its stand, and it gives light to everyone in the house. 〈사람이 등불을 켜서 말 아래에 두지 아니하고 등경 위에 두나니 이러므로 집안 모든 사람에게 비치느니라〉

여기서의 neither는 부사로서 not + either의 합성어로서 문장의 부정성을 강조하기 위하여 문두에 나오고 v + s, 즉 (do people)로 도치되었다. 정치시키면 People do not light a lamp and put it under a bowl either.의 문장이 된다.

If she does not go, neither shall I. → If she does not go, I shall not go, either.

상관 접속사 nor 를 수반하여 둘 다를 부정하는 용법도 흔히 있다. — Neither A nor B 〈A도 아니고 B도 아니다〉

She neither drinks nor smokes. 〈그녀는 술도 안 마시고 담배도 안 피운다.〉

대명사로서의 neither 용법. 〈어느 쪽도 아니다〉의 양자부정의 내용으로 이런 때의 neither는 단수취급. → I know neither of them. 〈나는 그들 중 어느 쪽도 모른다〉 = I do not know either of them. 이런 경우의 neither = anyone이 됨.

Theme 3 The Fulfillment of the Law • Mt.5:17-20 •
예수와 율법

A. Words & Phrases • Mt.5:17-20

141. abolish

v to stop, make something to end by law 철폐하다, 폐지하다 *n* abolishment
syn annul, repeal, invalidate, overthrow
the law of capital punishment should be abolished 사형제도는 폐지되어야 한다

독해작문 The word, 'abolish' means in normal English sense of "do away with", or "put an end to".
'abolish'라는 말은 보통 영어로는 "없애다", 또는 "그만두다(폐지하다)"를 의미한다.

• Mt.5:17

• Gal.5:11 Brothers, if I am still preaching circumcision, why am I still being persecuted? In that case the offense of the cross has been abolished.
형제들아 내가 지금까지 할례를 전한다면 어찌하여 지금까지 박해를 받으리요 그리하였으면 십자가의 걸림돌이 제거되었으리니

142. disappear

v to go out of sight, recede from view 사라지다, 소멸되다 *ant* appear
syn vanish, cease, dissolve
disappear in the crowd 군중 속으로 사라지다

독해작문 The frightening black cat finally disappeared from my sight and I was soon relieved.
그 까만 고양이는 마침내 내 시야에서 사라졌다, 그래서 나는 곧 안심했다.

• Mt.5:18 I tell you the truth, until heaven and earth disappear, not the smallest letter, not the least stroke of a pen, will by any means disappear from the Law until everything is accomplished.
진실로 너희에게 이르노니 천지가 없어지기 전에는 율법의 일점 일획도 결코 없어지지 아니하고 다 이루리라

• Lk.16:17

143. not~by any means

phr 결코 ~이 아니다. – by no means

독해작문 He is not by any means a communist, but was misunderstood as a North Korean spy.
그는 결코 공산주의자가 아니다. 그러나 북한 간첩으로 오해받았다.

• Mt.5:18 see above

144. accomplish

v finish successfully 성취하다, 이루다, 달성하다 *n* accomplishment
accomplish journey 여행을 마치다 / accomplish one's object 목적을 달성하다

독해작문 The new developing country showed a lot of progress in accomplishing democracy.
그 신생 개발국은 민주주의를 성취하는데 있어서 많은 진전을 보여주었다.

• Mt.5:18 see above

• Lk.1:45 Blessed is she who has believed that what the Lord has said to her will be accomplished!
주께서 하신 말씀이 반드시 이루어지리라고 믿은 그 여자에게 복이 있도다

145. commandments

n aws being commanded especially from divine being 聖訓, 율법, 계명 *v* command
syn mandate, precept, charge, divine rule
"Ten Commandments": (십계명)the Ten Laws given by God to Moses for the people of Israel on Mount Sinai.

독해작문 The Ten Commandments are God's commandments given to Moses to be proclaimed.
십계명은 선포되기 위하여 모세에게 주어진 하나님의 계명이다.

• Mt.5:19 Anyone who breaks one of the least of these commandments and teaches others to do the same will be called least in the kingdom of heaven, but whoever practices and teaches these commands will be called great in the kingdom of heaven.
그러므로 누구든지 이 계명중의 지극히 작은 것 하나라도 버리고 또 그같이 사람을 가르치는 자는 천국에서 지극히 작다 일컬음을 받을 것이요 누구든지 이를 행하며 가르치는 자는 천국에서 크다 일컬음을 받으리라

• Mk.10:19

146. righteousness

n being lawful or morally right 의로움, 정당함 *syn* piety, godliness, integrity, honesty
the righteous anger 의분

독해작문 The Bible teaches the concept of the word, 'righteousness' not much of strict observance of the law but of hearty obedience to God in personal relationship.
성경은 '의로움'의 말의 개념이 율법을 엄격하게 지킴에 있다기보다 하나님과의 인격적 관계에 있어서 진심으로 따름을 가르치고 있다.

• Mt.5:20 For I tell you that unless your righteousness surpasses that of the Pharisees and the teachers of the Law, you will certainly not enter the kingdom of heaven.
내가 너희에게 이르노니 너희 의가 서기관과 바리새인보다 더 낫지 못하면 결코 천국에 들어가지 못하리라

• Mt.6:33

147. **surpass**

v to go or reach above of certain standard 능가하다, ~보다 낫다
syn excel, exceed, outmatch, outnumber
surpass one's expectation(= beyond one's expectation) ~의 기대 이상이다
surpass description(= beyond description) 필설로 이루다 말할 수 없다

독해작문 There is a strong assumption that if China will surpass U.S. as economic super power in near future.
중국이 가까운 장래에 경제대국으로서 미국을 능가할 것인가에 대한 강한 추측이 있다.

• Mt.5:20 see above

• Jn.1:30 This is the one I meant when I said, 'A man who comes after me has surpassed me because he was before me.'
내가 전에 말하기를 내 뒤에 오는 사람이 있는데 나보다 앞선 것은 그가 나보다 먼저 계심이라 한 것이 이 사람을 가리킴이라

B. Related Grammar • Mt.5:13-16

◈ no longer + 형용사 (v.13)

It is no longer good for anything, except to be thrown out and trampled by men. 〈~후에는 아무 쓸 데없어 다만 밖에 버려져 사람에게 밟힐 뿐이니라.〉

: no longer + 형용사 = not any longer + 형용사; 더 이상 ~하지 않다.

◈ neither + V + S의 도치구문 (v.15)

Neither do people light lamp and put it under a bowl. 〈사람이 등불을 켜서 말 아래에 두지 아니하고 등경 위에 두나니〉

: 부정어를 포함한 글로 쓰이는 neithe = not either / 또한 ~도 아니다.

If she does not go there, neither shall I. 〈그녀가 그곳에 가지 않는다면 나도 또한 안가겠다.〉

My father did not talked to me and neither did I. 〈우리 아버지가 내게 말씀 안하셔서 나도 또한 안했다.〉

C. Unique Expression of the Bible(vv.13-16)

1. **~한 자는 복이 있나니:** 'Blessed are the + 형용사' / 'Blessed are those who 절
2. **심령이 가난한 자는 복이 있나니:** Blessed are the poor in spirit (v.3)
3. **애통하는 자는 복이 있나니:** Blessed are those who mourn (v.4)
4. **온유한 자는 복이 있나니:** Blessed are the meek (v.5)
5. **의에 주리고 목마른 자는 복이 있나니:** Blessed are those who hunger and thirst for righteousness (v.6)
6. **긍휼히 여기는 자는 복이 있나니:** Blessed are the merciful (v.7)
7. **마음이 청결한 자는 복이 있나니:** Blessed are the pure in heart (v.8)
8. **화평케 하는 자는 복이 있나니:** Blessed are the peacemakers (v.9)
9. **의를 위하여 박해를 받는 자는 복이 있나니:** Blessed are those who are persecuted(v.10)

Theme 4 Murder • Mt.5:21-26 •
노하지 말라

A. Words & Phrases • Mt.5:21-26

148. murder

n crime of killing people 살인, 살인사건 *v* to kill people unlawfully 살인하다
syn homicide, manslaughter, assassination
Murder will out. 살인은 (나쁜 일은) 반드시 드러난다. / The exam was murder. 시험은 몹시 어려웠다.

독해작문 In Biblical perspective, to murder indicates not only physical killing but also mental killing like to hate or to be jealous of someone.
성경적 관점에서는 살인한다는 것은 신체적 살인뿐 아니라 누군가를 미워하거나 질투하는 정신적 살인까지를 의미한다.

• Mt.5:21 "You have heard that it was said to the people long ago, 'Do not murder', and anyone who murders will be subject to judgment."
옛 사람에게 말한 바 살인하지 말라 누구든지 살인하면 심판을 받게 되리라 하였다는 것을 너희가 들었으나

• Lk.18:20

149. be subject to

phr ~받기 쉬운, ~에 복종하는, ~걸리기 쉬운

독해작문 His property actually has been known to be subject to the royal palace.
그의 재산은 실상, 왕궁에 예속되는 것으로 알려졌다.

• Mt.5:21 see above

• **Mk.5:25** And a woman was there who had been subject to bleeding for twelve years.
열 두 해를 혈루증으로 앓아 온 한 여자가 있어

150. judgment

n a conclusion or decision made by a judge or a law court 판단, 재판 *v* judge
syn discernment, understanding, judiciousness, circumspection
a man of good judgment 분별 있는 사람 / in my judgement 내 생각으로는
the Last Judgement 최후의 심판

독해작문 Christians need to make right judgement according to Biblical standard.
그리스도인은 성경기준에 따른 바른 판단을 내릴 수 있어야 한다.

• **Mt.5:21** **see above**

• **Jn.7:24** Stop judging by mere appearances, and make a right judgment.
외모로 판단하지 말고 공의롭게 판단하라

151. be answerable to

phr ~에 책임 있는, 상응하는 ~to (for) *syn* responsible, liable, corresponding
– He is answerable for his conduct 그는 자기 행위에 대해 책임져야 한다.

독해작문 The incident was not answerable to anyone but himself.
그 사건은 그 자신 외 에는 아무에게도 책임이 없다.

• **Mt.5:22** But I tell you that anyone who is angry with his brother will be subject to judgment. Again, anyone who says to his brother, 'Raca', is answerable to the Sanhedrin. But anyone who says, 'You fool!' will be in danger of the fire of hell.
나는 너희에게 이르노니 형제에게 노하는 자마다 심판을 받게 되고 형제를 대하여 라가라 하는 자는 공회에 잡혀가게 되고 미련한 놈이라 하는 자는 지옥 불에 들어가게 되리라

152. hell

n a place where the souls of human beings are punished in Christian doctrine 지옥, 악귀, 곤경, 저주
ant heaven, the kingdom of heaven *syn* abyss, limbo, Pandemonium, bottomless pit
– What the hell (do you want)? 도대체 무슨 볼일인가 / What the hell are you? 도대체 너는 누구냐
give ~ a hell ~를 혼내 주다

독해작문 Scripture views each human beings as a person with an eternal destiny, either to heaven or to hell.
성경은 각각의 인간을 영원한 숙명을 가진 존재로 본다, 천국 아니면 지옥이다.

• Mt.5;22 see above

• Mt.10:28 Do not be afraid of those who kill the body but cannot kill the soul. Rather, be afraid of the One who can destroy both soul and body in hell.
몸은 죽여도 영혼은 능히 죽이지 못하는 자들을 두려워하지 말고 오직 몸과 영혼을 능히 지옥에 멸하실 수 있는 이를 두려워하라

153. altar

n a table used in a religious ceremony 제단, 강대상
syn shrine, sacred place, communion-table, holy-table, sanctuary
– lead a woman to the altar 아내로 삼다, 결혼 예식하다

독해작문 In the Old Testament, the altar seems to have been a place of sacrifice or a memorial service.
구약에서 제단이란 제사를 드리거나 추모 예배를 드리는 장소로 여겨진다.

• Mt.5:23

• Mt.23:18 If you also say, 'If anyone swears by the altar, it means nothing; but if anyone swears by the gift on it, he is bound by his oath.
너희가 또 이르되, 누구든지 제단으로 맹세하면 아무 일 없거니와 그 위에 있는 예물로 맹세하면 지킬지라 하는도다

154. in front of

phr ~의 앞에, 정면에

독해작문 My son posed in front of the White House for a photo.
우리 아들은 사진 찍기 위하여 백악관 앞에서 포즈를 취했다.

• Mt.5:24 leave your gift there in front of the altar. First go and be reconciled to your brother; then come and offer your gift.
예물을 제단 앞에 두고 먼저 가서 형제와 화목하고 그 후에 와서 예물을 드리라

• Mk.3:3

155. reconcile

v to make peace or agreement between 화해하다, 조정하다 *n* reconciliation
syn pacify, conciliate, appease, restore to friendship
– reconcile disputes 논쟁을 조정하다, 중재하다 / reconcile him with Mr. Kim 김씨와 그를 화해시키다

독해작문 Bible specifically teaches us to reconcile with God through Jesus Christ.
성경은 우리에게 그리스도를 통해서 하나님과 화해할 것을 가르친다.

• Mt.5:24 see above

• Lk.12:58 As you are going with your adversary to the magistrate, try hard to be reconciled to him on the way, or he may drag you off to the judge, and the judge turn you over to the officer, and the officers throw you into prison.
네가 너를 고발하는 자와 함께 법관에게 갈 때에 길에서 화해하기를 힘쓰라 그가 너를 재판장에게 끌어가고 재판장이 너를 옥졸에게 넘겨 주어 옥졸이 옥에 가둘까 염려하라

156. offer

v to give a person something for acceptance or refusal 권하다, 제공하다, 구혼하다 *n* offer, offering
syn present, furnish, provide, propose
offer up a sacrifice 희생제물을 바치다 / offer a suggestion 제안하다 / offer itself to view 출현하다

독해작문 A special offer of seven day vacation has been given to all employees.

7일 휴가의 특별제공이 모든 직원들에게 주어졌다.

• Mt.5:24 see above

• Mk.15:36 One man ran, filled a sponge with wine vinegar, put it on a stick, and offered it to Jesus to drink. "Now leave him alone. Let's see if Elijah comes to take him down," he said.
한 사람이 달려가서 해면에 신 포도주를 적시어 갈대에 꿰어 마시게 하고 이르되 가만두라 엘리야가 와서 그를 내려주나 보자 하더라

157. settle matters

phr 사화하다, 조정하다, 해결하다, 화해하다 *syn* dissolve, melt, determine, reconcile, decide

독해작문 He did his best to settle matters as a chairman.
그는 회장으로서 해결하도록 최선을 다 했다.

• Mt.5:24 Settle matters quickly with your adversary who is taking you to court. Do it while you are with him on the way, or he may hand you over to the judge, and the judge may hand you over to the officer, and you may be thrown into prison.
너를 고발하는 자와 함께 있을 때에 급히 사화하라 그 고발하는 자가 너를 재판관에게 내어주고 재판관이 옥리에게 내어주어 옥에 가둘까 염려하라

158. adversary

n an enemy or opponent or a rival 적, 대항자, 원수, Satan *adj* adversary

독해작문 The adversary of the Emperor took over all the lands through the war.
황제의 적은 전쟁을 통하여 모든 땅을 차지하였다.

• Mt.5:24 see above

• Lk.18:3 And there was a widow in that town who kept coming to him with the plea, "Grant me justice against my adversary."
그 도시에 한 과부가 있어 자주 그에게 가서 내 원수에 대한 나의 원한을 풀어주소서 하되

159. pay the last penny

phr 빚을 다 갚다, 마지막 한 푼까지 다 지불하다

독해작문 Mr. Kim worked so hard to pay the last penny for more than ten years.
김군은 빚을 다 갚기 위해서 10년 이상을 열심히 일했다.

• Mt.5:26

• Lk.12:59 I tell you, you will not get out until you have paid the last penny.
네게 이르노니 한 푼이라도 남김이 없이 갚지 아니하고서는 결코 거기서 나오지 못하리라 하시니라

B. Related Grammar • Mt.5:21-26

◈ 화법(Direct Narration)

• Mt.5:22 But I tell you that anyone who is angry with his brother will be subject to judgment. Again anyone who says to his brother, 'Raca', is answerable to the Sanhedrin. But anyone who says, 'You fool!' will be in danger of the fire of hell. 〈나는 너희에게 이르노니 형제에게 노하는 자마다 심판을 받게 되고 형제를 대하여 '라가'라 하는 자는 공회에 잡혀가게 되고 '미련한 놈'이라 하는 자는 지옥 불에 들어가게 되리라.〉

화법이란 말 그대로 말을 전달하는 방식을 말하는데 말한 내용을 그대로 전달하는 방식을 직접화법(Direct Narration)이라 하고, 내용을 변경시키지 않고 제3자적인 입장에서 전달하는 방법을 간접화법(Indirect Narration)이라 한다.

1) Your brother says to me, "I am a fool". 〈직접화법〉 너의 형이 "나는 바보다"라고 말한다.

2) Your brother tells me that he is a fool. 〈간접화법〉 너의 형이 자기는 바보라고 말한다.

• 직접화법을 간접화법으로 바꾸는 경우

1) 인칭 대명사의 전환

2) 시제의 전환

3) 부사(구)의 전환

1. **인칭 대명사의 전환에 있어서**: 인칭 대명사의 변화

(1) 직접 화법속의 1인칭은 주절의 주어와 동일: He said to me, "I am a fool". → He told me that he is a fool.

(2) 직접화법 속의 2인칭은 전달 동사의 목적어에 일치: He said to me, "I am a fool" → He told me that he is a fool.

(3) 3인칭은 그대로: He said to me, "She is a fool". → She told me that she is a fool.

2. **시제의 전환에 대하여**

(1) **전달 동사가 현재인 경우**: 피 전달문의 시제는 그대로이다.

He says to me, "I am a fool". → He tells me that he is a fool.

(2) **전달동사가 과거인 경우**: 피 전달문의 시제는 한 시제 앞선다.

즉, 현재 → 과거로 / 과거(현재완료) → 과거완료 /

조동사는 조동사의 과거 형태로; can, may → could, might / will, shall → would, should로

He said to you, " I have been a fool". → He told me that he had been a fool.

☞ **단, 주의할 경우: 시제 일치 예외의 경우가 있다.**

· 불변의 진리나 현재의 습관적 동작, 행위 또는 속담이나 격언을 이야기 할 때는 전환되는 경우에도 항상 현재시제를 사용 한다:

He said, "Waiting pots never boils". → He said that waiting pots never boils.

· 역사적 사실은 항상 과거시제

The Professor said, "Korean War broke out in 1950". → The Professor said that Korean War broke out in 1950.

· 가정법 과거, 과거완료 시제는 전환 시 그대로 사용

He said, "If I were a man, I would become a general." → He said that if I were a man, I would become a general.

· 과거의 추측을 나타내는 조동사, should, must, would, might, ought to, could, need 의 경우는 전환 시 그대로 사용

He said, "she must have missed the train." → She said that she must have missed the train.

3. 부사(구)의 전환에 대하여

부사나 부사구도 시제 전환의 규칙에 따라서 또는 의미상 하나 앞선 시제의 부사(구)로 전환된다.

today (직) → that day (간) / yesterday (직) → the day before, the previous day (간)

last night (직) → the night before, the previous night (간)

tomorrow (직) → the following day, next day (간)

next week (직) → the following week, next week (간)

this (직) → that (간) / these (직) → those (간)

here (직) → there (간) / ago (직) → before (간)

● 전달동사 변환의 여러 가지

1) **평서문의 전달동사**: (1) say → say로, (2) say to → tell로

(1) He says "I will break my contract". → He says that he will break his contract.

(2) He said to me, "My wife will come back soon." → He told me that his wife would come back soon.

2) **의문문의 전달동사**: say, say to → ask, inquire(of)로, 그러나 (1) 의문사가 있는 경우는 의문사를 사용하고, (2) 의문사가 없는 경우는 if / whether로 연결한다.

(1) He said to me, "Where did you go?" → He asked me where I had gone.

(2) I said to the teller, "Can I exchange money here?" → I asked the teller if (whether) I could exchange money there.

3) 이 외에도 전달동사가 특별한 의미를 내포하는 경우에는 그 특별한 의미를 지닌 다른 동사로 바뀐다.

(1) **감탄의 경우**; say → exclaim, shout, cry out 등으로 /

He said, "How beautiful my mother is!" → He exclaimed that how beautiful her mother was.

(2) **감탄문을 평서문으로 바꾸어서 전달하는 경우**

He said, "How beautiful my mother is!" → He exclaimed that his mother was very beautiful.; that 이하의 종속절이 S + V + ~의 평서문으로 바뀐다.

(3) 이 외에도 감탄사 자체가 그 말의 의미가 있는 부사구로 전환되는 경우도 있다.

Alas! → with regret, regretfully (뉘우치며) / with a sigh(탄식하여)의 뜻으로

Bravo! → with applause(박수 갈채를 받으며)의 뜻으로

Hurrah! → with joy, joyfully, with delight, delightfully (기쁘게)의 뜻으로 사용.

·They said, "Bravo! we all passed the entrance exam." → They exclaimed with applause that they all had passed the entrance exam.

(4) 기원문의 경우는 어떻게 전환될 수 있는가

· God(하나님)이 언급되는 경우: He said, "May God bless you!" → pray(기도하다)로 전환가능 → He prayed that God may bless me.

· God이 언급되지 않는 경우; express one's wish that S + may~로 바뀔 수 있다.

He said to me, "May you be happy!" → He expressed his wish that I might be happy.

(5) 긍정 명령문 즉, '~하자'의 내용은 직접화법에서는 〈주어 + say to + 목적어 + 동사원형〉의 문장인데 간접화법으로 전환되면 다음과 같이 전환 가능하다.

· 〈주어 + tell + 목적어 + to + 동사 원형〉으로 전환

He said to me, "Come and visit us." → He told me to come and visit them. (일반적 명령)

· 〈주어 + ask + 목적어 + to + 동사원형

(that + 주어 + should + 동사원형)〉으로 전환

He said to me, " Please get out of here" → He asked me to get out of here.

→ He asked me that I should get out of there.

(부탁)

· 〈주어 + advise + 목적어 + to + 동사원형

(that + 주어 + should + 동사원형〉으로 전환

The doctor said to me, "Do not smoke." → The doctor advised me not to smoke. (충고)

· 〈주어 + order + 목적어 + to + 동사원형

(that + 주어 + should + 동사원형〉으로 전환

The officer said to him, "Go far away from me."

→ The officer ordered him to go far away from him.

→ The officer ordered him that he should go far away from him. (강한명령)

(6) 부정 명령문 즉, '~하지 말라'의 내용은 직접 화법에서는

· 〈주어 + say to + 목적어 + "Don't + 동사원형"〉 → 〈S + tell + 목적어 + not to + 동사원형〉으로,

He said to me, "Don't ask me". → He told me not to ask him. 또한,

· 〈주어 + forbid + 목적어 + to + 동사원형〉으로,

He said to me, "Don't ask me." → He forbade me to ask him. 또한,

·〈주어 + prohibit (keep) + from + ~ing〉 로 전환될 수 있다.

He said, "Don't ask me." → He prohibited me from asking him.

(7) Let's + 동사 원형의 간접 명령, 제안문:

이 경우는 제안의 뜻이 있는 전달동사 즉, suggest, propose로 전환될 수 있다.

He said, "Let's have a cup of coffee" → He suggested to us that we (should) have a cup of coffee.

C. Unique Expression of the Bible • Mt.5:21-26

1. **'라가'**: Raca (v.22); 'Raca' in itself is meaningless and is only an interjection expressing indignation, as 'Heu!', sorrow or 'Hem!', anger. 주석 참조 ·The Pulpit Commentary, p. 160.
2. **공회**: Sanhedrin (v.22)
3. **제단**: altar (v.23)
4. **형제와 화목하라**: be reconcile to your brother (v.24)
5. **예물을 드리라**: offer your gift (v.24)
6. **사화하라**: settle matters (v.25

Theme 5 Adultery •Mt.5:27-32•
간음하지 말라

A. Words & Phrases • Mt.5:27-30

160. commit adultery

phr to have immoral sexual relation 간음하다, 간통하다
syn to break the marriage vows, to fornicate, to have infidelity

독해작문 A married woman with committing adultery appeared in court with her lover.
간음죄를 범한 결혼한 여성이 그녀의 애인과 함께 법정에 나타났다.

• Mt.5:27

• Lk.16:18 Anyone who divorces his wife and marries another woman commits adultery, and the man who marries a divorced woman commits adultery.
무릇 자기 아내를 버리고 다른 데 장가드는 자도 간음함이요 무릇 버림당한 여자에게 장가드는 자도 간음함이라

161. lustfully

adv in a state of full of sexual desire 음탕하게, 음욕을 품고 *n* lust *v* lust
syn with cupidity, having sexual desire, with lewd, lewdly
– the lusts of the flesh 음욕 / lust after a woman 여자에게 색정을 품다

독해작문 A 21 year old man longingly and lustfully stares at the movie star for a long time.
21세의 남성이 그 영화배우를 오랫동안 열심히 그리고 음탕하게 바라보고 있다.

• Mt.5:28

• Job 31:1 I made a covenant with my eyes not to look lustfully at a girl.

내가 내 눈과 약속하였나니 어찌 처녀에게 주목하랴

162. gouge out

phr to press or dig out 눈 따위를 빼내다, 둥글게 파내다

독해작문 A patient threatened to cut off heads and gouge out the eyes of doctors in the hospital.
한 환자가 병원에서 의사들의 머리를 자르고 눈을 빼겠다고 협박하였다.

• Mt.5:29

• Mt.18:9 If your eye causes you to sin, gouge it out and throw it away.
만일 네 눈이 너를 범죄하게 하거든 빼어 내어 버리라

163. throw away

phr discard, abandon, waste *syn* cast out, hurl, spread, toss 내어 버리다, 포기하다, 잃다
throw away chance 기회를 잃다 / The advice was thrown away on him. 그에 대한 충고는 허사였다.

독해작문 A criminal locked him up and threw the key away.
그 범인은 그를 잠가두고 열쇠를 던져버렸다.

• Mt.5:29 see above

• Mt.18:8 If your hand or your foot causes you to sin, cut it off and throw it away.
만일 네 손이나 네 발이 너를 범죄하게 하거든 찍어내 버리라

164. cut off

phr to separate something or some kind of relationship by cutting 잘라버리다, 찍어버리다, 절단내다
syn separate, cleave, slit, slice, prune
cut off the relationship 관계를 청산하다 / cut oneself off from the world 세상과 인연을 끊다

독해작문 National Congress has decided to cut off the budget of the year.
국회는 그해의 예산을 삭감하기로 결정하였다.

• Mt.5:30

• Jn.15:2 He cuts off every branch in me that bears no fruit, while every branch that does not bear fruit he prunes so that it will be even more fruitful.
무릇 내게 붙어 있어 열매를 맺지 아니하는 가지는 아버지께서 그것을 제거해 버리시고 무릇 열매를 맺는 가지는 더 열매를 맺게 하려 하여 그것을 깨끗하게 하시느니라

165. certificate

n a paper or simple document to prove the written facts are true authorized by an officer 증명서, 감정서, 확인서 *adj* certified *v* certify
– the certificate of death 사망 확인서 / the certificate of divorce 이혼 증명서
the certificate of origin 원산지 증명서

독해작문 After a child is born the parents should apply for his or her birth certificate.
아이가 출생한 이후에 그 부모는 아이의 출생 신고를 신청하여야 한다.

• Mt.5:31

• Mt.19:7 "Why then", they asked, 'did Moses command that a man give his wife a certificate of divorce and send her away?"
여짜오되 그러면 어찌하여 모세는 이혼 증서를 주어서 버리라 명하였나이까

166. except for

phr not including, leaving out something ~을 제외하고, ~없이 *syn* but for, save
He is all ready to get married except for the bride. 그는 신부만 없고 결혼 준비는 다 됐다.

독해작문 He was a great man except for the fact that he gets up in the morning a little too late.
그는 아침에 좀 늦게 일어나는 것을 제외하고는 위대한 사람이었다.

• Mt.5:32 But I tell you that anyone who divorces his wife, except for marital unfaithfulness, causes her to become adultress, and anyone who marries the divorced woman commits adultery.
나는 너희에게 이르노니 누구든지 음행한 이유 없이 아내를 버리면 이는 그로 간음하게 함이요 또 누구든지 버림 받은 여자에게 장가드는 자도 간음함 이니라

• **Mk.8:14**

167. marital

adj of marriage 결혼의, 혼인의, 부부간의 ***syn*** matrimonial, married, conjugal
marital status 배우자의 유무 / marital portion 지참금

독해작문 A lot of married couples go through marital conflict in spite of having good conditions.
많은 결혼한 부부들이 좋은 조건을 가졌음에도 불구하고 부부간의 갈등을 겪는다.

• **Mt.5:32** **see above**

• **Mt.19:9** I tell you that anyone who divorces his wife, except for marital unfaithfulness, and marries another woman commits adultery.
내가 너희에게 말하노니 누구든지 음행한 이유 외에 아내를 버리고 다른데 장가드는 자는 간음함이니라

168. unfaithfulness

n being not faithful especially in marital relationship 부정한, 성실치 못한, 믿음이 없는
adj unfaithful ***ant*** faithfulness
marital unfaithfulness 간음, 음행, 간통

독해작문 He was severely suffering from his daughter's drug addiction and his wife's unfaithfulness to him.
그는 그의 딸의 마약중독과 그의 부인의 불륜으로 심하게 고통당하고 있다.

• **Mt.5:32** **see above**

• **Mt.19:9** **see above**

169. adulteress

n a woman who commits adultery 간음하는 여인, 간부, 요부 ***adj*** adulterous ***n*** adultery
commit adultery 간음하다, 간통하다, 음행하다

독해작문 Sexual intercourse outside of marriage is forbidden in Bible and a woman who does that is called, 'adultress'.
혼외정사는 성경에서 금지되어 있다. 그리고 그것을 행하는 여자는 간음하는 여인이라고 불리워진다.

• Mt.5:23 see above

• Ro.7:3 So then, if she marries another man while her husband still alive, she is called an adulteress. But if her husband dies, she is released from that law and it is not an adulteress, even though she marries another man.
그러므로 만일 그 남편 생전에 다른 남자에게 가면 음녀라 그러나 만일 남편이 죽으면 그 법에서 자유롭게 되나니 다른 남자에게 갈지라도 음녀가 되지 아니하느니라

B. Related Grammar • Mt.5:27-32

◈ Anyone who 용법 Mt.5:28

Anyone who 는 'who 이하 ~하는 자 누구든지' 의뜻으로 복합 관계대명사 whoever의 뜻을 가진다.

Anyone who wants to become a pastor must pray as much as he can.

→ Whoever wants to become a pastor must pray as much as he can.〈목사가 되기를 원하는 그 누구든지 가능한 한 많이 기도해야 한다.〉

단, 명사절을 이끄는 경우에만 whoever가 anyone who의 뜻이 되고 양보 부사절을 이끄는 경우에는 no matter who 가 된다. 특히 이러한 경우에는 이 부사절 속에 may 라는 조동사가 함께 쓰인다는 특징이 있다.

Whoever may say so, I won't believe.

→ No matter who may say so, I won't believe it. 〈누가 그런 말을 할지라도 나는 못 믿겠다.〉

C. Unique Expression of the Bible • Mt.5:27-32

1. **간음하지 말라**: Do not commit adultery.(v.27)
2. **실족하게 하다**: cause ~ to sin (v.29,30)

Theme 6 Oaths • Mt.5:33-37 •
맹세에 관하여

A. Words & Phrases • Mt.5:33-37

170. break oaths

phr not to keep a solemn promise made 맹세를 깨다, 서약을 파기하다
ant take oaths or to swear, to keep the oath
on one's oaths 맹세코, 단언하건대

독해작문 I'm afraid of you are going to break your oaths after we are married.
우리가 결혼한 후에 당신이 맹세를 깰까 걱정되네요.

• Mt.5:33 Again, you have heard that it was said to the people long ago, 'Do not break your oath, but keep the oaths you have made to the Lord.
또 옛 사람에게 말한바 헛맹세를 하지 말고 네 맹세한 것을 주께 지키라 하였다는 것을 너희가 들었으나

B. Related Grammar • Mt.5:33-37

Not specifically related grammars in this part.

C. Unique Expression of the Bible • Mt.5:33-37

1. 하나님의 보좌: God's throne (v.33)
2. 하나님의 발등상: God's footstool (v.35)
3. 악 = 악한 자: evil one (v.37)

Theme 7 An eye for an eye • Mt.5:38-42 •
악한 자를 대적하지 말라

A. Words & Phrases • Mt.5:38-42

171. resist

v rebel against or stand against or fight against certain kind of power either of person or of organization 항거하다 *n* resistance *syn* oppose, attack, assail, battle, stand against
– resist the enemy / resist temptation / cannot resist ~ing ~하지 않고는 못 배긴다(= cannot help ~ing)
She couldn't resist laughing. 그녀는 웃지 않을 수 없었다.

독해작문 Women in Saudi Arabia nowadays, have a courage to resist Equal Human Rights in case it does not pass Congress.
최근 사우디 아라비아 여성들은 인권동등안이 국회를 통과하지 못할 경우, 맞서 싸울 용기를 가지고 있다.

• Mt.5:39 But I tell you, Do not resist an evil person. If someone strikes you on the right cheek, turn to him the other also.
나는 너희에게 이르노니 악한자를 대적하지 말라 누구든지 네 오른 뺨을 치거든 왼편도 돌려대며

• James4:7

172. strike on the right cheek

phr 오른쪽 뺨을 때리다
– strike on the left cheek 왼쪽 뺨을 때리다 / strike on the head 머리를 때리다

독해작문 There was a confused meaning of "turn the other cheek also", if it meant to let your criminal harm you again, when he stroke on your right cheek.
범죄자가 너의 오른 뺨을 때렸을 때 그 범죄자가 당신을 다시 상하게 할 것을 의미했는지, "다른 뺨도 돌려대라"에 대한 혼돈스러운 의미가 있었다.

• Mt.5:39 see above

• Jn.18:23 "If I said something wrong," Jesus replied, "testify as to what is wrong. But if I spoke the truth, why did you strike me?"
예수께서 대답하시되 내가 말을 잘못하였으면 그 잘못한 것을 증언하라 바른 말을 하였으면 네가 어찌 하여 나를 치느냐 하시더라

173. sue

v to accuse, to bring a claim in law 고소하다
bring an action against
syn prosecute, seek after, court, solicit, indict
sue for peace 화평을 청하다 / sue (a person) for damage 손해배상을 청구하다
sue for a divorce 이혼소송을 청구하다

독해작문 If you do not work hard, I will sue you for money for compensation for my work.
당신이 열심히 일을 하지 않는다면 그 일에 대한 손해배상 청구로 당신을 고소할 것이다.

• Mt.5:40 And if someone wants to sue you and take your tunic, let him take your cloak as well.
또 너를 고발하여 속옷을 가지고자 하는 자에게 겉옷까지도 가지게 하며

174. cloak

n a loose outer garment sometimes worn instead of a coat 겉옷 *syn* mantle, mask, surcoat
– under the cloak of bushes 수풀에 덮혀서 / under the cloak of doing charity 자산을 베푼다는 미명하에

독해작문 A Russian spy hid in a cloak for more than 10 years finally got arrested.
10년 이상이나 미명에 싸여 있던 러시아 간첩이 마침내 체포되었다.

• Mt.5:40 see above

• Mt.9:20 Just then a woman who had been subject to bleeding for twelve years came up behind him and touched the edge of his cloak.
열두 해 동안이나 혈루증으로 앓는 여자가 예수의 뒤로 와서 그 겉옷가를 만지니

175. turn away from

phr be changed, be transformed, to refuse ~로부터 돌리다, 거절하다

독해작문 The twelve year old son will turn away from his father's malevolent teaching and go back to his benevolent mother.
12세 짜리 아들은 그의 아버지의 사악한 지도하에서 벗어나서 그의 인자한 어머니에게로 돌아갈 것이다.

• Mt.5:42

• Mt.24:10 At that time many will turn away from the faith and will betray and hate each other.
그 때에 많은 사람이 실족하게 되어 서로 잡아 주고 서로 미워하겠으며

B. Related Grammar • Mt.5:38-42

Not specifically related grammars in this part.

C. Unique Expression of the Bible • Mt.5:38-42

1. **눈은 눈으로, 이는 이로**: eye for eye, and tooth for tooth (v.38)
2. **오른 뺨을 치다**: strike on the right cheek (v.39)

Theme 8 Love for Enemies • Mt.5:43-48 •
원수를 사랑하라

A. Words & Phrases • Mt.5:43-48

176. tax collectors

n an officer who collects tax 세관원, 세리, 수세관
tax collectorship 세관직, 수세권

독해작문 Tax collectors in New Testament time were notorious because of their abuse of the system by collecting more than was due.
신약시대의 세리들은 그들이 정해진 액수보다 더 걷음으로 그 제도를 남용하였기 때문에 악명 높았다.

• Mt.5:46

• Mt.9:11 When the Pharisees saw this, they asked his disciples, "Why dose your teacher eat with tax collectors and sinners?
바리새인들이 보고 그의 제자들에게 이르되 어찌하여 너의 선생은 세리와 죄인들과 함께 잡수시느냐

177. pagans

n (pl.) a person who does not believe following the orthodox faith of religion 이교도, 이방인
syn heathen, gentile, idolater
– pagandom 異教圈(이교권)

독해작문 Pagans view world both as being atheistic and pantheistic.
이교도들은 세상을 무신론적으로 또한 범신론적으로 본다.

• Mt.5:47

• Mt.6:7 And when you pray, do not keep on babbling like pagans, for they think they will be heard because of their many words.
또 기도할 때에 이방인과 같이 중언부언하지 말라 그들은 말을 많이 하여야 들으실 줄 생각하느니라

178. perfect

adj of the best degree, standard, kind 완전한, 완벽한, 최고의 *ant* imperfect
syn complete, full, blameless, skilled, unblemished
– perfect weather 굉장히 좋은 날씨 / perfect harmony 완전한 화음 / a perfect octave (음) 완전8도

독해작문 German Team has been known to have played almost perfect game in World Cup in South Africa, 2010.
2010 남아공 월드컵에서 독일 팀은 거의 완벽한 경기를 한 것으로 알려졌다.

• Mt.5:48

• Heb.5:9 and, once made perfect, he became the source of eternal salvation for all who obey him.
온전하게 되셨은즉, 자기에게 순종하는 모든 자에게 영원한 구원의 근원이 되시고

B. Related Grammar • Mt.5:43-48

Not specifically related grammars in this part.

B. Unique Expression of the Bible • Mt.5:43-48

1. **세리**: tax collectors (v.46)
2. **이방인**: pagans (v.47)
3. **하늘에 계신 아버지**: heavenly Father (v.48)

CHAPTER 6 마태복음 6장

Theme 1. Giving to the Needy (Mt. 6:1-4)
구제함을 은밀하게 하라

Theme 2. Prayer (Mt. 6:5-15)
너희는 이렇게 기도하라

Theme 3. Fasting (Mt. 6:16-18)
외식으로 금식하지 말라

Theme 4. Treasures in Heaven (Mt.6:19-34)
보불을 하늘에 쌓아두라

Theme 1 Giving to the Needy • Mt.6:1-4 •
구제함을 은밀하게 하라

A. Words & Phrases • Mt.6:1-4

179. needy

adj poor in finances and materials 궁핍한, 가난한
needy-needier-neediest
syn needful, necessary, indispensible
– the poor and needy 가난한 / the + 형 = 복수명사, 가난한 자들

독해작문 The homeless repair services by government for the needy has been going on actively.
가난한 자들을 위한 정부의 주택보수 작업 서비스가 적극적으로 진행되고 있다.

• Mt.6:2 "So when you give to the needy, do not announce it with trumpets, as the hypocrites do in the synagogue and the streets, to be honored by men.
그러므로 구제할 때에 외식하는 자가 사람에게서 영광을 받으려고 회당과 거리에서 하는 것 같이 너희 앞에 나팔을 불지 말라

• Acts 4:34

180. announce

v to make statement in public in loud voice 큰 소리로 알 리다, 선언하다 *n* announcement
syn proclaim, publish, promulgate, declare
– Mr. Brown announced for governor 브라운씨는 주지사 입후보 선언을 하였다.

독해작문 Obama announced $ 2 billion worth funding for solar industry to promote green energy production.
오바마 대통령은 친환경 에너지 생산을 증진시키기 위해 태양열 산업에 20억불에 달하는 지원을 발표하였다.

• Mt.6:2 see above

• Is.48:20 Leave Babylon, flee from the Babylonians! Announce this with shouts of joy and proclaim it.
너희는 바벨론에서 나와서 갈대아 인을 피하고 즐거운 소리로 이를 알게 하여 들려주며

181. trumpet

n a brass wind instrument of music 트럼펫, 나팔
– blow one's own trumpet 자랑하다, 허풍떨다

독해작문 To sound an uncertain trumpet signifies to proclaim indecisive intention.
알지 못하는 소리를 내다란 말은 결단력이 없는 의도를 드러냄을 의미한다.

• Mt.6:2 see above

• 1.Cor.14:8 Again, if the trumpet does not sound a clear call, who will get ready for battle?
만일 나팔이 분명하지 못한 소리를 내면 누가 전투를 준비하리요?

182. hypocrites

n a person who is in his falsehood, says one thing and does the other 위선자
– hypocrisy 위선 / play the hypocrite 위선 떨다

독해작문 A religious hypocrite uses spiritual talk to hide base motives.
종교적 위선자란 근본동기를 숨기기 위하여 영적 표현을 사용한다.

• Mt.6:2 see above

• Mt.15:7 You hypocrites! Isaiah was right when he prophesied about you:
외식하는 자들아 이사야가 너희에 관하여 잘 예언하였도다 일렀으되:

B. Related Grammar • Mt.6:1-4

◈ **Be careful not to + 동사원형: ~하지 않도록 주의하라 (v.1)**

C. Uniuqe Expression of the Bible • Mt.6:1-4

1. **의를 행하다**: do 'act of righteousness' (v.1)
2. **외식하는 자**: hypocrites (v.2)
3. **회당**: synagogue (v.2)
4. **오른손이 하는 것을 왼손이 모르게 하라**: do not let your left hand know what your right hand is doing.(v.3)

Theme 2 Prayer • Mt.6:5-15 •
너희는 이렇게 기도하라

A. Words & Phrases • Mt.6:5-15

183. babbling

n to talk in a way that one cannot understand 중얼거리다, 나불나불하다 *v* babble
syn prattling, jabbering, gibbering
A drunken man was babbling without stopping. 취객이 끊임없이 중얼거렸다.

독해작문 Babies age of 3-4 months start babbling or mimicking of language to learn to communicate.
3~4개월되는 아기들은 의사소통하는 것을 배우기 위하여 옹아리를 시작한다.

• Mt.6:7

• Acts17:18 A group of Epicurean and Stoic philosophers began to dispute with him. Some of them asked, "What is this babbler trying to say?"
어떤 에피큐로스와 스토아 철학자들도 바울과 쟁론할 새 어떤 사람은 이르되 이 말쟁이가 무슨 말을 하고자 하느냐 하고

184. hallow

v to make holy or sanctified 거룩하게 하다, 신성하게 하다 *adj* hallowed
syn consecrate, sanctify, dedicate
hallowed be thy name 그의 이름을 거룩하게 하옵시고
We should not forget the hallowed memories of the patriots.

독해작문 Praying two hours a day is one of the most hallowed traditions of our school.
매일 두 시간 기도하는 것은 우리 학교의 가장 신성한 전통 중 한가지이다.

• **Mt.6:9**

• **Lk.11:2** He said to them, "When you pray say: Father hallowed be your name, your kingdom come.
예수께서 이르시되 너희는 기도할 때에 이렇게 하라 아버지여 이름이 거룩히 여김을 받으시오며 나라가 임하시오며

185. debtor

n a person who owes money 빚진 자, 채무자, 은혜를 지고 있는 사람 *ant* creditor
He began to run into debt. 그는 빚을 지기 시작했다.

독해작문 They fell into a debt trap after spending the huge amount of money for wedding ceremony.
그들은 결혼식에 어마어마한 돈을 쓰고 난 후에 빚의 수렁에 빠져버렸다.

• **Mt.6:12**

• **Lk.16:5** "So he called in each one of his master's debtors. He asked the first, 'How much do you owe may master?"
주인에게 빚진 자를 일일이 불러다가 먼저 온 자에게 이르되 네가 주인에게 얼마나 빚졌느냐

B. Related Grammar • Mt.6:5-15

◈ 전치사 for 용법 (v.5)

전치사 for 는 크게 세가지 뜻으로 쓰인다

● '~하는 동안', '~기간 동안'의 기간을 나타내는 뜻으로 이때는 'during', 'through'의 뜻과 같으나 용법상 미미한 의미의 차이가 있다.

1) for: 주로 뒤에 수사(數詞)를 동반, 일정하고 구체적인 기간 / ~동안에

I have not seen her for more than 10 days. 〈나는 그녀를 10일 이상 보지 못했다.〉

2) during: 특정사건, 특정 기간 앞에 사용 / ~동안에

During first semester, we could not learn language courses. 〈1학기 동안에 우리는 어학 과

정을 배우지 못했다.〉

2) through: 일정기간 처음부터 끝까지 쭉~

We stayed in Paris through the whole vacation. 〈우리는 방학 내내 파리에 머물렀다.〉

● 방향을 나타내는 for: 방향을 나타내는 다른 전치사 to, towards, from 과 비교하여,

1) for: 분명한 목적지와 방향이 있음 / ~를 향하여

He has left Korea for Japan. 〈그는 일본을 향하여 출국했다.〉 / 'leave for'

2) to: 방향성과 도착지점 표현 / ~으로, ~에

She went to Germany to study instrumental music. 〈그녀는 기악을 공부하기 위하여 독일로 향했다.〉 / 'go to'

3) towards: 불분명한 목적지로서 운동의 방향만 표시 / ~쪽으로

The dog was sleighing towards North. 〈그 개는 북쪽을 향하여 썰매를 끌었다.〉

4) from: He started from Seoul and left for San Francisco. 〈그는 서울을 출발해서 샌프란시스코로 떠났다.〉

● 원인, 이유를 나타내는 for: for, with 는 둘 다 ~때문에, ~으로 인하여로 해석되며 원인을 나타내는 전치사이지만 용례 상 차이가 있다.

1) for: 마음에 대한 무형의 원인: ~으로, ~때문에

I could not explain it for fearing opposition. 〈반대가 두려워서 나는 그것을 설명할 수 없었다.〉

2) with: 외부에서 육체에 미치는 원인, 물리적 원인: ~으로, ~때문에

She was shivering with cold. 〈그녀는 추위에 몸을 떨었다.〉

● 목적을 나타내는 전치사: for, on, after / ~하기 위하여, ~차, ~을 구하고자

1) for: 목적, 추구, 준비 / ~하기 위하여

Many people went to California for gold. 〈많은 사람들이 금을 찾기 위하여 캘리포니아로 갔다.〉

2) on: 용무, 여행, 목적 / ~하러, ~차, ~로

Mr. Kim went to New York on business. 〈Mr.Kim은 사업차 뉴욕으로 갔다.〉

3) after: 추구, 욕망 / ~을 구하고자

She is always seeking after honor and wealth. 〈그녀는 언제나 명예와 부를 추구하고 있다.〉

C. Unique Expression of the Bible • Mt.6:5-15

1. **외식하는 자**: hypocrites (v.5)
2. **중언부언하다**: keep on babbling (v.7)
3. **이름이 거룩히 여김을 받으시오며**: hallowed be your name (v.9)
4. **일용할 양식**: daily bread (v.11)
5. **죄를 사하다**: forgive sins (v.12)
6. **시험에 들게 하지 않다**: lead us not into temptation (v.13)
7. **악에서 구하다**: deliver us from the evil one (v.13)

Theme 3 Fasting • Mt.6:16-18 •
외식으로 금식하지 말라

A. Word & Phrases • Mt.6:16-18

186. **somber**

adj look sad or serious 어둠침침한, 우울한, 심각한 *n* somberness
syn sad, serious, solemn, melancholy, shady

독해작문 The mood was somber but the meeting was successful.
분위기는 침울 하였으나 회의는 성공적이었다.

• Mt.6:16 "When you fast, do not look somber as the hypocrites do, for they disfigure their faces to show men they are fasting.
금식할 때에 너희는 외식하는 자들과 같이 슬픈 기색을 보이지 말라 그들은 금식하는 것을 사람에게 보이려고 얼굴을 흉하게 하느니라

187. **disfigure one's face**

phr 얼굴을 찡그리다, 슬픈 기색을 하다

독해작문 He disfigure his face after he discovered his son was severely hurt at the football game.
그는 그의 아들이 축구 경기에서 심하게 다친 것을 알고 슬픈 기색을 하였다.

• Mt.6:16 see above

188. obvious

adj clear, noticing, self-evident 명백한, 확실한, 알기 쉬운, 눈에 잘 띠는
syn exposed, manifest, perceptible, visible
– an obvious meaning 명백한 의미 / an obvious signboard 눈에 잘 띠는 간판

독해작문 Concerning the serious oil leak, the Senator said, "Obviously we need to stop leak. We need to capture the leakage as much as possible."
심각한 석유 유출에 관하여, 그 상원의원은 "분명히 우리는 유출을 막아야 합니다, 우리는 가능한 한 많이 그 유출을 잡아내야만 합니다" 라고 말하였다.

• Mt.6:18

• Gal.5:19 The acts of sinful nature are obvious: sexual immorality, impurity and debauchery;
육체의 일은 분명하니 곧 음행과 더러운 것과 호색과

B. Realted Grammar • Mt.6:16-18

◈ 대동사(代動詞) do

영어의 속성상, 동어반복을 꺼려하므로 반복적 어휘 사용을 피하기 위하여 선행하는 동사의 대용을 하는 do 동사

She loves her baby, as I do mine. 〈그녀는 내가 내 아이를 사랑하는 것처럼, 자기 아이를 사랑한다.〉

C. Unique Expression of the Bible • Mt.6:16-18

1. 금식하다: fast (v.16)
2. 얼굴을 흉하게 하다, 찡그리다: disfigure one's face (v.16)

Theme 4 Treasures in Heaven • Mt.6:19-34 •
보물을 하늘에 쌓아두라

A. Words & Phrases • Mt.6:19-34

189. store up

phr to accumulate, reserve 쌓다, 축적하다 *syn* supply, stock, fund, deposit, treasure up, lay up
– Some province of France have a good store of wine. 어떤 프랑스 지방은 포도주를 잘 저장하고 있다.
have a good store of knowledge 학식이 풍부하다

독해작문 To accumulate literally means to store up
축적하다는 문자적으로 쌓아 놓는 것을 의미한다.

• Mt.6:19 Do not store up yourselves treasures on earth, where moth and rust destroy, and where thieves break in and steal.
너희를 위하여 보물을 땅에 쌓아두지 말라 거기는 좀과 동록이 해하며 도둑이 구멍을 뚫고 도둑질 하느니라

• Mt.12:35

190. moth

n a kind of insect which cause an infection of clothes 좀, 곰팡이, 곰팡균, 좀나방
get the moth 좀먹다

• 독해작문 Moths usually lay eggs on trees and sometimes it's very harmful to certain kind of agricultural products.
나방은 대부분 나무 위에 알을 낳는다. 때때로 이것은 어떤 종류의 농작물에는 매우 해롭다.

• Mt.6:19 see above

• Lk.12:33 Sell your possessions and give to the poor. Provide purses for yourselves that will not wear out, a treasure in heaven that will not be exhausted, where no thief comes near and no moth destroys.
너희 소유를 팔아 구제하여 낡아지지 아니하는 배낭을 만들라 곧 하늘에 둔 바, 다함이 없는 보물이니 거기는 도둑도 가까이 하는 일이 없고 좀 먹는 일이 없느니라

191. rust

n the reddish brown part of iron caused by air or water 녹, 녹슬다, 부식하다 *v* rust
keep from rust 녹슬지 않게 하다 / remove rust from 녹을 닦아내다

독해작문 By having aluminum coating on the part it can keep the machine from rust.
그 부분에 알루미늄 코팅을 함으로써 기계를 녹슬지 않게 할 수 있다.

• Mt.6:19 see above

• Mt.6:20 But store up for yourselves treasures in heaven, where moth and rust do not destroy, and where thieves do not break in and steal.
오직 너희를 위하여 보물을 하늘에 쌓아두라 거기는 좀이나 동록이 해하지 못하며 도둑이 구멍을 뚫지도 못하고 도둑질도 못하느니라.

192. break in

phr to enter inside of building without notice 침입하다, 불법으로 들어가다
to interrupt, intervene 방해하다, 간섭하다

독해작문 During the summer break, a thief broke in and stole all of his family's valuables.
여름휴가 동안에 도둑이 침입해서 그의 가족의 모든 귀중품을 훔쳐갔다.

• Mt.6:19 see above

• Mt.6:20 see above

193. devote

v devote to, give wholly or completely to~ 바치다, 섬기다, 헌신하다 *n* devotion
syn consecrate, dedicate, set apart for
devote oneself to~ ~에 헌신하다, 몰두하다, 빠지다

독해작문 My wife promised to devote herself to charity work for the rest of her lifetime.
나의 아내는 그녀의 여생을 자선사업에 헌신하기로 약속하였다.

• Mt.6:24 "No one can serve two masters. Either he will hate the one and love the other, or he will be devoted to the one and despise the other.
한 사람이 두 주인을 섬기지 못할 것이니 혹 이를 미워하고 저를 사랑하거나 혹 이를 중히 여기고 저를 경히 여김이라.

• Titus2:15

194. important

adj the thing which matters or concerns a lot 중요한, 의미있는 유력한 *n* importance
syn significant, notable, considerable, weighty, momentous
an important decision 중대한 결정 / assume an important air 뻐기다, 젠체하다

독해작문 It was his important first step in starting the business.
그것은 사업을 시작함에 있어서 중요한 그의 첫 걸음이었다.

• Mt.6:25

• Lk.11:43 "Woe to you Pharisees, because you love the most important seats in the synagogues and greetings in the marketplaces.
화 있을진저 너희 바리새인이여 너희가 회당의 높은 자리와 시장에서 문안받는 것을 기뻐하는도다

195. spin

v to produce, to make by twisting, to turn round and round 방적하다, 돌리다, 실을 내다
spin-spun-spun *n* spinning
spinning of the wheel
– spin a yarn 장황한 이야기를 늘어놓다 / spin thread out of cotton 솜에서 실을 잣다

독해작문 Winning lottery is decided by the spinning on the wheel of fortune and usually it is open to public.
복권에 당첨되는 것은 복권 바퀴를 돌리는 것으로 결정되며 보통 이것은 공개된다.

• Mt.6:28 "And why do you worry about clothes? See how the lilies of the field grow. They do not labor or spin.
또 너희가 어찌 의복을 위하여 염려하느냐 들의 백합화가 어떻게 자라는가 생각하여 보라 수고도 아니하고 길쌈도 아니하느니라

• Lk.12:27

196. run after

phr pursuit, to chase, try to gain attention of someone 좇아가다, 따라가다, 추구하다

독해작문 The horses continued to run after the race car but never been able to follow close enough.
말들은 그 경주 자동차를 따라서 뛰기를 계속하였으나 결코 가까이 따라갈 수 없었다.

• Mt.6:32

• Lk.17:23 Men will tell you, 'There he is!' or 'here he is!' Do not go running off after them.
사람이 너희에게 말하되 보라 저기 있다 보라 여기 있다 하리라 그러나 너희는 가지도 말고 따르지도 말라

B. Related Grammar • Mt.6:19-34

◈ 관계부사 (Relative Adverb) Mt.6:19,20,21

● **기능**: 관계대명사가 〈접속사 + 대명사〉의 기능을 한다면, 관계부사는 〈접속사 + 부사〉의 구실을 한다.
This is the apartment + Hyun Dae construction company built. → This is the apartment which Hyun Dae construction company built. 〈이 아파트가 현대건설사가 지은 것이다.〉

which는 the thing에 관한 것.

This is the apartment + They live here. → This is the apartment where they live. 〈이 아파트가 그들이 사는 곳이다.〉

where는 the place에 관한 것.

- **관계부사의 종류와 용법**: 관계부사를 관계대명사로 대신할 수 있는데 그 때는 관계대명사 'which' 앞에 뜻에 맞는 전치사를 놓으면 된다.

  This is the apartment + They live in it.

  This is the apartment which they live in.

  This is the apartment in which they live.

  This is the apartment where they live.

1) 관계부사의 종류

(1) 선행사(시간; the time) = when ← in which, at which, on which

(2) 선행사(장소; the place) = where ← in which, at which, on which

(3) 선행사(이유; the reason) = why ← for which

(4) 선행사(방법; the way) = how ← in which

(5) 관계부사 that: when, where, why, how 다를 대신하여 쓸 수 있다.

This is the place that I live now.(where 대신)

This is the reason that I love you so much.(why 대신)

2) 제한적 용법과 계속적 용법

(1) 제한적 용법

·선행사를 수식 한정 한다.

모든 관계 부사에 이용법이 있다.

관계부사가 이끄는 절을 먼저 해석하고 후에 선행사가 있는 주절을 해석한다.

Mr. Kim went into the house where he had caught a thief. 〈Mr. 김은 (전에) 그가 도둑을 잡았던 그 집으로 들어갔다.〉; 선행사 the house 역 수식.

(2) 계속적 용법

·선행사에 대해 보완 설명을 한다.

이 용법으로 쓰이는 것은 when 과 where 밖에 없지만 how를 in which로, why를 for

which로 바꾸어 사용할 수 있다.
관계 부사 앞에 ,(comma)를 찌은 경우인데 해석은 주절을 먼저 한 다음, ,(comma)를 등위 접속사, 'and, but, or, for, though' 등으로 문맥에 맞게 바꾸어 종속절을 해석한다.

Mr. Kim went into the house, where he had caught a thief. 〈Mr. 김은 집안으로 들어갔다, 그런데 그곳에서 그는 전에 도둑을 잡았었다.〉
where = and in the house / and there
You had better call again at night, when my son will be at home. 〈밤에 다시 전화 해주시면 좋겠네요, 왜냐하면 그 때 아들이 집에 있을테니까요.〉
when = for then

C. Unique Expression of the Bible • Mt.6:19-34

1. **거기는 좀과 동록이 해하며:** , where moth and rust destroy (v.19)
2. **길쌈하다:** spin (v.28)
3. **아궁이에 던져지다:** be thrown into fire (v.30)
4. **그의 나라와 그의 의:** his kingdom and his righteousness (v.33)

CHAPTER 7 마태복음 7장

Theme 1. Judging Others (Mt.7:1-6)
비판하지 말라

Theme 2. Ask, Seek, Knock (Mt.7:7-12)
구하라, 찾으라, 문을 두드리라

Theme 3. The Narrow and Wide Gates (Mt.7:13-14)
좁은 문

Theme 4. A Tree and Its Fruit (Mt.7:15-27)
열매로 그들을 알리라

Theme 5. The Wise and Foolish Builders (Mt.7:24-29)
지혜롭게 짓는 자와 어리석게 짓는 자

Theme 1 Judging Others • Mt.7:1-6 •
비판하지 말라

A. Words & Phrases • Mt.7:1-6

197. measure

v to calculate amount, size, weight etc 재다, 측량하다
n a system of calculating amount, size, or weight etc. *syn* estimate, appraise, share, judge
measure of capacity 용량 / a metric measure 미터법

독해작문 It has been informed that publishers start to struggle to measure success in e-book age.
출판업자들이 전자책 시대에 성공을 가늠하기 힘들게 되었음이 보도되었다.

• Mt.7:2

• Rev.11:1 I was given a reed like a measuring rod and was told, "Go and measure the temple of God and the altar, and count the worshipers there.
또 내게 지팡이 같은 갈대를 주며 말하기를 일어나서 하나님의 성전과 제단과 그 안에서 경배하는 자들을 측량하되

198. speck

n a very small mark or dirt 티, 작은 반점, 소량 *syn* stain, speckle, blot, mote, particle
specked apples 흠이 있는 사과 / speckless 흠 하나 없는, 완전한

독해작문 A tiny speck of sand like substance can grow to be a cancer, and broccoli is known as cancer vegetable.
모래의 작은 알갱이 같은 물질이 암으로 자라날 수 있다. 브로콜리는 최고의 암 방지 채소로 알려졌다.

• Mt.7:3 Why do you look at the speck of sawdust in your brother's eye and pay no

attention to the plank in your own eye?
어찌하여 형제의 눈 속에 있는 티는 보고 네 눈 속에 있는 들보는 깨닫지 못하느냐

• Mt.7:5

199. sawdust

n a very small pieces made by saw cutting 톱밥, 약점
let the sawdust out of ~ ~의 약점을 들춰내다

독해작문 Anything on earth can be materials for art. Sawdust art festival opens in Paris next week.
지구상의 모든 것이 예술의 재료가 될 수 있다. 톱밥 예술 축제가 다음 주 파리에서 열린다.

• Mt.7:3 see above

• Lk.6:41 = Mt.7:3

200. pay no attention to

phr do not notice, do not have particular care 모르는 척하다, 깨닫지 못하다
ant pay attention to, give attention to

독해작문 Stock brokers warned us to pay no attention to Wall Street and just listen to people who have studied about.
증권 중개인들은 월가에 주의를 기울이지 말고 그냥 증권에 대하여 연구한자들 말을 들을 것을 경고하였다.

• Mt.7:3 see above

• Mt.22:5 But they paid no attention and went off-one to his field, another to his business.
그들이 돌아보지도 않고 한 사람은 자기 밭으로, 한 사람은 자기 사업하러 가고

201. plank

n a long narrow flat piece of wood looks similar to pillar 들보, 판자, 나무 기둥
v 나무를 깔다, 판자를 내려놓다
plank the floor of the study 서재의 바닥을 깔다 / walk the plank 강요에 의해 사직하다

독해작문 The thieves were armed with plank and confronted with the police.
그 도둑들은 널빤지로 무장하고 경찰과 마주 하였다.

• Mt.7:4,5

• Lk.6:41 Why do you look at the speck of sawdust in your brother's eye and pay no attention to the plank in your own eye?
어찌하여 형제의 눈 속에있는 티는 보고 네 눈 속에 있는 들보는 깨닫지 못하느냐

202. sacred

adj nature considered to be holy, or mean to something connected with God 신성한, 거룩한
n sacredness
sacred music 성스러운 음악 / secular music 세속음악

독해작문 The mountain was considered to be a sacred site and was objected to tourists climbing it.
그 산은 신성한 장소로 여겨지어 여행객들이 등반하는 것이 금지되었다.

• Mt.7:6

• Mt.23:19 You blind men! Which is greater: the gift or the altar that makes the gift sacred?
맹인들이여 어느 것이 크냐 그 예물이냐 그 예물을 거룩하게 하는 제물이냐

203. tear in(to) pieces

phr 갈기갈기 찢다

독해작문 Remove the oil, and tear the lettuce into small pieces.
기름을 걷어내고 상추를 잘게 찢으세요.

• Mt.7:6

B. Related Grammar • Mt.7:1-6

◈ **수사 대구법(Mt.7: 3,4,5)의 형제 눈 속에 있는 티와 네 눈 속에 있는 들보.**

C. Unique Expression of the Bible • Mt.7:1-6

1. 형제의 눈 속에 있는 티: the speck of sawdust in your brother's eye (v.3)
2. 네 눈 속에 있는 들보: the plank in your own eye (v.3)

Theme 2 Ask, Seek, Knock • Mt.7:7-12 •
구하라, 찾으라, 문을 두드리라

A. Words & Phrases • Mt.7:7-12

204. snake

n long reptile kind of animals that do not have legs and some are poisonous 파충류 뱀
syn serpent, viper, ophidian
a snake in the grass 숨은 적, 눈에 안 보이는 적 / see snakes 알콜 중독에 걸려있다.

독해작문 Genesis 3 describes the snake as an agent in the Fall.
창세기 3장은 뱀을 타락의 대행자로 묘사하고 있다.

• Mt.7:10)

• Jn.3:14 Just as Moses lifted up the snake in the desert, so that the Son of Man must be lifted up.
모세가 광야에서 뱀을 든 것같이 인자도 들려야 하리니

205. sum up

phr to give summary of 요약하다, 총계하다, 핵심을 말하다
sum up bills 계정을 말하다 / be summed up in few words 몇 마디로 요약해서 말하다

독해작문 To sum up, the Democratic Party was right in solving the matter.
요약해서 말한다면, 그 일을 해결하는데 있어서 민주당이 옳았다.

• Mt.7:12

B. Related Grammar • Mt.7:7-12

◈ 명령형 문장: See above chapters

◈ 명령형 문장 + 미래 수동태 〈v. + will be p.p.〉

- Mt. 7:7 Ask and it will given to you; seek and you will find; knock and the door will be opened to you. 〈구하라 그리하면 너희에게 주실 것이요 찾으라 그리하면 찾아낼 것이요 문을 두드리라 그리하면 너희에게 열릴 것이니〉

C. Unique Expression of the Bible • Mt.7:7-12

1. **구하라 그리하면 너희에게 주실 것이요** (v.7): Ask and it will be given to you.

Theme 3 The Narrow and Wide Gates • Mt.7:13-14 •
좁은 문

A. Words & Phrases • Mt.7:13-14

206. **destruction**

n the state of being destroyed or action of destroy 파괴 *v* destroy *syn* demolition, overthrow, devastation, ravage *ant* construction

독해작문 Recently, floods and landslides created destruction in China.
최근에 홍수와 산사태가 중국에 파괴를 가져다주었다.

• Mt.7:13

• Jn.17:12 While I was with them, I protected them and kept them safe by that name you gave me. None has been lost except the one doomed to destruction so that Scripture would be fulfilled.
내가 그들과 함께 있을때에 내게 주신 아버지의 이름으로 그들을 보전하고 지키었나이다 그 중에 하나도 멸망하지 않고 다만 멸망의 자식 뿐이오니 이는 성경을 응하게 함이니이다.

B. Related Grammar • Mt:7:13-14

◈ 강조용법: **형용사의 강조, 반복 강조**

• Mt. 7:13 Enter through the narrow gate. For wide is the gate and broad is the road that leads to destruction, and many enter through it. 〈좁은 문으로 들어가라. 멸망으로 인도하는 문은 크고 그 길이 넓어 그리로 들어가는 자가 많고〉

• Mt. 7:14 But small is the gate narrow the road 〈생명으로 인도하는 문은 좁고〉

형용사 wide 형용사와 broad 형용사를 강조하기 위하여 도치구문의 형식을 이루며 문장 맨 앞에 형용사를 놓았다. 이것을 정치 시키면 For the gate is wide and the road that leads to destruction is broad가 된다, 그리고 wide와 broad, gate와 road같은 의미의 연관구조를 반복시킴으로써 더욱 더 강조되는 어법을 가진다.

동일한 어법으로 13절과 14절이 연결되었다.

◈ 수량형용사 a few 용법

- Mt. 7:14 But small is the gate and narrow the road that leads to life, and only a few find it. 〈생명으로 인도하는 문은 좁고 길이 협착하여 찾는 자가 적음이라〉

수(數)나, 양(量)이나 정도를 나타내는 형용사나 형용사구를 말하는데 종류에는 크게 두가지 부정(不定) 수량형용사와 수사(기수, 서수, 배수) 형용사 두 가지가 있다. a few는 이중에 일정한 수를 나타내지 않는 부정 수량형용사에 속한다.

1) many-(a) few 와 much-(a) little의 용법

(1) **many와 (a) few + 가산명사**: 셀 수 있는 가산명사 앞에 붙여 쓰며 반드시 복수명사를 받는다.(수)

many = 많은 /

few = 거의 없는 / a few = 약간 있는 /

not a few = (many) 적지 않은 /

only a few = 약간의(= but few) /

a great many = 꽤 많은 = so many = a good many = quite a few /

(2) **much 와 (a) little + 불가산명사**: 셀 수 없는 명사에 붙여 쓰며 반드시 단수명사를 받는다. (양, 정도)

much = 많은 /

little = 거의 없는 / a little = 약간 있는 /

not a little = (much) 적지 않은 /

only a little = 약간의 (= but little) /

a great deal of = 꽤 많은 = a good deal of = quite a little /

(3) **가산명사, 불가산명사 둘 다에 편하게 쓸 수 있는 수량형용사로서 다수나 다량을 나타내는 구어체 표현**: a lot of = lots of = a plenty of (많은 = many나 much)

Theme 4 A Tree and Its Fruit • Mt.7:15-27 •
열매로 그들을 알리라

207. watch out

phr to be careful about 조심하다, 경계하다

독해작문 You should be able to watch out bad guys and make good friends.
당신은 나쁜 사람들을 조심하고 좋은 친구들을 사귈 수 있어야 한다.

• Mt.7:15

• Mt.24:4 Jesus answered: "Watch out that no one deceives you."
예수께서 대답하여 이르시되 너희가 사람의 미혹을 받지 않도록 주의하라

208. inwardly

adv in the mind or spirit 내면적으로, 속에는 *ant* outwardly *n* inwardness
the inward nature of a thing 물건의 본질적 성질 / an inward room 안방

독해작문 He had a profound piety which inwardly attached him to God.
그는 내면적으로 그를 하나님께 밀착시킨 심오한 경건성을 지니고 있었다.

• Mt.7:15

209. ferocious

adj fierce, violent as of wild animal 사나운, 맹수같은 *n* ferocity, ferociousness
syn savage, untamed, cruel, barbarous
ferocious animal 맹수 / ferocious appetite 굉장한 식욕

독해작문 World Cup Committee says Dutch Team was known to have ferocious tackling

and maybe that is one of the reasons for their final victory.
월드컵 위원회는 네덜란드 팀이 맹수와 같은 태클걸기를 하는 것으로 알려져 있다고 말하고 아마도 그것이 그들의 결승 승리의 이유 중 한가지라고 한다.

• Mt.7:15

210. thornbushes

n a sharp point of growth on a certain kind of plants 가시나무

독해작문 An ecological study pointed out that more than 35 species likely to be found in thorn bush.
한 생태학 연구가 35종 이상이 가시나무 떨기에서 발견될 수 있다고 지적하였다.

• Mt.7:16

• Lk.6:44 Each tree is recognized by its own fruit. People do not pick figs from thornbushes, or grapes from briers.
나무는 각기 그 열매로 아나니 가시나무에서 무화과를 또는 찔레에서 포도를 따지 못하느니라

211. thistles

n a kind of wild flower that has prickly leaves 엉겅퀴
thorn and thistles 가시나무와 엉겅퀴, 역경과 고난

독해작문 The cancer was spreading like thistles in her brain.
암이 그녀의 뇌 속에서 엉겅퀴 같이 퍼져나가고 있었다.

• Mt.7:16

212. bear fruit

phr produce, yield fruit 열매 맺다, 생산하다

독해작문 The trees are dying and cannot bear good fruits.

그 나무들은 죽어가고 좋은 열매를 맺을 수 없다.

• Mt.7:18

• Lk.13:9 If it bears fruit next year, fine! If not then cut it down.
이후에 만일 열매가 열리면 좋거니와 그렇지 않으면 찍어 버리소서 하였다 하시니라

213. drive out demons

phr cast out demons 귀신을 쫓아내다, 악령을 몰아내다

독해작문 Bible taught us that 'many will drive out demons in Jesus' name. (Mt.7:21-23)
성경은 많은 자들이 예수의 이름으로 귀신을 쫓아낼 것을 가르쳤다.

• Mt.7:22

• Lk11:18 If Satan is divided against himself, how can his kingdom stand? I say this because you claim that I drive out demons by Beelzebub.
너희 말이 내가 바알세블을 힘입어 귀신을 쫓아낸다 하니 만일 사탄이 스스로 분쟁하면 그의 나라가 어떻게 서겠느냐

214. evildoer

n someone who does evil things or behaviour 악을 행하는 자, 마귀, 사탄
syn sinner, criminal, offender, wrong-doer

독해작문 You should ask God to bring evildoers to justice and stop them to commit crimes.
하나님께 악한 자를 법정에 세워 그들로 하여금 범죄하지 않도록 기도해야 한다.

• Mt.7:23

• Lk.18:11 The Pharisee stood up and prayed about himself: 'God, I thank you that I am not like other men-robbers, evildoers, adulterers,-or even like this tax collector.
바리새인은 서서 따로 기도하여 이르되 하나님이여 나는 다른 사람들 곧, 토색, 불의, 간음을 하는 자

들과 같지 아니하고 이 세리와도 같지 아니함을 감사하나이다.

B. Related Grammar • Mt.7:15-23

◈ 부분부정

• Mt. 7:21 Not everyone who says to me, "Lord, Lord, will enter the kingdom of heaven, but only who he does the will of my Father who is in heaven. 〈나더러 주여 주여 하는 자마다 다 천국에 들어갈 것이 아니요 다만 하늘에 계신 내 아버지의 뜻대로 행하는 자라야 들어가리라〉

부정문에는 크게 부분 부정문과 전체 부정문이 있다. 부분 부정문이란 전체 내용 중 일부분만을 부정시키는 것으로서, all, both, every와 부사인 always, wholly, necessarily, exactly, entirely, completely, altogether, absolutely.., 등에 부정어, not, never를 붙이면 '전부가 ~인 것은 아니다' 라는 뜻이 된다.

Not all of you in this class are diligent. 〈이 반의 모든 학생이 다 근면한 것은 아니다.〉
I don't want both tickets. not both 〈표 두장 다 필요 없다-한 장 만으로 족하다.〉

그 밖의 quite, greatly, very, many, much 등도 not와 합해서 부분 부정의 의미를 만든다. not quite, not greatly, not very, not many, not much 등이다.
He cannot speak Japanese very well. 〈그는 일본어를 썩 잘하지는 못한다.〉
Not many people seem happy. 〈모든 사람이 행복해 보이지는 않는다.〉

C. Unique Expression of the Bible • Mt.7:15-23

1. **거짓 선지자**: false prophet (v.15)
2. **양의 옷을 입은 이리**: a wolf in sheep's clothing (v.15) = hypocrites
3. **귀신을 쫓아내다**: drive out demons (v.22)

Theme 5 The Wise and Foolish Builders • Mt.7:24-29 •

지혜롭게 짓는 자와 어리석게 짓는 자

A. Words & Phrases • Mt,7:24-29

215. put into practice

phr practice, do 실행하다, 실천하다 *syn* perform, exercise, train, apply

독해작문 The school policy has to be apt to put into practice of the school's educational philosophy.

학교정책은 학교의 교육 철학을 실행에 옮기는데 적합해야만 한다.

• Mt.7:24

• Lk.8:21 He replied, "My mother and brothers are those who hear God's word and put it into practice".

예수께서 대답하여 이르시되 내 어머니와 내 동생들은 곧 하나님의 말씀을 듣고 행하는 이 사람들이라 하시니라

216. fall with a great crash

phr crash severely 심하게 무너지다, 크게 파괴되다

독해작문 The tall building fell with a great crash and more than one hundred people were injured and killed.

그 고층빌딩이 심하게 무너져서 100명 이상의 사람들이 다치거나 죽었다.

• Mt.7:27

217. be amazed at

phr be astonished at, be perplexed by ~에 놀라다
syn be staggered at, be confused by, be surprised by

독해작문 No one would be amazed by the sight he looks at now.
지금 그가 보고 있는 광경에 놀랄 사람은 없을 것이다.

• Mt.7:28

• Mk.10:24 The disciples were amazed at his words.
제자들이 그 말씀에 놀라는 지라

218. authority

n the right or power given to men ot to organization to exercise to make people follow or obey 권위, 권위자, 허가, 판결 ***syn*** power, sovereignity, jurisdiction, control
exceed one's authority 월권행위를 하다 / by the authority of ~의 권위로, ~의 허가를 얻어 / under the authority of ~의 지배하에 / those in authority 당국자

독해작문 The officer called for authority to release prisoners to justice.
그 교관은 감옥에서 사람들을 석방시킬 권한을 요청하였다.

• Mt.7:29

• Lk.4:32 They were amazed at his teaching, because his message had authority.
그들이 그 가르치심에 놀라니 이는 그 말씀에 권위가 있음이러라

CHAPTER 8 마태복음 8장

Theme 1. The Man with Leprosy (Mt.1:1-4)
나병환자를 깨끗하게 하시다

Theme 2. The Faith of Centurion (Mt.8:5-13)
백부장의 하인을 고치시다

Theme 3. Jesus Heals Many (Mt.8:14-17)
많은 사람들을 다 고치시다

Theme 4. The Cost of Following Jesus (Mt.8:18-22)
나를 따르라

Theme 5. Jesus Calms the Storm (Mt.8:23-27)
바람과 바다를 잔잔하게 하시다

Theme 6. The Healing of Two demon-possessed Men (Mt.8:28-34)
귀신들린 두 사람을 고치시다

Theme 1 The Man with Leprosy • Mt.1:1-4 •
나병환자를 깨끗하게 하시다

A. Words & Phrases • Mt.8:1-4

219. leprosy

n a painful infectious disease to appear on the skin and also is called the Hansen's disease
한센씨 병, 문둥병, 나병
moral leprosy 번지기 쉬운 도덕적 타락, 부패

독해작문 Unemployment is new leprosy in the U.S. and the Congress tries so hard to make defense against it.
실업은 미국에서 새롭게 번져나가는 병폐이다. 그리고 국회는 이에 대하여 변명하려고 아주 애쓰고 있다.

• Mt.8:2

• Lk.17:12 As he was going into a village, ten men who had leprosy met him.
한 마을에 들어가시니 나병환자 열명이 예수를 만나

220. reach out one's hand

phr ~의 손을 내밀다
cf stretch out one's hand ~의 손을 뻗다

독해작문 Jesus Christ reached his hand out to the poor and saved the sick also.
예수 그리스도는 가난한 자들에게 손을 내밀었고 또한 병든 자들을 구원하셨다.

• Mt.8:3

• Jn.20:27 Reach out your hand and put it into my side. Stop doubting and believe.
네 손을 내밀어 내 옆구리에 넣어보라 그리하여 믿음 없는 자가 되지말고 믿는 자가 되라

B. Related Grammar • Mt.8:1-4

◈ See that 절: that 이하를 명심하라의 뜻

- Mt. 8:4 ~See that you don't tell anyone~. 〈~삼가 아무에게도 이르지 말고~〉

C. Unique Expression of the Bible • Mt.8:1-4

1. **나병환자**: a man with leprosy = a leper (v.2)
2. **제사장**: priest (v.4)
3. **예물을 드리다**: offer the gift (v.4)
4. **모세가 명한 예물**: the gift Moses commanded (v.4)

Theme 2 The Faith of Centurion • Mt.8:5-13 •
백부장의 하인을 고치시다

A. Words & Phrases • Mt.8:5-13

221. deserve to

phr be worthy of reward or being treated well ~할 만한, 상 받거나 대접을 받을만한

독해작문 It was reported that aggressive and malicious Dutch team didn't deserve to win.
공격적이고 악의 있는 네덜란드 팀이 이길 만한 가치가 없다고 보도되었다.

• Mt.8:8

• Mt.22:8 Then he said to his servants, 'The wedding banquet is ready, but those I invited did not deserve to come.'
이에 종들에게 이르되 혼인 잔치는 준비되었으나 청한 사람들은 합당하지 아니하니

222. servant

n a person who works for wages to serve upper grade people 종, 노예, 신복
syn attendant, retainer, understrapper, subordinate helper
– What did your last servant die of? 그런 것쯤은 네 손으로 해.

독해작문 The leadership Jesus Christ taught was to 'serve others first and you will be served as well'. It is called the 'servant leadership'.
예수 그리스도가 가르친 리더쉽은 '다른 이들을 먼저 섬기라 그리하면 너희가 그렇게 섬김을 받으리라'였다. 그것은 '섬김의 리더쉽'이라고 불리운다.

• Mt.8:9

• Mt.18:29 "His fellow servant fell to his knees and begged him, 'Be patient with me, and I

will pay you back.
그 동료가 엎드려 간구하여 이르되 나에게 참아 주소서 갚으리이다 하되

223. take one's place

phr occupy 자리를 차지하다 ***syn*** possess, hold one's seat, reserve

독해작문 People gathered together from all around the world and tried to take their places to watch the football game.
사람들이 세계 각처에서 모여서 그 축구 경기을 보기 위하여 자리를 차지하려고 하였다.

• Mt.8:11

• Lk.13:29 People will come from east and west and north and south and will take their places at the feast in the kingdom of God.
사람들이 동서남북으로부터 와서 하나님의 나라 잔치에 참여하리니

224. the kingdom of heaven

n heavenly kingdom 천국, 하늘나라, 천당 ***syn*** paradise, Zion, Father's house, God's dwelling place – enter the kingdom of heaven 소천하다, 죽다, 천국에 들어가다, 구원받다

독해작문 The Bible tells us that it is so hard for a rich man to enter the kingdom of heaven.
성경은 부자가 천국에 들어가는 것이 매우 어렵다고 말한다.

• Mt.8:11

• Mt.19:12 For some are eunuchs because they were born that way; others were made that way by men; and other have renounced marriage because of the kingdom of heaven.
어머니의 태로부터 된 고자도 있고 사람이 만든 고자도 있고 천국을 위하여 스스로 된 고자도 있도다

225. weep and gnash of teeth

phr be regretful 슬피 울며 이를 갈다, 처절하게 후회하다 *syn* wail and gnash of teeth

독해작문 Don't weep or gnash your teeth. You have done your best and the rest of it is God's part.
원통해하며 울지 마세요. 당신은 최선을 다했고 나머지는 하나님이 하십니다.

- Mt.8:12

- Lk.13:28 "There will be weeping there and gnashing of teeth, when you see Abraham, Isaac, and Jacob and the all the prophets in the kingdom of God, but you yourselves thrown out.
너희가 아브라함과 이삭과 야곱과 모든 선지자는 하나님 나라에 있고 오직 너희는 밖에 쫓겨난 것을 볼 때에 거기서 슬피 울며 이를 갈리라

226. at that very hour

phr immediately, at that very moment 그 시로, 바로 그때에 *syn* from that very hour

독해작문 Sometimes God answers your prayer at that very hour you pray, and sometimes God answers when he plans.
때때로 하나님은 당신이 기도하는 바로 그 시간에 응답하시고 때때로 그는 그가 예정하신 때에 응답하신다.

- Mt.8:12

- Mt.15:28 And her daughter was healed from that very hour.
그때로부터 그의 딸이 나으니라

B. Related Grammar • Mt.8:5-13

◈ 대과거(大過去)

- Mt. 8:5 When Jesus had entered Capernaum, a centurion came to him, asking for help. 〈예수께서 가버나움에 들어가시니 한 백부장이 나아와 간구하여.〉

대과거는 제2과거라고도 하며 내용상 어느 과거 시점보다 더 앞선 과거를 표현할 때 쓰여진다. 영어문장의 시제가 주로 시제 일치(Tense Agreement) 법칙에 의하여 진행 되어지지만 특별히 사건의 순서를 구별할 때에 쓰여지는 이러한 대 과거 형식의 문장도 있음을 유의하여야 한다.

◈ deserve to + 동사원형: ~할 가치가 있다.

• Mt. 8:8 The centurion replied, "Lord, I do not deserve to have you come under my roof. 〈백부장이 대답하여 이르되 주여 내 집에 들어오심을 감당하지 못하겠사오니.〉

● deserve는 자동사, 타동사 두 가지 경우로 다 쓰이는 동사이다. ~할 가치가 있다라는 뜻으로 be worthy of 와 같다.

The baby deserves attention. 〈그 아이는 주목할 만하다.〉

또한 이 deserve는 〈deserve + to + 동사원형〉, 〈deserve + ~ing〉, 〈deserve + that 절〉을 다 받을 수 있다.

The house deserves to be repaired. 〈그 집은 수리할 가치가 있다.〉

The house deserves repairing.

The house deserves that we should repair that.

다만, 뉴앙스의 차이는 있다; 동명사가 뒤에 오면 수동적인 뜻이 되고 부정사가 뒤에 오면 능동적인 뜻이 된다. 그리고 that 절을 쓰면 너무 딱딱한 느낌이 되므로 보통 to 부정사를 쓴다.

● 자동사로 쓰일 때

당연한 보답 즉, 상이나 벌, 또는 보상 따위를 받을 만하다의 의미. = be worthy (of)

Please recompense him as he deserves. 〈그에게 의분의 답례를 하라.〉

He has made great efforts deserving of admiration. 〈그는 칭찬받을만한 노력을 하였다.〉

● desrve well (ill) of ~: 관용적인 용법으로서 ~에 우대(냉대)를 받아 마땅하다.

They deserve well of their home country. 〈그들은 조국의 우대를 받아 마땅하다.〉

C. Unique Expression of the Bible • Mt.8:5-13

1. **백부장**: centurion (v.5)
2. **울며 이를 갈다**: weep and gansh of one's teeth (v.12)

Theme 3 Jesus Heals Many • Mt.8:14-17 •
많은 사람들을 다 고치시다

A. Words & Phrases • Mt.8:14-17

227. mother-in-law

n mother of a spouse 시어머니, 장모 *cf* father-in-law, brother-in-law, sister-in-law, son-in-law, daughter-in-law, family-in-law, in-laws

독해작문 His family including his 88 year old mother-in-law were dependent on his least income to live on.
88세의 장모를 포함하여 그의 가족은 생계를 유지하기 위한 그의 최소한의 수입에 의존하였다.

• Mt.8:14

• Mt.10:35 For I have come to turn " a man against his father, a daughter against her mother, a daughter-in-law against her mother-in-law-
내가 온 것은 사람이 그 아버지와, 딸이 어머니와, 며느리가 시어머니와 불화하게 하려 함이니

228. fever

n high body temperature in sickness 열 *syn* heat, agitation, warmth
have a high fever 고열이 있다 / at fever speed 초스피드로 / in a fever 열광하여, 정신없이 / scarlet fever 성홍열

독해작문 World Cup fever was going on even long after it was finished.
월드컵 열기는 경기가 끝나고 오랜 이후에도 계속되고 있었다.

• Mt.8:14

• Jn.4:52 When he inquired as to the time when his son got better, they said to him, "The

fever left him yesterday at that seventh hour."
그 낫기 시작한 때를 물은 즉, 어제 일곱 시에 열기가 떨어졌나이다 하는지라

229. wait on

phr attend 시중들다 ***syn*** escort, follow, accompany, serve
wait on at the table 식탁에서 시중들다

독해작문 Oriental women are praised by males to have waited on at the table when their husbands eat.
동양의 여성들은 그들의 남편들이 식사할 때 식탁에서 시중드는 것으로 남성들에게서 칭송 받고 있다.

• **Mt.8:15**

• **Lk.4:39** So he bent over her and rebuked the fever, and it left her. She got up at once and began to wait on them.
예수께서 가까이 서서 열병을 꾸짖으신 대 병이 떠나고 여자가 곧 일어나 그들에게 수종드니라

230. demon-possessed

phr a person who is possessed by demon 귀신 들린 자, 악령에 사로 잡힌 자
syn devil-possessed, evil spirit

독해작문 The Scriptures talk about the demon-possessed and it indicates that demons do exist.
성경은 귀신 들린 자에 대하여 말한다, 그리고 이는 귀신이 존재함을 의미한다.

• **Mt.8:16**

• **Mt.12:22** Then they brought him a demon-possessed man who was blind and mute, and Jesus healed him, so that he could both talk and see.
그 때에 귀신 들려 눈 멀고 말 못하는 사람을 데리고 왔거늘 예수께서 고쳐주시매 그 말 못하는 사람이 말하며 보게 된지라

231. take up

phr endure, take responsibility 책임지다, 담당하다, 감당하다
take up one's cross 자기의 십자가를 지다

독해작문 He would take up the challenge to debate the case with his defense team.
그는 그의 변호인단과 함께 그 사건을 변론하기 위한 도전을 받아들일 것이다.

• Mt.8:17

• Lk.9:23 Then he said to them all: "If anyone would come after me, he must deny himself and take up his cross daily and follow me.
또 무리에게 이르시되 아무든지 나를 따라 오려거든 자기를 부인하고 날마다 제 십자가를 지고 나를 따를 것이니라

232. infirmity

n physical handicap or mental weakness, sin 병약함, 결점, 죄
adj infirm
syn weakness, ailment, defect, frailty
infirmities of age 노환

독해작문 The student was known to have incapacity to read, speak, and other permanent infirmities.
그 학생은 읽지 못하고, 말하지 못하고 또한 다른 영구적인 장애를 갖고 있는 것으로 알려졌다.

• Mt.8:17

B. Related Grammar • Mt.8:14-17

◈ mother-in-law: 복합명사

두 개 이상의 낱말로 연결된 명사로서 복수형을 쓸 때에는 의미의 중심이 되는 낱말을 복수형으로 만든다. 그러나 복합 명사 속에 명사가 포함되지 않은 경우에는 어미를 복수로 하면 된다.

mothers-in law 장모, 시모

brothers-in-law 의형제, 시동생, 시형

stepmothers 계모

stepchildren 의붓자식

passers-by 통행인

hangers on 식객, 붙어 다니는 측근자

shoemakers 구두 수선인

maid servants 하녀

'man' 또는 'woman'을 포함한 복합 명사가 단지 남성, 여성의 구별로 쓰여졌을 때는 양쪽 복수가 가능하고 사람을 나타낼 때에는 어미를 복수형으로 한다.

women-doctors

women-writers

men-servants

women-servants

gentlemen-farmers 농장주

man-eaters 식인종

woman-haters 여성 혐오자

C. Unique Expression of the Bible • Mt.8:14-17

1. **귀신들린 자**: demon-possessed (v.16)
2. **귀신을 쫓아내다**: drive out the spirits (v.16)
3. **선지자 이사야**: the prophet Isaiah (v.17)
4. **우리의 연약함을 담당하시다**: take up our infirmities (v.17)
5. **병을 짊어지시다**: carry our diseases (v.17)

Theme 4 The Cost of Following Jesus • Mt.8:18-22 •

나를 따르라

A. Words & Phrases • Mt.8:18-22

233. fox

n a wild animal that belongs to dog family 여우 ***adj*** foxy
play the fox 교활하게 굴다

독해작문 A famous hair designer developed new technique to colour hair into silver fox.
유명한 미용사가 머리카락을 은여우 색으로 물들이는 새로운 기술을 개발했다.

• Mt.8:20

• Lk.13:32 He replied, "Go tell that fox, 'I will drive out demons and heal people today and tomorrow, and on the third day I will reach my goal.'
이르시되 너희는 가서 저 여우에게 이르되 오늘과 내일은 내가 귀신을 쫓아내며 병을 고치다가 제삼일에는 완전하여지리라 하라

234. lay one's head

phr lie down, rest 머리를 두다, 눕다

독해작문 He is looking for a place to lay his head on because it's getting dark.
어두워짐으로 그는 누울 자리를 찾고 있었다.

• Mt.8:20

• Lk.9:58 same with above

Theme 5 Jesus Calms the Storm • Mt.8:23-27 •
바람과 바다를 잔잔하게 하시다

A. Words & Phrases • Mt.8:23-27

235. sweep over

phr to remove 쓸어버리다, 뒤집어엎다
sweep-swept-swept
– sweep off the dust 먼지를 털다 / a flock of birds swept by 한 떼의 새들이 휙 지나갔다

독해작문 American team swept over one of the best teams in Europe last match.
미국의 팀은 지난번 경기에서 유럽의 강팀 중 하나를 물리쳤다.

• Mt.8:24

236. drown

v die in water or in liquid materials 익사하다, 물에 빠져 죽다 drown-drowned-drowned
eyes drowned in tears 눈물에 젖은 눈 / a drowned body

독해작문 Immigrants are at high risk of drowning when they across the border by boating and swimming.
이민자들은 국경을 보트를 타거나 수영함으로 국경을 건널 때 굉장한 익사의 위험에 처해 있다.

• Mt.8:25

• Mk.4:38 Jesus was in the stern, sleeping in the cushion. The disciples woke him and said to him, 'Teacher, don't you care if we drown?"
예수께서는 고물에서 베개를 베고 주무시더니 제자들이 깨우며 이르되 선생님이여 우리가 죽게 된 것을 돌보지 아니하시나이까 하니

237. rebuke

v to talk back or disapprove sharply 비난하다, 꾸지람하다 *n* rebuke
syn reproach, censure, scold

독해작문 The comment prompted a harsh rebuke on the sensitive issue.
그 논평은 민감한 사안에 대하여 신랄한 논박을 일으켰다.

• Mt.8:26

• Mk.10:48 Many rebuked him and told him to be quiet, but he shouted all the more, "Son of David, have mercy on me!"
많은 사람이 꾸짖어 잠잠하라 하되 그가 더욱 크게 소리질러 이르되 다윗의 자손이여 나를 불쌍히 여기소서 하는지라

238. obey

v do or follow what is told 순종하다, 복종하다 *n* obedience *adj* obedient
syn heed, comply with, submit
obey the laws of nature 자연에 법칙에 따르다

독해작문 Jesus Christ interprets the meaning of obedience in accordance with our faith in God.
예수는 순종의 의미를 우리가 하나님을 믿는 것과 맞추어서 해석한다.

• Mt.8:27

• Mt:19:17 "Why do you ask me about what is good?" Jesus replied. "There is only One who is good. If you want to enter life, obey the commandments.
예수께서 이르시되 어찌하여 선한 일을 내게 묻느냐 선한 이는 오직 한 분이시니라 네가 생명에 들어가려면 계명들을 지키라

B. Related Grammar • Mt.8:23-27

◈ 결과 표시 부사절: ~, so that ~ : ~, 그 결과 ~이다

• Mt.8:24 Without warning, a furious storm came up on the lake, so that the waves swept over the boat. But Jesus was sleeping. 〈바다에 큰 놀이 일어나 배가 물결에 덮이게 되었으되 예수는 주무시느니라.〉

It has cleared up, so that he may come. 〈날씨가 개었다. 그래서 그가 올지도 모른다.〉

이 외에 that 이하가 결과를 나타내는 부사절은 다음과 같은 것들이 있다.

so + 형(부) + that ~ / 매우 ~해서 ~하다 (~할 만큼 ~하다) = such + 명사 + that~

I am so busy that I can't go there. 〈나는 너무 바빠서 거기에 갈 수 없다.〉

It was such a nice day that we went out. 〈날씨가 너무 화창해서 우리는 밖에 나갔다.〉

◈ 형용사구의 서술적 용법

• Mt.8:26 He replied, "You of little faith, why are you so afraid?" 〈예수께서 이르시되 어찌하여 무서워 하느냐〉

전치사 of 로 시작되는 형용사구. 이러한 형용사구에는 명사를 뒤에서 수식하는 한정적 용법과 동사의 보어가 되는 서술적 용법으로 쓰인다.

This story is of great value.(서술용법); 〈이 이야기는 대단한 가치가 있다.〉

You of little faith. = You are of little faith의 구어체 표현으로 같은(서술용법)

◈ 수사 의문문

• Mt.8:27 What kind of man is this? 〈이는 어떠한 사람인가?〉

수사 의문문(Rhetorical Question)은 형태만 의문문으로서 상대방의 대답을 요구하는 의문문이 아니라 의문문의 형태를 취함으로써 그 내용을 강조하고자 하는 문장형식이다. 억양은 끝을 올리지 않고 내린다. 긍정의 수사 의문문은 부정의 내용을 함축하고 있고 부정의 의문문은 그 자체 속에 긍정의 뜻을 가지고 있다.

Who knows that is true? → Nobody knows that it is true.

Who cares? → (Nobody cares.)

Who doesn't know that? → Everybody knows that.

Isn't it strange? → It is very strange.

또한 반드시 반대의 내용을 요구하지 않더라도 그 의미를 강조하기 위하여 수사적으로 의문문의 형태를 취하기도 한다. (Mt.8:27) → He is an extraordinary man / or He is a very special man, unique man.의 뜻을 강조하기 위함이다.

C. Unique Expression of the Bible • Mt.23-27

1. **바다를 잠잠케 하다**: Jesus calms the storm.
2. **믿음이 작은 자들아**: You of little faith! (v.26)

Theme 6 The Healing of Two demon-possessed Men
귀신들린 두 사람을 고치시다 • Mt.8:28-34 •

A. Words & Phrases • Mt.8:28-34

239. in the region of

phr in the area belongs to~ ~의 지역에, ~라는 곳에

독해작문 Everyday high temperature continues in the region of the city in the state of Kentucky.
연일 켄터키 주의 그 도시에 고온이 계속되고 있다.

• Mt.8:28

• Mt.15:21 Leaving that place, Jesus withdrew to the reign of Tyre and Sidon.
예수께서 거기서 나가사 두로와 시돈 지방으로 들어가시니

240. violent

adj using or showing physical strength 폭력의, 난폭한 *n* violence *adv* violently
a violent death 변사, 사고사 / lay violent hands on ~에게 폭력을 행사하다

독해작문 Nowadays, there is a great concern about violent behaviour of children and adolescents.
요즈음에는 아이들과 청소년의 난폭한 행위에 대한 걱정이 많다.

• Mt.8:28

• Mt.28:2 There was a violent earthquake, for an angel of the Lord came down from heaven and, going to the tomb, rolled back the stone and sat on it.
큰 지진이 나며 주의 천사가 하늘로부터 내려와 돌을 굴려내고 그 위에 앉았는데

241. torture

n great physical or mental suffering 고통, 고문, 괴롭히다 *v* torture *adj* torturous
torture a man to make him confess his crime 고문하여 죄를 자백하게 하다

독해작문 The officer was notorious to put the prisoners into the torture chamber to make them to confess.
그 관리는 죄수들을 고문실에 넣어 죄를 자백하게 한 것으로 악명 높다.

• Mt.8:29

• Mt.18:34 In anger his master turned him over to jailers to be tortured, until he should pay back all he owed.
주인이 노하여 그 빚을 다 갚도록 그를 옥졸들에게 넘기니라

242. appointed time

聖 the time set by the providence of God 정해진 때, 하나님의 때

독해작문 Christian eschatology emphasizes the appointed time of God whatever will happen in the future.
기독교 종말론은 어떤 일이 장래에 일어날 것이든지 간에 하나님의 때를 강조한다.

• Mt.8:29

• Mt.26:18 He replied, "Go into the city to a certain man and tell him, 'The teacher says: My appointed time is near.
이르시되 성안 아무에게 가서 이르되 선생님 말씀이 내 때가 가까워 왔으니

243. a large herd of

phr referring to a great numbers of animals 많은 무리의 짐승 떼

독해작문 A large herd of cattle are known to be starved in South Africa.
많은 무리의 소떼가 남아프리카에서 굶어 죽은 것으로 알려졌다.

• Mt.8:30

• Lk.8:32 A large herd of pigs was feeding there on the hillside. The demons begged Jesus to let them go into them, and he gave them permission.
마침 그곳에 많은 돼지 떼가 산에서 먹고 있는지라 귀신들이 그 돼지에게로 들어가게 허락하심을 간구하니 이에 허락하시니

244. rush down

phr to run down with a great speed and strength 힘차게 아래로 내려가다
cf rush into, rush up, rush out, rush hour, rush back
rush into extremes 극단으로 흐르다 / Don't rush me. 재촉하지 마세요

독해작문 The fast running car suddenly rushed down into the river and killed the people inside.
빠르게 달리던 차가 갑자기 강물 속으로 뛰어들어서 차안에 있던 사람들을 죽게 했다.

• Mt.8:29

• Lk.8:33 When the demons came out of the man, they went into the pigs, and the herd rushed down the steep bank into the lake and was drowned.
귀신들이 그 사람에게서 나와 돼지에게로 들어가니 그 떼가 비탈로 내리달아 호수에 들어가 몰사하거늘

245. steep

adj risen up sharply or fallen down sharply 가파르게 경사진 *n* steepness
a steep slope 가파른 언덕 / That's a bit steep. 그건 좀 너무하다 / be steeped in ~에 깊이 빠지다, 몰두하다

독해작문 The Grand Canyon in the State of Arizona is famous for its many terrifying looks of steep rocks and cliffs.
아리조나 주의 그랜드 캐년은 많은 무시무시한 암벽과 절벽으로 유명하다.

• Mt.8:32

• Jn.9:34 To this, they replied, "You were steeped in sin at birth; how dare you lecture

us!" And they threw him out.
그들이 대답하여 이르되 네가 온전히 죄 가운데 나서 우리를 가르치느냐 하고 이에 쫓아내어 보내니라

246. tend

v to take care of animals or serve people 짐승 떼를 치다. ~를 돌보아주다, 간호하다
syn attend, wait, serve, incline, be likely to
tend a flock of sheep or cattle, pigs etc.
tend a customer 손님께 서비스하다

독해작문 A waiter who waits on customers at the bar is called a bar tender.
바에서 손님들을 시중드는 웨이터는 바텐더라고 불리운다.

• Mt.8:33

• Lk.8:34 When those tending the pigs saw what had happened, they ran off and reported this in the town and countryside.
치던 자들이 그 이루어진 일을 보고 도망하여 성내와 마을에 알리니

247. including

pre having as a part ~을 포함하여 *syn* comprehending, be inclusive of, takinng in, embracing
Seven of us, including myself. 나를 포함하여 7명입니다

독해작문 Including debt, the offer values of the company reached up to $3.5 billion and it was sold out instantly in spite of the debt.
부채를 포함하 여 회사의 매각액은 35억불에 달했고 빚에도 불구하고 즉시 팔렸다.

• Mt.8:33 see above

• Lk.23:27 A large number of people followed him, including women who mourned and wailed for him.
또 백성 및 그를 위하여 가슴을 치며 슬피 우는 여자의 큰 무리가 따라오는 지라

248. plead

v carry on a suit, make an allegation, to make urgent request again and again 변호하다, 변론하다, 탄원하다 ***syn*** to make petition, argue, beg
– plead in a person's favor ~를 위해 변론하다 / plead against 반박하다, 훈계하다 / plead not guilty 무죄를 주장하다

독해작문 The suspect will plead not guilty to sending threatening mail to the principal of the high school.
그 혐의자는 고등학교 교장에게 협박장을 보낸 것에 대하여 무죄를 주장할 것이다.

• Mt.8:34

• Lk.7:4 When they came to Jesus, they pleaded earnestly with him, "This man deserves to have you do this,
이에 그들이 예수께 나아와 간절히 구하여 이르되 이 일을 하시는 것이 이 사람에게는 합당하니이다

B. Related Grammar • Mt.8:28-34

◈ **so + 형용사 + that + 부정어주어(no one no body, nothing 등) + can, could, not 형태의 문장으로 '너무나 ~해서 ~할 수 없다'의 뜻이 된다.**

• Mt.8:28 They were so violent that no one could pass that way. 〈그들은 몹시 사나워 아무도 그 길로 지나갈 수 없을 지경이더라〉

C. Unique Expression of the Bible • Mt.8:28-34

1. **귀신들린 자 둘**: two demon-possessed men (v.18)
2. **하나님의 아들**: Son of God (v.29)
3. **때가 이르기 전**: before the appointed time (v.29)
4. **돼지 떼**: a large herd of pigs (v.30)

CHAPTER 9 마태복음 9장

Theme 1. Jesus Heals a Paralytic (Mt.9:1-8)
중풍병자를 고치시다

Theme 2. The Calling of Mathew (Mt.9:9-13)
마태를 부르시다

Theme 3. Jesus Questioned about Fasting (Mt.9:14-17)
금식논쟁

Theme 4. A Dead Girl and a Sick Woman (Mt.9:18-26)
한 관리의 딸과 예수의 옷을 만진 여자

Theme 5. Jesus Heals the Blind and Muts (Mt.9:27-34)
맹인들의 눈을 뜨게 하시고 말 못하는 사람을 고치시다

Theme 6. The Workers are Few (Mt.9:35-38)
일꾼은 적다

Theme 1 Jesus Heals a Paralytic • Mt;9:1-8 •
중풍병자를 고치시다

A. Words & Phrases • Mt.9:1-8

249. step into

phr walk into(inside) 걸어 들어가다 ***ant*** step out of

독해작문 The child was in danger of drowning. He stepped into the river step by step.
그 아이는 익사의 위험에 처해 있었다. 그 아이는 한 걸음씩 한 걸음씩 강으로 걸어 들어갔다.

• Mt.9:1

250. cross over

phr go over the bridge or other crossing section 건너가다, 횡단하다
syn traverse, put across, pass over

독해작문 The boat crossed over the river and reached to the other side of it.
그 배는 강을 건너가 강 반대편에 도달했다.

• Mt.9:1

• Mk.5:21 When Jesus had again crossed over by boat to the other side of the lake, a large crowd gathered around him while he was by the lake.
예수께서 배를 타시고 다시 맞은편으로 건너가시니 큰 무리가 그에게로 모이거늘 이에 바닷가에 계시더니

251. take heart

phr to relieve, come down 안심하다

독해작문 Even though you are in financial difficulty, take heart, there will be a helping program given by the government soon.
비록 당신이 재정적인 어려움에 처했을지라도 안심하세요 곧 정부로부터 돕는 프로그램이 나올 겁니다.

• Mt.9:2

• Mt.9:22 Jesus turned and saw her. "Take heart, daughter," he said, "your faith has healed you." And the woman was healed from that moment.
예수께서 돌이켜 그를 보시며 이르시되 딸아 안심하라 네 믿음이 너를 구원하였다 하시니 여자가 그 즉시 구원을 받으니라

252. blaspheming

adj insulting God or God's name 신성 모독의, 참람한 blasphemous *v* blaspheme
n blasphemy *syn* profane, cursing
– blaspheme against ~에 대하여 모독하다

독해작문 She was known to be a devout Muslim and she accused her 10 year old son for blaspheming the name of Allah.
그녀는 독실한 회교도로 알려 졌고 그녀의 10살짜리 아들을 알라신 모독죄로 고소하였다.

• Mt.9:3

• Mk.2:7 "Why does this fellow talk like that? He's blaspheming! Who can forgive sins but God alone?"
이 사람이 어찌 이렇게 말하는가 신성 모독이로다 오직 하나님 한 분 외에는 누가 능히 죄를 사하겠느냐

253. entertain

v to serve or to please guests 손님을 접대하다, 즐겁게 해주다, 생각하다, 마음에 품다 *n* entertainment, entertainer *adj* entertaining *syn* amuse, take into consideration, treat with hospitality
– entertain angels unawares 부지중에 천사를 대접하다(Heb.13:2)

독해작문 The couple were so happy because they never fail to entertain each other.
그 부부는 아주 행복했다. 왜냐하면 그들은 서로 대접하기를 항상 잊지 않았기 때문이다.

• Mt.9:4

254. be filled with

phr be stuffed with, be contented with ~으로 가득 찬
– liquid-filled bottle 액체로 가득 찬 병 / face filled with happy expression 행복한 표정으로 가득 찬 얼굴

독해작문 It is astonishing to find out the fact that the Egyptian tomb is found filled with the bones of human buried together as offerings.
애굽의 무덤 이 제물로서 함께 매장된 인간의 뼈들과 함께 발견된 사실은 놀라운 일이다.

• Mt.9:8

• Lk.1:67 His father Zechariah was filled with the Holy Spirit and prophesied:
그 부친 사가랴가 성령의 충만함을 받아 예언함을 이르되

255. awe

n a feeling of respect mixed with awe and fear 경외심, 두려움 *adj* awesome, awful
syn fear, dread, reverence, veneration
awesome wonder of God 하나님의 두렵고 놀라움

독해작문 The movie was admired by its characteristics being remarkable, spectacular and awe-inspiring.
그 영화는 특성상, 뛰어나고, 웅장하고, 경외심을 주는 것으로 극찬 받았다.

• Mt.9:8 see above

• Lk.7:16 They were all filled with awe and praised God.
모든 사람이 두려워하며 하나님께 영광을 돌려 이르되

B. Related Grammar • Mt.9:1-8

◈ 같은 문장 안에 동사의 연결로 계속되는 동작을 나타낸다

• Mt.9:1 Jesus stepped into a boat, crossed over, and came to his own town. 〈예수께서 배에 오르사 건너가 본 동네에 이르시니〉

◈ 선택 의문문

• Mt.9:5 Which is easier: to say, 'Your sins are forgiven,' or to say, 'Get up and walk'? 〈네 죄 사함을 받았느니라 하는 말과 일어나 걸어가라 하는 말 중에서 어느 것이 쉽겠느냐〉

의문문(Interrogative Question)의 7가지 종류-즉, 1) 일반 의문문 2) 특수 의문문(의문사가 있는 의문문) 3) 간접 의문문 4) 선택 의문문 5) 부정 의문문 6) 부가 의문문 7) 수사 의문문 ~에 한 가지로서, 〈이것이냐, 저것이냐〉 중, 하나를 선택해야 하는 의문문이다. 그러므로 Yes, No로 대답할 수 없다. 의문문이지만 끝을 올려 읽지 않고 내리며 or를 강조하여 읽는다.

Are you a prophet or a teacher? → I am a teacher.

Do you like coffe or tea? → I like coffee.

Where is your home country, Japan or Korea? → Korea is my home country.

위의 주어진 성경 예문 중에서는 to say this or to say that 중에서 어느것을 말하는 것이 더 쉬운지(Which is easier) 선택함을 요구하고 있다.

C. Unique Expression of the Bible • Mt.9:1-8

1. **침상에 누운 중풍병자**: a paralytic, lying on a mat (v.2)
2. **악한 생각을 하다**: entertain evil thoughts (v.4)
3. **죄를 사하는 권능**: authority to forgive sins (v.6)

Theme 2 The Calling of Mathew • Mt.9:9-13 •
마태를 부르시다

A. Words & Phrases • Mt.9:9-13

256. **sacrifice**

n an action or thing given to be sacrificed 희생, 제물　*v* sacrifice　*adj* sacrificial
syn offering, oblation, to surrender
– sell at a great sacrifice 특가처분하다 / make a sacrifice of ~을 희생하여

독해작문　Some ancient tombs are found as an evidence of human sacrifice offered to their gods.
어떤 고대의 무덤들은 그들의 신들에게 바쳐진 인간 제물의 증거로서 나타난다.

• Mt.9:13

• Lk.22:7　Then came the day of Unleavened Bread on which the Passover lamb had to be sacrificed.
유월절 양을 잡을 무교절 날이 이른지라

B. Related Grammar • Mt;9:9-13

◈ **not A but B의 상관 접속사 구문**

• Mt.9:12　(Mt.9:12) It is not the healthy who need a doctor, but the sick. 〈건강한 자에게는 의사가 쓸데 없고 병든 자에게라야 쓸데 있느니라〉

● **상관 접속사란?**: 두 개 이상의 접속사가 반드시 짝으로 연결되어 쓰이는 접속사를 말한다.

1) not A but B: A가 아니라 B

Jesus taught not to abolish the law but to fulfill the law. 〈예수님은 율법을 폐기하려고 가르친 것이 아니라 완성시키시려 가르치셨다.〉

2) either A or B: A 이거나 B

You may go either to America or to Germany to finish your study of theology. 〈너는 신학 공부를 마치기 위해서 미국이나 또는 독일로 갈 수 있다.〉

3) neither A nor B: A도 아니고 B도 아닌

It depends on neither what you have nor whom you know. 〈그것은 네가 아는 것이나 아는 사람에게 달려 있는 것이 아니다.〉

4) both A and B: A와 B 둘 다

She is very talented both in music and in dancing. 〈그녀는 음악과 춤 둘 다에 재능이 있다.〉

5) not only A but also B(= A as well as B): A 뿐만이 아니라 B까지도

여기에서는 also를 생략할 수 있으나 but는 생략 불가능.

Jesus loved not only the Israelites but also the pagans of his age. 〈예수님은 유대인들만 사랑했을 뿐 아니라 당대의 이방인들도 사랑하셨다.〉

C. Unique Expression of the Bible • Mt.9:9-13

1. **세관**: tax collector's booth (v.9)
2. **제자**: dsiciples (v.10) → 예수의 열두 제자: the Twelve Disciples of Jesus
3. **바리새인들**: the Pharisees (v.11)
4. **긍휼**: mercy (v.13)

Theme 3 Jesus Questioned about Fasting • Mt.9:14-17 •
금식논쟁

A. Words & Phrases • Mt.9:14-17

257. bridegroom

n a newly wedded man 신랑 ***ant*** bride ***adj*** bridal

독해작문 The relation between a bride and a bridegroom is applied to the restored relationship between God and His people in the Old Testament.
신랑과 신부의 관계는 구약에서 하나님과 그의 백성간의 회복된 관계로 적용된다.

• Mt.9:15

• Lk.5:35 But the time will come when the bridegroom will be taken from them; in those days they will fast.
그러나 그 날에 이르러 그들이 신랑을 빼앗기리니 그 날에는 금식할 것이니라

258. sew

v patch or do the needle work 바느질하다 sew-sewed-sewed
n sewing
sew a button on a coat 겉옷에 단추를 달다

독해작문 To make a table linen, start at one side of cloth and sew the circles down.
식탁보를 만들기 위해서 천의 한 귀퉁이에서 시작해서 둘레를 박음질 하시오.

• Mt.9:16

• Lk.5:36 He told them this parable: "No one tears patch from a new garment, and saws it on an old one.

또 비유하여 이르시되 새 옷에서 한 조각을 찢어 낡은 옷에 붙이는 자가 없나니

259. patch

n a piece of clothes material to cover holes or worn part 헝겊조각, 깁다, 미봉하다 *v* patch
– patch socks 양말을 깁다 / patch work 수예품

독해작문 The landscape of the area was impressive and unique surrounded by a patch of wilderness.
그 지역의 경치는 광야의 한 부분에 둘러싸여 인상적이고 독특하였다.

• Mt.9:16 see above

• Mk.2:21 No one sews a patch of unshrunk cloth on an old garment.
생베 조각을 낡은 옷에 붙이는 자가 없나니

260. unshrunk

adj not shrunk 줄지 않은, 낡지 않은
– sew a patch of unshrunk cloth on an old garment (聖) 생베 조각을 낡은 옷에 붙이다
shrink-shrank-shrunk

독해작문 The company succeeded to produce unshrink jeans and they expect to make it a hit in youngsters' market.
그 회사는 줄어들지 않는 청바지를 생산하는데 성공하였고 젊은이들의 시장에서 대박나기를 고대하고 있다.

• Mt.9:16 see above

• Mk.2:21 see above

261. garment

n a kind of clothing worn as an outfit 겉옷 *syn* cloth, dress, outfit

독해작문 She is indulged in clothing business such as, apparel, clothing, garment including its import and export matters.
그녀는 의류의 수입 수 출을 포함한 의상, 의복, 복장과 같은 服飾(복식) 사업에 심취하고 있다.

• Mt.9:16 see above

• Mt.23:5 'Everything they do is done for men to see: They make their phylacteries wide and the tassels on their garments long.
그들의 모든 행위를 사람에게 보이고자 하나니 곧 경문 띠를 넓게 하며 옷술을 길게 하고

262. pull away from

phr draw from ~으로부터 당겨지다

독해작문 I wouldn't be surprised if she pulled away from the team and became a player on individual basis.
그녀가 팀을 떠나서 개인적인 기반에서 경기하더라도 나는 놀라지 않으리라.

• Mt.9:16 see above

• Mk.2:21 see above

263. wineskin

n a leather-bag that keeps wine inside 술 담는 가죽부대

독해작문 The administrative policy of the government reminded me of the Scripture story putting old wine into new wineskin.
그 정부의 행정정책은 헌 술을 새 술 가죽부대에 넣는 성경의 이야기를 생각나게 했다.

• Mt.9:17

• Lk.5:38 No, new wine must be poured into new wineskins.
새 포도주는 새 부대에 넣어야 할 것이니라

264. burst

v with pressure inside to make something open 파열하다, 폭발하다 *syn* blow up, split, explode
burst-burst-burst
burst out ~ing 갑자기 ~하기 시작하다 / She burst out laughing 그녀는 갑자기 웃음을 터뜨렸다

독해작문 The reporter said that the plane circled back to New York and landed safely despite of burst tire.
기자는 비행기가 뉴욕으로 회항하여 파열된 타이어에도 불구하고 안전하게 착륙하였다고 전했다.

• Mt.9:16 see above

• Lk.5:37 If he does, the new wineskin will burst the skins, the wine will run out and the wineskins will be ruined.
만일 그렇게 하면 새 포도주가 부대를 터뜨려 포도주가 쏟아지고 부대도 못쓰게 되리라

265. preserve

v to keep in good condition to prevent from getting bad 보존하다 *n* jam
syn guard, protect, conserve, keep sound
artificial preservative 인공 보존료, 방부제 / well preserved looking 나이에 비해 늙은 티가 안 나는 모습

독해작문 Korean people want to preserve their historical buildings and ruins and protested against the government's development policy.
한국인들은 그들의 역사적 유적을 보존하고 싶어 하며 정부의 개발정책에 항의하였다.

• Mt.9:17

• Lk.17:33 Whoever tries to keep his life will lose it, and whoever loses his life will preserve it.
무릇 자기 목숨을 보전하고자 하는 자는 잃을 것이요 잃는 자는 살리리라

B. Related Grammar • Mt.9:14-17

◈ Neither 부정어의 뜻을 앞으로 하여 도치된 문장

- Mt.9:7 Neither do men pour new wine into old wineskins. 〈새 포도주를 낡은 가죽 부대에 넣지 아니하나니〉

Neither = not + either 의 뜻으로 다시 위의 문장을 정치시켜서 쓴다면 Men do not pour new wine into old wineskins, either.가 된다.

C. Unique Expression of the Bible • Mt.9:14-17

1. **금식하다**: fast (v.14) 금식: fasting
2. **생베 조각**: a patch of unshrunk cloth (v.16) 생베 조각을 낡은 옷에 붙이다: sew a patch of unshrunk cloth on an old garment.

Theme 4 A Dead Girl and a Sick Woman • Mt.9:18-26 •

한 관리의 딸과 예수의 옷을 만진 여자

A. Words & Phrases • Mt.9:18-26

266. kneel before

phr bow down, surrender, yield, kneel down ~에게 절하다, 항복하다, 무릎 꿇다 kneel-knelt-knelt
– kneel in prayer 무릎 꿇고 기도하다 / kneel up 무릎을 집고 일어나다

독해작문 The North Korean leader, Kim, Jung Il said, "We'will not fall, we will not kneel before anybody, any country."
북한의 지도자 김정일은 "우리는 그 누구에게도 어떤 나라에도 굽히지 않으며 망하지 아니하리라"고 말했다.

• Mt.9:18

• Mt.15:25 The woman came and knelt before him. "Lord, help me!" she said.
여자가 와서 예수께 절하며 이르되 주여 저를 도우소서

267. put one's hand on

phr lay one's hand on ~에게 손을 얹다, 안수하다

독해작문 Jesus used to put his hand on patients to recover them.
예수는 환자들을 고치시기 위하여 손을 얹어 주시곤 하셨다.

• Mt.9:18 see above

• Mk.8:25 Once more Jesus put his hands on the man's eyes. Then his eyes were opened, his sight was restored, and he saw everything clearly.
이에 그 눈에 다시 안수하시매 그가 주목하여 보더니 나아서 모든 것을 밝히 보는지라

268. be subjected to

phr be suffering from, under control of ~을 받다, ~에 달리다

독해작문 Medical experiments are abused and known to make mice be subjected to severe pain without anesthesia.
의학 실험이 남용되어 쥐들이 마취 없이 극심한 고통을 받는 것으로 알려졌다.

• Mt.9:20

• Mk.5:25 And the woman was there who had been subject to bleeding for twelve years.
열두 해를 혈루증으로 앓아온 한 여자가 있어

269. bleeding

n to lose blood 출혈, 피흘림 *adj* bleeding
internal bleeding 내출혈

독해작문 A woman was found bleeding from her head and the suspect was arrested just beside her.
한 여성이 머리에 피를 흘린 채 발견되었고 피의자는 그녀 바로 곁에서 체포되었다.

• Mt.9:20 see above

• Lk.8:44 She came up behind him and touched the edge of his cloak, and immediately her bleeding stopped.
예수의 뒤로 와서 그의 옷가에 손을 대니 혈루증이 즉시 그쳤더라

270. at the edge of

phr at the cutting side ~의 모서리에, 가장자리에 *syn* brim, margin, rim
be an edge to do~ ~하고 싶어 못 견디다 / on the cutting edge 최첨단의, 가장 현대적인

독해작문 The U.S. Democrats were standing at the edge of cliff and they have to get over the crisis.
미국 민주당은 벼랑 끝에 서 있었다, 그들은 위기를 극복해야만 한다.

• Mt.9:20 see above

• Mt.14:36 and begged him to let the sick just touch the edge of his cloak, and all who touched him were healed.
다만 예수의 옷자락에라도 손을 대게 하시기를 간구하니 손을 대는 자는 다 나음을 얻으니라

271. laugh at

phr scorn, scoff, mock 비웃다, 경멸하다 *syn* deride, jeer, ridicule

독해작문 The wife insisted her right to laugh at her husband for his being too lazy.
부인은 그녀의 남편이 너무 게으른데 대하여 멸시할 권리를 주장하였다.

• Mt.9:24

• Lk.8:53 They laughed at him, knowing that she was dead.
그들이 그녀가 죽은 것을 아는고로 비웃더라

B. Related Grammar • Mt.9:18-26

◈ 직접화법: (Mt.9:18, 21; 22; 24)

• Mt.9:18 While he was saying this, a ruler came and knelt before him and said, "My daughter has just died. But come and put your hand on her, and she will live." 〈예수께서 이 말씀을 하실 때에 한 관리가 와서 절하며 이르되 내 딸이 방금 죽었사오나 오셔서 그 몸에 손을 얹어 주소서 그러면 살아나겠나이다 하니〉

영어에는 화법(narration)이라고 하는 말을 전달하는 방식이 크게 두 가지가 있는데 말한 내용을 그대로 바꾸지 않고 전달하는 방법-즉, 직접화법(Direct narration)과 내용은 그대로이나 제3자적인 입장에서 전달하는 간접화법(Indirect narratyion)이 있다.

She says , "I am very beautiful."(직접화법0 〈그녀는 "나는 매우 아름답다" 라고 말합니다.〉 / 여기에서 'says'는 전달동사, 'I am very beautiful'은 피 전달문이라고 한다.

위의 문장을 〈간접화법〉으로 바꾸면 어떻게 될까?

She says that she is very beautiful.이 된다. 그러므로, 화법의 전환에는 일반적인 원칙이 있다.

1) 전달동사는 피 전달문의 종류에 따라 변한다.
2) 인용부호를 없애고 적당한 접속사를 이용한다.
3) 피 전달문의 인칭 대명사를 전달자의 입장에 맞게 바꾼다.
4) 시간이나 장소의 부사(구)를 적절하게 바꾼다.
5) 주절과 종속절의 시제를 일치시킨다.
6) 피 전달문이 평서문, 의문문, 감탄문, 기원문일 경우: (S + V ~)가 되고
7) 피 전달문이 명령문인 경우 = (to + 동사원형)이 된다.

부사와 지시대명사의 변화:

〈직접화법〉	〈간접화법〉
1) this (these)	that (those) 로
2) here	there 로
3) now	then 으로
4) today	that day 로
5) yesterday	the day before, the previous day 로
6) tomorrow	the next day, the following day 로
7) last night	the night before, the previous night 으로
8) this evening	that evening 으로
9) ~ago	~before 로

He said, "I arrived here yesterday." → He said that he had arrived there the day before.

이 외에도 실제 예문을 보고 그 원칙들을 검토해 보면

1) 〈직〉 He said, "I shall be Junior in this college next year. → 〈간〉 He said that he would be Junior the following year. 즉, 피 전달문의 조동사 shall 이 단순미래이므로 would로 바뀐다.
2) 피 전달문의 조동사가 의지미래인 경우: 〈직〉 She said, "I will eat this Kim Chi." → 〈간〉 She said that she would eat Kim Chi.
3) 피 전달문의 종류에 따라서: 평서문인 경우: 전달동사 say (say to)가 say나 tell로 바뀐다.
〈직〉 She said, "I won the match last year" → 〈간〉 She said that she had won the match the previous year.
4) 전달동사가 say나 say to가 아닌 경우에는 동사들을 그대로 쓰고 that으로 연결한다.

〈직〉 He declared, " I am innocent." → 〈간〉 He declared that he is innocent.

5) 의문문의 경우:

〈직〉의 say나 say to가 〈간〉에서는 ask, inquire (of), demand (of)로 바뀌고 어순은 (의문사 + S' + V' ~)로 된다.

〈직〉 He said, "What are you doing?" → 〈간〉 He asked what I was doing.

〈직〉 He said to me, "Have you sent the letter?" → 〈간〉 He asked me if (whether) I had sent the letter〉

6) 명령문인 경우:

say to 가 tell, order, ask, advise, beg, warn, command, request,l bid, forbid 등으로 / 그리고 접속사 that을 떼고 피 전달문을 (to + 동사원형)식으로 연결.

〈직〉 He said to me, "Study English very hard." → 〈간〉 He asked me to study English very hard.

〈직〉 My wife said to me, "Don't wake me up too early." → 〈간〉 My wife asked me not to wake her up too early.

7) 감탄문인 경우:

〈직〉 say → 〈간〉 exclaim, cry out, shout

〈직〉 He said, "What a beautiful flower it is! → 〈간〉 He cried out what a beautiful flower it was 또는 He cried out that it ws a very beautiful flower.

〈직〉 Alas! → 〈간〉 with a sigh 또는 regret, sorrow

〈직〉 She said, "Alas! How miserable I am!" → 〈간〉 She exclaimed with a regret that she was very miserable. 또는 She exclaimed with a regret how miserable she was.

8) 기원문인 경우:

〈직〉 say → 〈간〉 pray, express one' hope that

그러나 God이 있으면 전달동사는 pray를 쓰고 God 이 없으면 전달동사는 express one's hope(wish)를 쓴다.

〈직〉 He said, "God help me" → 〈간〉 He prayed that God might help him.

〈직〉 She said to me, "May God bless you!" → 〈간〉 She expressed her hope that God might bless me.

C. Unique Expression of the Bible • Mt.9:18-26

1. **열두 해 동안 혈루증으로 앓는 여자:** a woman who had been subject to bleeding for twelve years (v.20)
2. **그 겉옷 가를 만지다:** touch the edge of his cloak (v.20)

Theme 5 Jesus Heals the Blind and Mutes • Mt.9:27-34 •
맹인들의 눈을 뜨게 하시고 말 못하는 사람을 고치시다

A. Word & Phrases • Mt.9:27-34

272. call out

phr shout out, cry out 외치다, 소리치다, 부르다

독해작문 The definition of the expression, 'call out' is to say in loud voice or to announce.
'call out'이라는 표현의 정의는 큰 소리로 말하다, 또는 알리다 이다.

• Mt.9:27

• Mt.11:16 "To what can I compare this generation? They are like children sitting in the marketplaces and calling out to others:
이 세대를 무엇으로 비유할까 비유하건대 아이들이 장터에 앉아 제 동무를 불러

273. according to

phr in harmony with, in accordance with ~에 따라서 *syn* accordingly according to orders 명령에 따라서

독해작문 God's people should do their best to live according to God's commandment given in the Bible.
하나님의 백성은 성경에 주어진 하나님의 명령에 따라서 살도록 최선을 다 해야 한다.

• Mt.9:29

• Mt.16:27 For the Son of Man is going to come in his Father's glory with his angels, and then he will reward each person according to what he has done.
인자가 아버지의 영광으로 그 천사들과 함께 오리니 그 때에 각 사람이 행한 대로 갚으리라

274. see that

phr see to it that, keep it in mind that that 이하를 명심하라, that 이하 하도록 주의하라

독해작문 See that you have to keep it confidential until the last day of your life.
당신이 죽는 날까지 비밀을 지킬 것을 명심하시오.

• Mt.9:30

275. spread all over

phr go through out all over 전역에 퍼지다, 걸치다 *syn* expand, spread abroad
spread-spread-spread
bed spread 침대 덮개이불 / spread oneself out 주제넘게 나서다 / spread cheese on toast 토스트에 치즈를 바르다

독해작문 The cloud spread its shadow over the sky.
구름이 하늘 위에 그림자를 드리우고 있다.

• Mt.9:31

• Mk.1:28 News about him spread quickly over the whole region of Galilee.
예수의 소문이 곧 온 갈릴리 사방에 퍼지더라

B. Related Grammar • Mt.9:27-34

◈ 조동사 구 be able to 와 조동사 can의 차이

• Mt.9:28 "Do you believe that I am able to this?" 〈내가 능히 이 일 할 줄을 믿느냐〉

be able to 와 can의 같은 점은 둘 다 조동사 역할을 하며, 본동사(동사의 원형으로 옴) 바로 앞에 위치하며, 둘 다 가능성이나 능력을 나타내는 뜻으로 '~을 할 수 있다'하는 말이다.
원래 can 조동사의 뜻은
1) 가능성이나 능력(할 수 있다): Can you cook French food?

He could catch the first flight.

2) 허가(해도 좋다): Can I use your cell phone?

3) 추측(~일 리 없다 / cannot): I can't be true.

4) 강한 의혹(과연~일까): How can you be so positive?

크게 네 가지 뜻으로 쓰이는데 3), 4)의 뜻으로 쓰일 때는 절대로 be able to 로 바꿔서 쓸 수 없다. 또한 1), 2)의 뜻으로 쓰여질 때에도 대답할 경우에는 응답의 내용이 'depend on one's ability'의 경우에는 can, could 로 대답할 수 있고, 응답의 내용이 'depend on outside reason' 일 경우에는 be able to 로 대답할 수 있다.

Could you go to school yesterday?

아파서 못 갔을 경우: No, I couldn't. I was so sick.

악천후 등 나 이외의 원인일 때: No, I wasn't able to. It was stormy.

· be able to 의 동사 변화

부정형: be not able to

미래형: will be able to

과거형: was not able to / were able to

현재완료형: have been able to (have not been able to)

과거완료형: had been able to (had not been able to)

C. Unique Expression of the Bible • Mt.9:27-34

1. **우리를 불쌍히 여기소서**: Have mercy on us! (v.27)
2. **삼가 아무에게도 알리지 말라**: See that no one knows about this. (v.30)
3. **귀신을 쫓아내다**: drive out demons (v.34)
4. **귀신의 왕**: the prince of demons (v.34)

Theme 6 The Workers are Few • Mt.:9:35-38 •
일꾼은 적다

A. Words & Phrases • Mt.9:35-38

276. harass

v to trouble and annoy in continuing action 괴롭히다, 놀리다 *syn* vex, molest, tantalize, disturb
n harassment
sexual harassment 성희롱 / be harassed by anxiety 불안에 시달리다

독해작문 The criminal suspect tried to harrass me over the phone even during dinner and intimidated to kill me.
그 범죄 혐의자는 심지어 식사시간 중에도 전화로 나를 괴롭히며 죽이겠다고 위협하였다.

• Mt.9:36

277. harvest

n after the grain ripe to cut and gather the crop 추수, 수확 *v* to do the harvest work from the harvest field *syn* product, result, outcome/ produce, ingather, reap
an abundant harvest 풍작, 흉작(= a bad harvest)
– make a long harvest for a little corn 새우로 고래를 낚다, 적은 노력으로 큰 수확을 거두다.

독해작문 The rice harvest is almost finished in South Korea and it is reported to be an abundant harvest this year again.
한국에서 쌀 수확이 거의 끝났고 올해도 풍작으로 보도되었다.

• Mt.9:37

• Mk.4:29 As soon as the grain is ripe, he puts the sickle to it, because the harvest has come.
열매가 익으면 곧 낫을 대나니 이는 추수 때가 이르렀음이라

278. plentiful

adj of sufficient amount or number 많은. 상당량의 *n* plentifulness
syn copious, abundant, ample, plenty
plentiful harvest 풍작

독해작문 In response to climate change, there were more plentiful crops compare to last year.
기후변화에 부응하여 작년에 비교하여 더욱 풍성한 작황이 있었다.

• Mt.9:37

• Lk.10:2 He told them, "The harvest is plentiful, but the workers are few.
이르시되 추수할 것은 많되 일꾼이 적으니

B. Related Grammar • Mt.9:35-38

◈ 수량형용사 few: See above chapters

C. Unique Expression of the Bible • Mt:9:35-38

1. **회당**: synagogues (v.35)
2. **천국 복음**: the good news of the kingdom (v.35)
3. **무리를 불쌍히 여기다**: had compassion on them (v.36)
4. **목자 없는 양**: sheep without a shepherd (v.36)
5. **추수할 것은 많되 일꾼이 적다**: The harvest is plentiful but the workers are few (v.37)

CHAPTER 10 마태복음 10장

Theme 1. Jesus sends out the Twelve (Mt.10:1-15)

열 두 제자를 부르시다

Theme 1 Jesus sends out the Twelve • Mt.10:1-15 •

열 두 제자를 부르시다

A. Words & Phrases • Mt.10:1-15

279. drive out evil spirit

phr cast out demons 귀신을 쫓아내다, 축귀하다 drive out demons

독해작문 Bible tells us that one of primary ministries Jesus did was to drive out evils.
성경은 예수가 행한 주된 사역 중 한 가지가 귀신을 쫓아내는 일이었다고 말한다.

• Mt.10:1

• Mk.16:17 And these signs will accompany those who believe: In my name they will drive out demons; they will speak in new tongues;
믿는 자들에게는 이러한 표적이 따르리니 곧 그들이 내 이름으로 귀신을 쫓아내며 새 방언을 말하며

280. betray

v to show disloyalty to someone or to some country 배반하다, 속이다
n betrayal, betrayer ***syn*** give up treacherously, violate, break
– Judas betrayed his Master, Jesus 유다는 그의 주 예수를 배반하였다.

독해작문 The mystery novel is filled with the story of betrayal.
그 추리소설은 배신의 이야기로 가득 차 있다.

• Mt.10:4

• Mk.14:18 While they were reclining at the table eating, he said, "I tell you the truth, one of you will betray me-one who is eating with me.
다 앉아 먹을 때에 예수께서 이르시되 내가 진실로 너희에게 이르노니 너희 중에 한 사람 곧 나와 함께 먹는 자가 나를 팔리라 하신대

281. Gentiles

n people who are not Jewish in Bible land 이방인, 이교도, 비 유태인
syn non-Jew, uncircumcised, pagan

독해작문 Jesus emphasized the united relationship with Gentiles who were separated from Christ and excluded from citizenship in Israel.
예수는 그리스도와 분리되고 이스라엘 시민권이 박탈되었던 이방인들과 연합할 것을 강조 하였다.

• Mt.10:5

• Lk.21:24 Jerusalem will trampled on by the Gentiles until the times of the Gentiles are fulfilled.
예루살렘은 이방인의 때가 차기까지 이방인들에게 밟히리라

282. copper

n a kind of chemical element or metal that heat pass through easily 구리, 동전, 구릿빛, 적갈색
a copper coin 동전

독해작문 Copper price has continued to rise yet Chinese government tries to buy up a great amount of it.
구리 시세가 계속 오르고 있으나 중국 정부는 상당량을 매수하려고 한다.

• Mt.10:9

• Mk.12:42 But a poor widow came and put in two very small copper coins, worthy only a fraction of a penny.
한 가난한 과부는 와서 두 렙돈 곧 한 고드란트를 넣는지라

283. tunic

n an outer garment 겉옷, 외피, 막
an extra tunic 여벌 옷

독해작문 A costume on display is known to be a man's tunic made in Egypt about 556 B.C.
전시중인 복장은 기원전 556년경 이집트에서 만들어진 남자의 겉옷으로 알려졌다.

• Mt.10:10

• Lk.3:11 John answered, "the man with two tunics should share with him who has none, and the one who has food should do the same.
대답하여 이르되 옷 두벌 있는 자는 옷 없는 자에게 나눠줄 것이요 먹을 것이 있는 자도 그렇게 할 것이니라 하고

284. search for

phr look for, to think hardly, research 찾다, 탐색하다, 연구하다 *syn* quest, examine, explore
– a right of search 수색권 / in search of ~을 찾아서 / a close search 엄밀한 수색

독해작문 Searching for missing child has been going on all night but the police couldn't find anything at all.
실종된 아이를 수색하는 일은 밤 내내 계속 되었으나 경찰은 아무것도 발견하지 못하였다.

• Mt.10:11

• Lk.2:49 "Why were you searching for me? he asked. 'Didn't you know I had to be in my Father's house?"
예수께서 이르시되 어찌하여 나를 찾으셨나이까 내가 내 아버지 집에 있어야 될 줄을 알지 못하셨나이까 하시니

285. rest on

phr remain, dwell on ~에 머무르다, 임하다
a smile rested on her lips 미소가 그녀의 입가에 맴돌았다
No responsibility rests on you. 너에겐 아무런 책임이 없다

독해작문 She rested her elbows on the table.
그녀는 팔꿈치를 탁상에 얹고 있었다.

• Mt.10:13

• Lk.10:6 If a man of peace is there, your peace will rest on him; if not, it will return to you.
만일 평안을 받을 사람이 거기 있으면 너희의 평안이 그에게 머물 것이요 그렇지 않으면 너희에게로 돌아오리라

286. send out

phr dispatch, send away 보내다, 파견하다, 해고하다
cf send-sent-sent

독해작문 South Korea will send out more than 1,000 soldiers to Iraq as soon as it is decided in National Congress.
한국은 국회에서 결정이 되는대로 이라크에 1,000명 이상의 군인들을 파병할 것이다.

• Mt.10:16

• Mk.5:10 And he begged Jesus again and again not to send them out of the area.
자기를 그 지방에서 내보내지 마시기를 간구하더니

287. shrewd

adj clever and being good at making judgement 영리한, 빈틈없는 *n* shrewdness
adv shrewdly *syn* clever, astute, cunning, acute
– as shrewd as snakes 뱀처럼 지혜롭다

독해작문 He is known as shrewd investor and he knows just by his instinct where he has to put his money.
그는 영리한 투자자로 알려져 있어서 본능적으로 어디에 투자할 지 안다.

• Mt.10:16 see above

• Lk.16:8 "The master commended the dishonest manager because he acted shrewdly.
주인이 옳지 않은 청지기가 일을 지혜롭게 하였으므로 칭찬하였으니

288. innocent

adj not guilty, pure 순결한, 무죄의 *n* innocence *syn* harmless, guiltless, immaculate, spotless
an innocent child 죄 없는 아이 / an innocent victim 억울한 희생자

독해작문 The man pleaded innocent after he was captured by police.
그 남자는 경찰에 잡힌 후에 결백을 주장했다.

• Mt.10:16 see above

• Mt.12:5 Or haven't you read in the Law that on the Sabbath the priest in the temple desecrate the day and yet are innocent?
또 안식일에 제사장들이 성전 안에서 안식일을 범하여도 죄가 없음을 너희가 율법에서 읽지 못하였느냐

289. Be on your guard against

phr be careful about~ ~에 대하여 삼가하라

독해작문 Be on your guard against Satanic power by praying hard.
기도에 힘쓰는 것으로 마귀 권세에 조심하라

• Mt.10:17

• Mt.16:6 "Be careful," Jesus said to them. Be on your guard against the yeast of the Pharisees and Sadducees."
예수께서 이르시되 삼가 바리새인과 사두개인들의 누룩을 주의하라 하시니

290. council

n elected people to manage public affairs in the region 공회
syn cabinet, assembly, convention
– city council 시의회 / the council of war 군사회의 / Council of Trent 트렌트 공회(종교회의)

독해작문 The City council approved on Monday the long delayed $1.7 billion plan to reconstruct the power plant in the region.
시 의회는 월요일에 오랫동안 미루어 왔던 그 지역에 발전소를 세우기 위한 17억불짜리 계획을 승인하였다.

• Mt.10:17 see above

• Mk.15:43 Joseph of Arimathea, a prominent member of the Council, who was himself waiting for the kingdom of God, went boldly to Pilate and asked for Jesus' body.
아리마대 사람 요셉이 와서 당돌히 빌라도에게 들어가 예수의 시체를 달라 하니 이 사람은 존경받는 공회원이요 하나님의 나라를 기다리는 자라

291. On my account

phr In my thinking, in my opinion 내 생각에는
– according to all accounts 모두의 생각에는 / on account of ~ 때문에

독해작문 On my account, North Korea will be unable to break the war against South Korea as long as they can get a special assistance from China.
내 생각에는 중국으로부터 특별한 원조를 받지 않으면 북한은 한국에 대항하여 전쟁을 일으킬 수 없다고 생각한다.

• Mt.10:18

292. arrest

v by lawful authority to take or keep someone in prison 체포하다, 막다, 저지하다
n arrest 구금, 체포, 억류 ***syn*** take into custody, seize, capture
– an arrested vessel 억류선박 / an arrest warrant 체포영장 / issue an arrest warrant 체포영장을 발부하다 be under house arrest 가택연금 중이다

독해작문 Seoul police issued arrest warrant to the football player for sexual assault to an under aged child, last Friday.
서울경찰은 지남 금요일 미성년 아동에게 성폭력을 한 이유로 그 축구 선수에게 체포 영장을 발부하였다.

• Mt.10:19

• Mk.13:11 Whenever you are arrested and brought to trial, do not worry beforehand about what to say.
사람들이 너희를 끌어다가 넘겨 줄 때에 무슨 말을 할까 미리 염려하지 말고

293. rebel against

phr protest against, revolt against, strike ~에 대히여 항거 하다, 대적하다 ***n*** rebel ***adj*** rebel
rebel forces 반란군

독해작문 He was known to be a leader of a small rebel group and finally got arrested by the police last night.

그는 작은 반란 단체의 두목으로 알려져 있고 결국 지난밤 경찰에 의해 체포되었다.

• **Mt.10: 21**

• **Mk.13:12** Brother will betray brother to death, and a father his child. Children will rebel against their parents and have them put to death.
형제가 형제를 아버지가 자식을 죽는 데에 내주며 자식들이 부모를 대적하여 죽게하리라

294. put to death

phr kill, to be executed 죽임을 당하다, 사형에 처하다

독해작문 A thirty year old woman will be put to death and she is the first woman to be executed in the State of virginia.
30세 된 여성이 사형에 처해질 것이고 그녀는 버지니아 주에서 처음으로 사형될 여성이다.

• **Mt.10:21** **see above**

• **Mk.14:55** The chief priest and the whole Sanhedrin were looking for evidence against Jesus so that they could put him to death, but they did not find any.
대 제사장들과 온 공회가 예수를 죽이려고 그를 칠 증거를 찾되 얻지 못하니

295. stand firm to the end

phr endure to the last moment 끝까지 당당히 버티다, 끝까지 견디다

독해작문 Christians should stand firm to the end for the righteousness and the standard of righteousness can be taught by the Word of God, Bible.
기독교인들은 정의를 위하여 끝까지 견뎌야 하고 그 정의의 기준은 하나님 말씀인 성경이 가르쳐 준다.

• **Mt.10:22**

• **Lk.21:19** By standing firm you will gain life.
너희의 인내로 너희 영혼을 얻으리라

296. flee

v to run away, escape 도망가다, 달아나다　flee-fled-fled　*syn* cut and run, fly, decamp
flee from temptation 유혹을 피하다

독해작문　The police put him into custody despite his attempt to flee.
경찰은 그가 도망가려는 시도에도 불구하고 그를 구금하였다.

• Mt.10:23

• Lk.3:7　John said to the crowds coming out to be baptized by him, "You, brood of vipers! Who warned you to flee from the coming wrath?
요한이 세례 받으러 나오는 무리에게 이르되 독사의 자식들아 누가 너희에게 일러 장차 올 진노를 피하라 하더냐

297. concealed

adj hidden, keep from being known 숨겨진, 감추어진　*n* concealment　*syn* buried, covered up
concealed hemorrhage 내출혈

독해작문　The private information of concealed hand gun should not be protected anymore.
은닉된 권총에 대한 개인정보는 더 이상 보호되어져서는 안 된다.

• Mt.10:26

• Mk.4:22　For whatever is hidden is meant to be disclosed, and whatever is concealed is meant to be brought out into the open.
드러내려 하지 않고는 숨긴 것이 없고 나타내려 하지 않고는 감추인 것이 없느니라

298. disclose

v make it known in public, reveal 나타내다, 폭로하다, 드러내다　*n* disclosure
syn uncover, expose, manifest
– disclose the secret 비밀을 폭로하다

독해작문　The Congress has to disclose the result of examination on that issue.
의회는 그 사안에 대한 검사의 결과를 발표해야만 한다.

• **Mt.10:26** **see above**

• **Lk12:2** There is nothing that will not be disclosed, or hidden that will not be made known.
감춘 것이 드러나지 않을 것이 없고 숨긴 것이 알려지지 않을 것이 없나니

299. sparrow

n a small bird commonly found 참새

독해작문 Keep your eye on the sparrow and observe how they fly.
참새를 잘 보고 그들이 어떻게 나는가 관찰하시오.

• **Mt.10:29**

• **Mt.10:31** So don't be afraid; you are worth more than many sparrows.
두려워 하지 말라 너희는 많은 참새보다 귀하니라

300. apart from

phr keep certain distance from ~과 떨어져서, ~과 달리

독해작문 The Prime Minister stands apart from the President's point of view on that issue.
국무총리는 그 사안에 대하여 입장을 달리하고 있다.

• **Mt.10:29** **see above**

• **Jn.15:5** I am the vine; you are the branches. If a man remains in me, he will bear much fruit; apart from me you can do nothing.
나는 포도나무요 너희 는 가지라 그가 내 안에, 내가 그 안에 거하면 사람이 열매를 많이 맺나니 나를 떠나서는 너희가 아무것도 할 수 없음이라

301. acknowledge

v accept ot admit as a truth 인정하다, 승인하다, 고백하다 *n* acknowledgement
adj acknowledgeable
acknowledge oneself to be wrong 스스로 잘못을 인정하다

독해작문 Regardless of whether we acknowledge it or not we believe it as an absolute truth.
우리가 그것을 인정하든 안 하든 상관없이 우리는 그것을 절대적 진리로 믿는다.

• Mt.10:32

• Jn.9:22 His parents said this because they were afraid of the Jews, for already the Jews had decided that anyone who acknowledged that Jesus was the Christ wold be put out of the synagogue.
그 부모가 이렇게 말한 것은 이미 유대인들이 누구든지 예수를 그리스도로 시인하는 자는 출교하기로 결의하였으므로 그들을 무서워 함이러라

302. disown

v abandon connection, refuse to acknowledge 의절하다, 관계를 끊다 *n* disownment
syn reject, cut off, renounce

독해작문 The U.S, government has announced to disown the diplomatic relation with the country and withdraw financial support.
미국 정부는 그 나라와 외교적 관계를 끊고 재정적 지원을 축소하겠다고 발표했다.

• Mt.10:33

• Mt.26:34 'I will tell you the truth,' Jesus answered, "this very night, before the rooster crows, you will disown me three times.
예수께서 이르시되 내가 진실로 네게 이르노니 오늘 밤 닭 울기 전에 네가 세 번 나를 부인하리라

303. sword

n a metal weapon that has sharp blade 검, 칼 *cf* knife *syn* sabre, broadsword
The pen is mightier than the sword 펜은 무기보다 강하다 / draw the sword 칼을 빼다, 전의를 밝히다

독해작문 It's so uncommon that Japanese people exchange swords as their precious gift.
일본인들이 그들의 귀중한 선물로 칼을 교환하는 일은 매우 이례적이다.

• Mt.10:34

• Mt.26:47 While he was still speaking, Judas, one of the Twelve, arrived. With him was a large crowd armed with swords and clubs, sent from the chief priests and the elders of the people.
말씀하실 때에 열 둘 중에 하나인 유다가 왔는데 대제사장들과 백성의 장로들에게서 파송된 큰 무리가 칼과 몽치를 가지고 그와 함께 하였더라

304. be not worthy of

phr not justifiable to do ~할 가치가 없는, 합당치 않은 ***syn*** be not worthy to + 동사원형

독해작문 Because of too quick change of models, buying smart phones in advance will not be worthy of spending money.
너무 빠른 모델 변화 때문에 미리 스마트 폰을 구매하는 것에 돈을 소비할 가치가 없다.

• Mt.10:37

• Jn.1:27 He is the one who comes after me, the thongs of whose sandals I am not worthy to untie.
곧 내 뒤에 오시는 그이라 나는 그의 신발끈을 풀기도 감당치 못하겠노라 하더라

305. take cross

phr bear suffering, take responsibility 고난을 감내하다, 책임지다 ***syn*** take up one's cross

독해작문 Everybody is supposed to take their own cross and follow God's will.
모든 이가 자기의 십자가를 지고 하나님의 뜻을 따라가야 한다.

• Mt.10:38

• Mk.8:34 "If anyone would come after me, he must deny himself and take up his cross and follow me.
누구든지 나를 따라 오려거든 자기를 부인하고 자기 십자가를 지고 나를 따를 것이니라

B. Related Grammar • Mt.10:1-42

◈ 서술 형용사 worth의 용법과 특징

• Mt.10:10 take no bag for the journey, or extra tunic, or sandals or a staff; for the worker is worth his keep. 〈여행을 위하여 배낭이나 두 벌 옷이나 신이나 지팡이를 가지지 말라 이는 일꾼이 자기의 먹을 것 받는 것이 마땅함이라〉

The boy is honest. (honest가 2문형의 주격보어로 쓰임)

We think the boy is honest. (honest가 5문형의 목적보어로 쓰임)

형용사에는 명사를 직접 수식 한정하는 한정적 용법(attributive use)과 동사의 보어, 즉 주격보어와 목적보어로 쓰이는 서술적 용법(predicative use) 두 가지가 있다. 그 중, worth는 서술적 용법으로만 쓰이는 형용사중 한가지이다.

서술적 용법으로만 쓰이는 형용사들:

alive (살아 있는)
alike (~과 같은, 흡사한)
awake (깨어 있는)
aware (~을 알고 있는)
asleep (잠자고 있는)
afraid (~을 두려워하는)
ashamed (부끄러워하는)
worth (~할 가치가 있는)

◈ 형용사의 원급 비교

• Mt.10:16 I am sending you out like sheep among wolves. Therefore be as shrewd as snakes and as innocent as doves. 〈보라 내가 너희를 보냄이 양을 이리 가운데로 보냄과 같도다 그러므로 너희는 뱀 같이 지혜롭고 비둘기 같이 순결하라〉

형용사에는 원급 형용사를 써서 하는 동등비교 또는 원급비교가 있고, 비교급 형용사를 쓰는 주로 more~than의 형식으로 비교급 비교가 있으며 최상급 형용사를 써서 비교하는 최상급 비교가 있다. 물론 이러한 비교수식문에는 공식적인 문장 패턴과 더불어 숙어적인 관용용법도 많이 있다. 여기에서는 일단 형용사의 원급 비교문에는 어떤 것들이 있나 살펴보기로 한다.

- as + **원급 형용사** + as: ~만큼 ~한 → My brother is as tall as I am. 〈나의 형은 나만큼 크다.〉
- not as(so) + **원급 형용사** + as: ~할 만큼 ~하지 않다 → My brother is not as(so) tall as I am.

〈나의 형은 나만큼 크지 않다.〉

- as + **원급** + as any + **명사** / as + **원급** + as ever + **동사**: 어느 ~에도 못지 않게 / 따라서 그 내용은 사실상 최상급의 표현이 된다.

  He is as smart a man as ever lived. → He is the smartest man that ever lived.

  〈그는 여태 살았던 중, 그 누구 못지않게 똑똑한 사람이다.=그는 여태 살았던 중 가장 똑똑한 사람이다.〉

  She is as a good teacher as I ever knew. → He is the best teacher that I ever knew. 〈그녀는 내가 알았던 중에서 그 누구 못지않게 좋은 선생이다 = 그녀는 내가 안 가장 좋은 선생이다.〉

- as ~as possible = as ~ as one can: 가능한 한 ~, 될 수 있는대로 ~

  The car ran as fast as it can → The car ran as fast as possible. 〈그 차는 될 수 있는 한 빨리 달렸다.〉

C. Unique Expression of the Bible • Mt.10:1-42

1. **열두 제자**: the twelve disciples (v.1)
2. **귀신을 쫓아내다**: to drive out evil spirits (v.1)
3. **가룟 유다**: Judas Iscariot (v.4)
4. **이방인**: Gentiles (v.5)
5. **사마리아인들**: Samaritans (v.5)
6. **잃어버린 양**: the lost sheep (v.6)
7. **천국이 가까워 왔다**: The kingdom of heaven is near (v.7)
8. **심판날**: the day of judgement (v.15)
9. **뱀 같이 지혜롭고 비둘기 같이 순결하라**: be as shrewd as snakes and as innocent as doves (v.16)
10. **공회**: the local council (v.17)
11. **총독**: governor (v.18)
12. **끝까지 견디는 자는 구원을 얻으리라**: the one who stands firm to the end will be saved (v.22)
13. **바알세블**: Beelzebub (v.25)
14. **한 앗사리온**: a penny (v.29)
15. **머리털까지 다 세신바 되었나니**: even the very hairs of your head are all numbered. (v.30)

CHAPTER 11 마태복음 11장

Theme 1. Jesus and John the Baptist (Mt.11:1-19)
세례요한

Theme 2. Woe on Unrepentant Cities (Mt.11:20-24)
회개하지 않는 도시들

Theme 3. Rest for a Weary (Mt.11:25-30)
짐 진 자들아 내게로 오라

A. Words & Phrases • Mt.11:1-19

306. lame

adj unable to walk normally due to injury or being handicapped 절름발이의 *n* lameness
syn crippled, limping, disable
– a lame duck 절뚝거리는 오리(= 권력이 약화된 통치자) / a lame excuse 궁색한 변명 / face lame duck status 권력이 약화되다

독해작문 The North Korean leader will soon face lame duck status due to the appointment of their successor.
후계자를 지명함에 따라서 북한의 수령은 곧 권력누수 상태에 직면하게 될 것이다.

• Mt.11:5

• Mt.15:30 Great crowds came to him, bringing the lame, the blind, the crippled, the mute and many others, and laid them at his feet; and he healed them.
큰 무리가 다리 저는 사람과 장애인과 맹인과 말 못하는 사람과 기타 여럿을 데리고 와서 예수의 발 앞에 앉히매 고쳐주시니

307. deaf

adj unable to hear 귀머거리의, 무관심한 *n* deafness
be deaf and dumb 농아이다 / fall on deaf ears 무시되다, 묵살되다

독해작문 After the provincial government decided to close deaf schools the students got together to go on a strike against it.
지역자치기관이 농아 학교를 폐쇄하기로 결정하자, 학생들은 그에 대항하여 데모하기 위하여 집합 하였다.

• Mt.11:5

• **Mk.7:37** People were overwhelmed with amazement. “He has done everything well,” they said. “He even makes the deaf hear and the mute speak.”
사람들이 심히 놀라 이르되 그가 모든 것을 잘 하였도다. 못 듣는 사람도 듣게 하고 말 못하는 사람도 말하게 한다 하니라

308. Blessed is the man who~

聖 ~하는 자는 복이 있도다

독해작문 Blessed is the man who does not walk in the council of the wicked.(Ps.1:1)
복 있는 자는 악인의 꾀를 좇지 아니하고

• **Mt.11:6**

309. fall away

phr fall off, fall down 넘어지다, 떨어지다, 실족하다 fall-fell-fallen
– fall across ~와 만나다, 조우하다 / fall apart 깨어지다, 조각나다

독해작문 After the chairman died, things began to fall away.
사장이 죽고 난후, 일들이 잘 안되기 시작하였다.

• **Mt.11:7**

• **Mt.26:33** Peter replied, “Even if all fall away on account of you, I never will.”
베드로가 대답하여 이르되 모두 주를 버릴지라도 나는 결코 버리지 않겠나이다

310. on account of

phr for one’s sake ~ 때문에, ~를 위하여
– according to all accounts 모두의 말에 의하면 / On what account? 무엇 때문에? 누구 말에 의하면? / take account of ~을 참작하다, 고려하다

독해작문 On account of Korean American relationship, North Korea had to withdraw its military threat.
한미관계 때문에 북한은 그들의 군사위협을 접어야만 했다.

• Mt.11:6

• Mk.13:9 “You must be on your guard. You will be handed over to the local councils and flogged in the synagogues. On account of me you will stand before governors and kings as witnesses to them.
너희는 스스로 조심하라 사람들이 너희를 공회에 넘겨 주겠고 너희를 회당에서 매질하겠으며 나로 말미암아 너희가 권력자들과 임금들 앞에 서리니 이는 그들에게 증거가 되려 함이라

311. reed

n a kind of tall grass growing near water 갈대
a broken reed 상한 갈대

독해작문 It is written in the Bible that God will not break off the broken reed and recover His people.
성경에 하나님은 상한 갈대를 꺾지 아니하시고 그 의 백성을 회복시키신다고 쓰여져 있다.

• Mt.11:7

• Mt.12:20 A bruised reed he will not break, and a smodering wick he will not snuff out, till he leads justice to victory.
상한 갈대를 꺾지 아니하며 꺼 져가는 심지를 끄지 아니하기를 심판하여 이길 때까지 하리니

312. swayed by

phr to move or swing slowly from side to side 굽어진, 흔들린 *syn* waved, bent, inclined

독해작문 The people are advised not to be swayed by false promises on the investment.
그 투자에 대한 거짓 약속에 흔들리지 않도록 사람들에게 충고 하였다.

• Mt.11:7 see above

• Lk.7:24 “What did you go out into the desert to see? A reed swayed by the wind?
너희가 무엇을 보려고 광야에 나갔더냐 바람에 흔들리는 갈대냐

313. forceful

adj full of force, powerful, persuasive 힘찬, 설득력 있는, 효과적인 *n* forcefulness *adv* forcefully

독해작문 The Labour Union held forceful protest demonstration against district government considering the proposition.
그 노조는 그 제안에 대한 지자체에 대항하여 강력한 항의 시위를 벌렸다.

• Mt.11:12

314. lay hold of

phr take, possess , grasp tight 꼭 붙잡다, 빼앗다, 장악하다

독해작문 Turn your eyes upon Jesus, hold on to Him and lay hold of Him.
예수 님에게로 눈을 돌리세요, 그를 붙잡고 꼭 잡으세요.

• Mt.11:12

315. be willing to

phr have an intention to do ~를 기꺼이 하려고 하다

독해작문 South Korean government is willing to discuss all the problematic matters with North Korea but they wouldn't listen to anymore.
한국 정부는 북한과 함께 모든 문제시 되는 사안들을 기꺼이 토의하려고 하나 북한은 듣지 않으려 한다.

• Mt.11:14

• Mt.23:4 They tie up heavy loads and put them up on men's shoulders, but they themselves are not willing to lift up finger to move them.
또 무거운 짐을 묶어 사람의 어깨에 지우되 자기는 이것을 한 손가락으로도 움직이려 하지 아니하며

316. compare

v to show the difference or likeness examine one with another 비교하다, 대조하다
n comparison *syn* collate, balance
compare A with B / compare A to B A와 B를 비교하여
beyond comparison 비교할 바 없는, 최고의 / not to be compared with ~과 비교가 안 되는, 훨씬 못한

독해작문 If you do not know what's the difference exactly, compare them side by side.
무엇이 다른지 정확하게 모른다면 그들을 나란히 놓고 비교하세요.

• Mt.11:16

• Lk.13:20 Again he asked, "What shall I compare the kingdom of God to?
또 이르시되 하나님의 나라가 무엇과 같을까 내가 무엇으로 비교할까

317. sing a dirge

phr sing a mournful song 장송가를 부르다, 애곡하다, 곡하다

독해작문 The atmosphere of family reunion was so dark as if they sang a dirge altogether at funeral.
가족 모임의 분위기는 아주 어두웠다, 그들 모두가 장례식에서 장송곡을 부른 것처럼.

• Mt.11:17

• Lk.7:32 They are like children sitting in a marketplace and calling out to each other: "We played flute for you, and you did not dance; we sang a dirge, and you did not cry.
비유하건대 아이들이 장터에 앉아 서로 불러 이르되 우리가 너희를 향하여 피리를 불어도 너희가 춤추지 않고 우리가 곡하여도 너희가 울지 아니하였다 함과 같도다

318. glutton

n a big eater 대식가, 폭식가, 정력가 *adj* gluttonous
syn gormandizer, gobler, greedy-gut, sensualist
a glutton for work 열심히 일하는 사람 / a glutton of books 맹 독서가
a glutton for punishment 맷집 좋은 권투가, 남이 좋아하지 않는 일을 하는 사람

독해작문 A glutton is a person who has a big appetite.
대식가란 대단한 식욕을 가진 사람이다.

• Mt.11:19

• Lk.7:34 The Son of Man came eating and drinking, and you say, 'Here is a glutton and a drunkard, a friend of tax collectors and sinners.
인자는 와서 먹고 마시매 너희 말이 보라 먹기를 탐하고 포도주를 즐기는 사람이요 세리와 죄인의 친구로다 하니

319. drunkard

n a person who is drunk 술 취한 자, 모주꾼, 술고래
syn trippler, carouser

독해작문 Giving money and supporting him was like giving money to a drunkard to spend money to spoil him.
그에게 돈을 주고 지원하는 일은 술주정뱅이에게 돈을 주어 그를 망치는데 돈을 쓰는 것과 같았다.

• Mt.11:19 see above

• Lk.7:34 see above

B. Related Grammar • Mt.11:1-19

◈ 강조구문으로서의 도치(inversion)

• Mt.11:6 Blessed is the manw who does not fall away on account of me. → The man who does not fall away on account of me is blessed. 〈누구든지 나로 말미암아 실족하지 아니하는 자는 복이 있도다 하시니라.〉

• **영어에는 도치의 목적이 크게 3가지가 있다**

1) 강조를 위한 도치: 무장 속의 동사, 목적어, 보어, 부사(구)를 문두로 보내는 경우

2) 시적 운율을 잡기 위한 도치: [S + V]가 [V + S 로]

3) 때때로 수식어구 부사어구가 문장 전체의 균형이나 말의 흐름을 원활하게 하기 위하여 문두로 나와 주어와 술어가 도치되는 경우.

위의 v.6은 1)의 경우에 해당된다.
또 다른 예문을 든다면; She did not say a word all day long. → Not a word, did she say all day long. 〈그녀는 하루 종일 한마디도 하지 않았다〉에서 '한 마디도'를 강조하여 뜻이 더 강조된다.
We are going to visit America, finally. → America, we are going to visit, finally. 〈우리는 마침내 미국을 방문할 것이다〉에서 미국을 강조하기 위하여 america가 문두로 옴.

◈ 목적격 관계대명사 whom

• Mt.11:10 (Mt.11:10)→ This is the one about whom it is written: "I will send my messenger ahead of you, who will prepare your way before you." 〈기록된 바 보라 내 사자를 내 앞에 보내노니 그가 네 길을 네 앞에 준비하리라 하신 것이 이 살마에 대한 말씀이니라〉

여기서 나온 목적격 관계대명사는 is written about의 목적어로서 관계대명사 목적격으로 바뀔 때는 전치사 about가 whom의 앞으로 간다. 즉, 목적격 관계사절의 특징적 구조로서, 선행사 + 목적격 관계사 + S + vi + 전치사가 선행사 + 전치사 + 목적격 관계대명사 + S + vi로 재정리되는 경우이다.
다시 복습하여 보면 목적격 관계대명사 = whom(선행사가 사람) 형용사절을 유도
which(선행사가 사물, 동물) 형용사절 유도
that(선행사가 사람, 동물, 사물) 형용사절유도
what(사물 선행사 포함), 명사절 유도

C. Unique Expression of the Bible • Mt.11:1-19

1. **~하는 자는 복이 있도다**: Blessed is the man (one) who + S + V (v.6)
2. **실족하다**: fall away (v.6)
3. **바람에 흔들리는 갈대**: a reed swayed by the wind (v.7)
4. **귀 있는 자는 들으라**: He who has ears, let him hear. (v.15)

Theme 2 Woe on Unrepentant Cities • Mt.11:20-24 •
회개하지 않는 도시들

A. Words & Phrases • Mt.11:20-24

320. denounce

v speak against or write against 비난하다, 책망하다, 고발하다, 탄핵하다 *n* denouncement, denunciation *syn* inform against, stigmatize, accuse, charge against
denounce heresy 이교를 탄핵하다
denounce a person for neglect of duty 근무태만 또는 직무유기로 ~를 고발하다

독해작문 Many people came out to denounce the policy considering the four main river developmental business of the government.
많은 사람들이 정부의 4대강 개발 사업에 대한 정책을 비난하려고 나왔다.

• Mt.11:20

321. Woe to~

phr curse unto~, grief unto~ ~에게 화 있을찐저, 슬프도다

독해작문 Woe to you, man! You did not repent your wrong-doing against God.
하나님에게 잘못한 것을 회개하지 않은 자여, 화 있를찐저!

• Mt.11:21

• Mt.18:7 Woe to the world because of the things that cause to sin!
실족하게 하는 일들이 있음으로 말미암아 세상에 화가 있도다!

322. sackcloth

n bag-cloth 베옷, 마포, 부대자루
in sackcloth and ashes 비탄에 잠겨, 베옷을 입고 회개하다

독해작문 The only thing missing was sackcloth and ashes as the President admitted the failure of his government.
한 가지 아쉬웠던 일은 대통령이 그의 정부의 실패를 인정하였을 때 뉘우치며 반성하지 않은 일이었다.

• Mt.11:21

• Lk.10:13 "Woe to you, Korazin! Woe to you, Bethsaida! For if the miracles that were performed in you had been performed in Tyre and Sidon, they would have repented long ago, sitting in sackcloth and ashes.
화 있을진저 고라신아, 화 있을진저 벳새다야, 너희에게 행한 모든 권능을 두로와 시돈에서 행하였더라면 그들이 벌써 베옷을 입고 재에 앉아 회개하였으리라

323. bearable

adj to a degree that can bear 견딜만한, 참을 수 있는 *v* bear *n* bearability
syn endurable, tolerable, supportable bear-bore-born

독해작문 The strong heat of night in summer was considered as bearable temperature in this region.
여름밤에 강한 열기는 이 지역에서는 견딜만한 온도로 여겨졌다.

• Mt.11:22

• Lk.10:14 But it will be more bearable for Tyre and Sidon at the judgement than for you.
심판 때에 두로와 시돈이 너희보다 견디기 쉬우리라

B. Related Grammar • Mt.11:20-24

◈ 기원문의 생략

• Mt.11:21 "Woe to you, Korazin! Woe to you, Bethsaida! 〈화 있을진저 고라신아, 화 있을진저 벳새다야〉

기원문(Optative Sentence)란 기도를 올리거나, 소원 또는 저주를 나타내는 문장으로 느낌표로 끝난다.

1) 현재 또는 미래의 소원을 나타내는 경우에는 조동사 may를 써서 기원, 소망, 저주를 나타내고 may가 문두로 나가서 생략되기도 한다.

   (May) God bless you!

   (May) the king live long!

   (May) woe to you Korazin! (may) woe to you Bethsaida!

2) 실현 불가능한 소원을 나타낼 때는 〈I wish ~, Would that ~〉뒤에 가정법 과거를 써서 쓴다.

   I wish I were a bird! 〈내가 새라면 좋을텐데!〉

   Would that I knew her name! 〈그녀의 이름을 알면 좋을텐데!〉

◈ 가정법의 과거완료

• Mt.11:23 If the miracles that were performed in you had been performed in Sodom, it would have remained to this day. 〈네게 행한 모든 권능을 소돔에서 행하였더라면 그 성이 오늘까지 있었으리라〉

● 과거 사실의 반대를 가정할 때 쓰임. 공식은

If + S' + had + p.p + ~, S + would + have + p.p 이다.

should

could

might

〈만일 ~했다면 ~하였을텐데〉로 해석한다. 여기 If 절에서 쓰이는 동사가 과거완료라 하더라도 과거 이전의 일이 아닌 과거의 사실 자체를 언급하고 있음을 알고 있어야 한다.

If he had moved out of my house, I could have lived with much ease. 〈만약 그녀가 내 집에서 이사 나갔었더라면 나는 훨씬 더 편하게 살 수 있었을텐데. = 그녀가 이사 나가지 않아서 훨씬 불편하게 살았다〉

◈ 명령문의 and는 '그러면'으로 해석한다

- Mt.11:28 Come to me all who are weary and burdened, and I will give rest. 〈수고하고 무거운 짐 진자들아 다 내게로 오라 내가 너희를 쉬게하리라〉
- Mt.11:29 Take my yoke upon you and lesrn from me, for I am gentle and humble in heart, and you will find rest for your souls. 〈나는 마음이 온유하고 겸손하니 나의 멍에를 메고 내게 배우라 그리하면 너희 마음이 쉼을 얻으리니〉

그리고 명령문의 or는 '그렇지 않으면'으로 해석한다.

Eat this food as fast as you can or the enemy will arrive soon and take it away. 〈이 음식을 될 수 있는한 빨리 드세요, 그렇지 않으면 적군이 곧 도착해서 이것을 빼앗아 갈 겁니다.〉

C. Unique Expression of the Bible • Mt.11:20-24

1. **권능을 행하다:** perform miracles: (v.20)
2. **화 있을진저:** Woe to ~ (v.21)
3. **베옷을 입고 재에 앉아 회개하다:** repent in sackcloth and ashes (v.21)
4. **심판 날에:** on the day of judgement (v.22)

Theme 3 Rest for a Weary • Mt.11:25-30 •
짐 진 자들아 내게로 오라

A. Words & Phrases • Mt.11:25-30

324. weary

adj tired, stressed 지친, 피곤한, 따분한 *n* weariness *syn* fatigued, exhausted, toilworn
聖 weary and burdened 수고하고 무거운 짐 진 자

독해작문 People went on anti-war strike because they are weary of war.
전쟁에 지긋지긋한 사람들은 반전 데모에 나섰다.

• Mt.11:28

• Gal.6:9 Let us not become weary in doing good, for at the proper time we will reap a harvest if we do not give up.
우리가 선을 행하되 낙심하지 말지니 포기하지 아니하면 때가 이르매 거두리라

325. burdened

adj loaded with a burden, heavy loaded 짐 진, 고통있는, 부담스러운
syn oppressed, overlaid, saddled, burdensome, troublesome
a ship of burden 화물선 / be a burden to~ ~에게 부담이 되다 / a burden of proof 입증 책임(法)

독해작문 She is being treated like a burden to everyone and she has decided to leave the office soon.
그녀는 모두에게 짐스러운 존재로 취급 받았다, 그래서 곧 직장을 떠나기로 결심하였다.

• Mt.11:28 see above

• Gal.5:1 It is for freedom that Christ has set us free. Stand firm, then, and do not let

yourselves burdened again by a yoke of slavery.
그리스도께서 우리를 자유롭게 하려고 자유를 주셨으니 그러므로 굳건하게 서서 다시는 종의 멍에를 메지 말라

326. Take one's yoke upon~

phr share burden with~ ~의 멍에를 메다, ~와 짐을 함께 지다

독해작문 Cattle usually take their yoke upon themselves and get involved in agricultural work.
가축들은 보통 그들 자신의 멍에를 메고 농사일에 종사한다.

• Mt.11:29

B. Related Grammar • Mt.11:25-30

◈ None ~ except (but): ~을 제외하고는 ~한 자(것)이 없다.

• Mt.11:27 No one knows the Son except the Father, and no one knows the Father except the Son and those to whom the Son chooses to reveal him. 〈아버지 외에는 아들을 아는 자가 없고 아들과 또 아들의 소원대로 계시를 받는 자외에는 아버지를 아는 자가 없느니라〉

C. Unique Expression of the Bible • Mt.11:25-30

1. 나의 멍에를 메라: Take my yoke upon you: (v.29)
2. 내가 너희를 쉬게 하리라: I will give you rest (28)

CHAPTER 12 마태복음 12장

Theme 1. Lord of the Sabbath (Mt.12:1-14)
안식일의 주인

Theme 2. God's Chosen Servant (Mt.12:15-21)
하나님의 택한 종

Theme 3. Jesus and Beelzebub (Mt.12:22-37)
예수와 바알세블

Theme 4. The Sign of Jonah (Mt.12:38-45)
요나의 표적

Theme 5. Jesus' Mother and Brothers (Mt.12:46-50)
예수의 어머니와 형제 자매

Theme 1 Lord of the Sabbath • Mt.12:1-14 •
안식일의 주인

A. Words & Phrases • Mt.12:1-14

327. grainfield

n the field that grows grains 곡식 밭

독해작문 Because of the continued bad weather the huge grainfield of the farmer turned out to be a desert.
계속되는 악천후로 인하여 그 농부의 거대한 곡식 밭은 사막으로 변했다.

• Mt.12:1

• Mk.2:23 One Sabbath Jesus was going through the grainfields, and as his disciples walked along, they began to pick some heads of grain.
안식일에 예수께서 밀밭 사이로 지나가실새 그의 제자들이 길을 열며 이삭을 자르니

328. Sabbath

n In Jewish tradition it is the day of rest and of worshipping God 안식일 ***adj*** Sabbatical
keep(observe) the Sabbath 안식일을 지키다 / break(violate) Sabbath 안식일을 범하다 / Sabbatical year 안식년

독해작문 A family of 7 members who were on their way to celebrate Sabbath got killed by a car accident.
안식일을 지키려고 길을 가던 7명 식구의 가족이 교통사고로 죽었다.

• Mt.12:1 see above

• Mt.12:2 When the Pharisees saw this, they said to him, “Look! Your disciples are doing

what is unlawful on the Sabbath."
바리새인들이 보고 예수께 말 하되 보시오 당신의 제자들이 안식일에 하지 못할 일을 하나이다

329. consecrated

adj for religious use or ceremony to bring sacrifice 바치다, 헌납하다, 신성케하다 *n* consecration
syn dedicated, devoted, sacred, sanctified
consecrated bread 진설병(聖), 제사로 올려진 떡 / consecrate one's life to God's work 하나님의 일에 일생을 바치다

독해작문 In the Eucharist prayer, the bread and wine have been consecrated, transformed into body and blood of Christ.
성체설 기도문에서는 빵과 포도주가 성화되어 그리스도의 몸과 피로 변화된다.

● Mt.12:4

● Lk.6:4 He entered the house of God, and taking the consecrated bread, he ate what is lawful only for priests to eat. And he also gave some to his companions.
그가 하나님의 전에 들어가서 다만 제사장 외에는 먹어서는 안되는 진설병을 먹고 함께한 자들에게도 주지 아니하였느냐

330. desecrate

v to treat sacred things badly or without respect 신성을 더럽히다, 신성모독하다
n desecration 신성모독 *ant* consecrate *syn* profane, pollute, defile
desecrator 신성모독자

독해작문 The young strikers were all arrested for desecrating the American flag purposefully.
그 시위대는 전원 미국국기를 의도적으로 모독한 죄로 체포되었다.

● Mt.12:5

331. shriveled

adj made shrink 줄어든 오그라진 *syn* shrunk, contracted, wrinkled
聖 a man with a shriveled hand 손 마른 자

독해작문 The body was found in the grave with shriveled muscles hung on the skeleton and it looked terrible.
그 시신은 무덤 속에서 뼈에 앙상하게 말라 붙은 모습으로 발견되었고 그것은 끔찍해 보였다.

• Mt.12:10

• Mk.3:3 Jesus said to the man with the shriveled hand, "Stand up in front of everyone."
예수께서 손 마른 사람에게 이르시되 한 가운데 일어서라 하시고

332. fall into a pit

phr fall down into a pit 구덩이에 빠지다
bottomless pit 무저갱 / pitfall 함정, 유혹

독해작문 As a child fell into a pit, people nearby began to scream for help.
아이가 구덩이에 빠지자 근처에 있던 사람들이 살려달라고 외치기 시작했다.

• Mt.12:11

• Mt.15:14 Leave them; they are blind guides. If a blind man leads a blind man, both will fall into a pit.
그냥 두라 그들은 맹인이 되어 맹인을 인도하는 자로다 만일 맹인이 맹인을 인도하면 둘이 다 구덩이에 빠지리라

333. take hold of

phr hold tight, stick to 붙잡다, 고수하다

독해작문 He must take hold of that ability to manage the team effectively.
그는 그 팀을 효과적으로 관리하기 위하여 그 능력을 고수하여야 한다.

• Mt.12:11

334. valuable

adj worth a lot of value or money 소중한, 가치 있는 *n* 귀중품 *syn* precious, useful, costly, worthy
foods not valuable in money 돈으로 따질 수 없는 물건

독해작문 When you stay in a hotel, it would be better to keep your valuables at front desk.
호텔에 묵을 때에는 당신의 귀중품을 프론트에 맡기는 것이 훨씬 나을 겁니다.

• Mt.12:12

• Lk.12:24 Consider the ravens: They do not sow or reap, they have no storeroom or barn; yet God feeds them. And how much more valuable you are than birds!
까마귀를 생각하라 심지도 아니하고 거두지도 아니하며 골방도 없고 창고도 없으되 하나님이 기르시나니 너희는 새보다 얼마나 더 귀하냐

335. stretch out

phr draw out, extend, lengthen 뻗치다, 연장하다
stretch out one's hand ~의 손을 뻗치다, 손을 내밀다 / stretch one's legs ~의 다리를 뻗다 / stretch oneself 전력을 다하다, 기지개를 펴다 / stretch the truth 진실을 굽게 하다, 거짓말 하다

독해작문 Please keep your spin stretched out and straight to perform the proper posture when you do the yogi.
요가를 할 때, 바른 자세를 취하기 위하여 등을 주욱 펴고 곧게 하시오.

• Mt.12:13

• Mk.3:5 "Stretch out your hand." He stretched it out, and his hand was completely restored.
네 손을 내밀라 하시니 내밀매 그 손이 회복 되었더라

B. Related Grammar • Mt.12:1-14

◈ 불가산명사의 복수화

• Mt.21:1 His disciples were hungry and began to pick some heads of grain and eat them. 〈제자들이 시장하여 이삭을 잘라 먹으니〉

여기에서 grain은 물질 명사이므로 명사의 복수 형태를 취할 수 없다. 그러나 앞에 붙는 적절한 단위 명사 (head)의 복수 형태를 써서 적절한 수량형용사구를 붙일 수 있다. 여기서 주의해야 할 점은 뒤에 나오는 명사와 합당한 단위 명사를 알아 두어야 하는 일이다. 성경에는 이러한 표현이 참으로 많다.

오병이어: five loves of bread and two fish

은 삼십 세겔: thirty shekels of silver

가장 많이 쓰이는 예들은 역시

- **음식물의 경우**

a cup of coffee (two, or many cups of coffee)
a glass of milk
a bottle of orange juice
a bowl of vegetable juice
a slice (lump, loaf, piece) of bread
a head of lettuce
an ear of corn
a bar (stick, cube) of cheese
a pound of sugar (salt, pepper, flour, rice 등)
a jar of jam
a scoop of ice cream
a cluster of grapes (roses)
an order of pancake (scrambled eggs)
a spoonful of sugar (garlic poder, flour, salt etc.)

- **동물의 떼, 사람의 떼의 경우**

a herd of cattle 한 무리의 가축 떼
a flock of sheep 한 무리의 양떼
a swarm of bees 한 무리의 벌떼
a yoke of oxen 한 무리의 황소 떼
a brace of hare 한 무리의 토끼 떼
a school of fish 한 무리의 물고기 떼
a covey of quail 한 무리의 메추라기 떼
a multitude(host) of people 허다한 군중

- **추상명사의 복수화**

a piece of advice 한 마디의 충고

a bit of scandal 한 번의 추문

a strike of grief 한바탕 치고 간 슬픔

an act of kindness 한번의 친절한 행동

a series of misfortune 일련의 불행한 사건

- **자연현상을 구체적인 수량형용사를 써서 표현하고 싶을 때**

a flash of lightening 한 차례의 번개

a shower of rain 한 차례의 비

a bit of nonsense 한 마디의 허튼 소리

a third of income 수입의 $\frac{1}{3}$ 등

a strike of thunder 한 차례의 천둥

a roar (shout) of laughter 한바탕의 웃음

a case of theft 한 건의 절도

경우에 따라서 여러 가지 표현을 만들 수 있어야 한다.

C. Unique Expression of the Bible • Mt.12:1-14

1. **안식일**: Sabbath (v.1)
2. **진설병**: the consecrated bread (v.4)
3. **제사장**: the priests (v.4)
4. **나는 자비를 원하고 제사를 원하지 아니하노라**: I desire mercy, not sacrifice (v.7)
5. **인자는 안식일의 주인이다**: the Son of Man is the Lord of Sabbath (v.8)
6. **한쪽 손 마른 사람**: a man with a shriveled hand (v.10)
7. **구덩이에 빠지다**: fall into a pit (v.11)

A. Words & Phrases • Mt.12:15-21

336. be aware of

phr to know or realize ~을 알다, 깨닫다

독해작문 Consumers should be aware of how much it will cost before they spend money.
소비자들은 돈을 쓰기 전에 비용이 얼마나 드는 것인지 알아야 한다.

•Mt.12:15 cf. 분사구문으로서, 분사 being이 생략됨

•Mt.16:8 Aware of their discussion, Jesus asked, "You of little faith why are you talking among yourselves about having no bread?
예수께서 아시고 이르시되 믿음이 작은 자들아 어찌 떡이 없음으로 서로 논의하느냐

337. proclaim

v to inform officially or publicly something important or dramatic 선포하다, 알리다
n proclamation *syn* declare, announce, advertise, trumpet
proclaim war 선전포고하다 / proclaim justice 정의를 선포하다 / proclaim one's opinion 의견을 개진하다

독해작문 The Prime Minister proclaimed to the people what should be done about the issue.
수상은 그 안건에 대하여 무엇을 해야 할 것인지에 대하여 공언하였다.

•Mt.12:18

•Lk.9:60 Jesus said to him, "Let the dead bury their own dead, but you go and proclaim the kingdom of God."
이르시되 죽은 자들로 자기의 죽은 자들을 장사하게 하고 너는 가서 하나님의 나라를 전파하라 하시고

338. quarrel

v to do severe fighting in argument or disagreement 심한 논쟁을 하다, 말다툼을 벌이다, 심하게 불평하다, 비난하다 *n* quarrel *syn* dispute, wrangle, fight, squabble
– have no quarrel against ~에 대하여 아무런 불평이 없다 / quarrel with Providence 하늘을 원망하다

독해작문 The wife suffered injuries on her head after she had a quarrel with her husband.
부인은 그녀의 남편과 심하게 다툰 후 머리에 부상을 입었다.

•Mt.12:19

339. cry out

phr make proclamation of, make public 울부짖다, 외치다 *syn* exclaim, proclaim, weep

독해작문 The slogan of Christian prayer rallies was "cry out America!".
기독교 기도 집회의 표어는 "미국이여 울부짖으라" 였다.

•Mt.12:19 see above

•Mt.15:22 A Canaanite woman from that vicinity came to him, crying out, "Lord, Son of David, have mercy on me!"
가나안 여자 하나가 그 지경에서 나와서 소리 질러 이르되 주 다윗의 자손이여 나를 불쌍히 여기소서

340. bruised

adj having bruise on body or on fruits 멍든, 상한 *n* bruise
syn crushed, squeezed, broken, battered
– His feelings bruise easily. 그는 쉽게 상처 받는다

독해작문 It was reported that he was seriously injured but there was nothing but a bruise.
그가 치명적으로 다쳤다는 보고가 있었으나 타박상외에는 없었다.

•Mt.12:20

341. smolder

v to burn slowly going to be extinguished 연기만 나다, 꺼져가다, 감정 따위가 분출하다
smoldering wick 꺼져가는 심지

독해작문 Jesus never breaks bruised reed, never snuffs out smoldering wick and it is because he loves.
예수는 상한 갈대를 절대 꺾지 않으시고 꺼져 가는 심지를 절대 끄지 않으신다. 그것은 그가 사랑하기 때문이다.

•Mt.12:20 see above

342. wick

n a string that is in the middle of a candle to burn 심지 / smoldering wick 꺼져가는 심지

독해작문 A wick is supposed to burn a flame of a candle.
심지란 양초의 불을 피우기 위함이다.

•Mt.12:20 see above

343. snuff out

phr to blow out candle light 양초 따위를 끄다

독해작문 Government set a policy to snuff out terrorism against it.
정부는 그것 에 대항하는 테러리즘을 말소하기 위하여 정책을 세웠다.

•Mt.12:20 see above

B. Related Grammar • Mt.12:15-21

◈ 분사구문의 생략

• Mt.12:15 (Being) aware of this, Jesus withdrew from the place. 〈예수께서 아시고 거기를 떠나가시니〉

문두로 나가는 주격보어의 경우로서 주격보어(명사이던 형용사이던) 앞에 단순시제 'being'과 완료시제 'having been' 중에 어느 것이 생략 되었는지 문맥의 전후관계나 내용에 따라서 판단한다. 그러므로 어떤 문장 앞에 명사나 형용사기 있으면 그 앞에 'being', 'having been'을 놓고 해석해 본다.

1) Kind and honest, he is respected by all. → Being kind and honest, he is respected by all. 〈친절하고 정지해서 그는 모든 이들에게 존경 받고 있다.〉 이 분사구문을 절로 바꾸어 본다면 → As he is kind and honest, he is respected by all.이 된다.
2) A musician, he had little sense of physical science. → Being a musician, he had little sense of physical science. 〈음악가였기 때문에 그는 체육에 대한 소질이 거의 없었다.〉 절로 바꾸어 본다면, → As he was a musician, he had little sense of physical science.
3) Lazy all his life, he became a poor man. → Having been lazy all his life, he became a poor man. 〈그의 일생동안 게으르게 살아 왔기 때문에 그는 가난한 자가 되었다.〉 절로 바꾼다면 → As he had been lazy all his life, he became a poor man.

◈ **동시동작을 나타내는 분사구문**: '~하면서 ~하다'의 뜻으로 'as', 'while'절로 바꿀 수 있다.

• Mt.12:15-16 Many followed him, and he healed their sick, warning them not to tell who he was. 〈많은 사람이 따르는지라 예수께서 그들의 병을 다 고치시고 자기를 나타내지 말라 경고하셨으니〉

1) Smiling brightly, he touched my shoulder softly. → While he smiled brightly, he touched my shoulder softly. 〈밝게 미소 지으면서 그는 내 어깨를 부드럽게 만졌다.〉
2) Walking along the road, he collected the thrown newspapers. → As he walked along the road, he collected the thrown newspapers. 〈길을 따라 걸으면서 그는 버려진 신문들을 수거하였다.〉

C. Unique Expression of the Bible • Mt.12:15-21

1. **상한 갈대를 꺾지 아니하며 꺼져가는 심지를 끄지 아니하다**: A bruised reed he will not break, and a smoldering wick he will not snuff out, (v.20)

Theme 3 Jesus and Beelzebub • Mt.12:22-37 •
예수와 바알세블

345. astonished

adj surprised very much 심하게 놀란, 경악한 *n* astonishment *syn* amazed, startled, surprised
with an astonished look 경악한 얼굴로

독해작문 I was astonished to learn of the fact that the family finally broke because of serious financial difficulty.
나는 그 가정이 심각한 재정적 어려움으로 결국 파탄 났다는 사실에 놀랐다.

•Mt.12:23

•Mk.5:42 Immediately the girl stood up and walked around (She was twelve years old). At this they were completely astonished.
소녀가 곧 일어나서 걸으니 (나이가 열 두 살이라) 사람들이 곧 크게 놀라고 놀라거늘

346. divided against oneself

phr 스스로 나뉘다, 스스로 분쟁하다

독해작문 The Bible teaches us the truth, "The house divided against itself cannot stand".
성경은 스스로 분쟁하는 집은 서지 못한다는 진리를 가르쳐주고 있다.

•Mt.12:25

•Mt.12:26 If Satan drives out Satan, he is divided against himself. How then can his kingdom stand?
만일 사탄이 사탄을 쫓아내면 스스로 분쟁하는 것이니 그리하고야 어떻게 그의 나라가 서겠느냐

347. carry off

phr take away, rob 빼앗다, 강탈하다 *syn* extort, plunder, strip

독해작문 Just in one year the player carried off the championship and became famous worldwide.
불과 일 년 만에 그 선수는 챔피온쉽을 빼앗았고 세계적으로 유명해졌다.

•Mt.12:29

•Mk.3:27 In fact, no one can enter a strong man's house and carry off his possessions unless he first ties up the strong man. Then he can rub his house.
사람이 먼저 강한 자를 결박하지 않고는 그 강한 자의 집에 들어가 세간을 강탈하지 못하리니 결박한 후에야 그 집을 강탈하리라

348. possession

n owning or having an ownership of something 소유, 소유권 *adj* possessive *v* possess
be in possession of ~을 소유하고 있다 / illegal possession of arms 불법 무기소유(자)

독해작문 A woman came to Jesus and said that her daughter was suffering from demon possession.
한 여성이 예수께로 나와 자기의 딸이 귀신들려 괴로워한다고 말하였다.

•Mt.12:29

•Lk12:34 For where your treasure is, there your heart will be also.
너희 보물이 있는 곳에는 너희 마음도 있으리라

349. tie up

phr tie strongly and tight 꽁꽁 묶다, 단단히 매다 *n* tie-up 정체, 막힘(stoppage)
a technical tie-up 기술제휴

독해작문 The girl tried to tie up the robber but finally failed and got killed by him.
그 소녀는 강도를 단단히 묶으려 했으나 실패했고 결국 그에 의하여 죽었다.

•Mt.12:29

• Mk.3:27 see above #347

350. scatter

v move in many directions quickly 흩어지다, 뿌리다 *n* scatter 흩뿌림, 살포
syn dissipate, disperse, throw about loosely, distract
– scatter seeds over the fields 밭에 파종하다 / a scatter of rain on the window 창문에 들이치는 비

독해작문 Scatter crumbled bacon over the bread just before the serving.
차려내기 바로 전에 잘게 부순 베이컨을 빵 위에 뿌리시오.

• Mt.12:30

• Mt.13:4 As he was scattering the seed, some fell anong the path, and the birds came and ate it up.
뿌릴 새 더러는 길가에 떨어지매 새들이 와서 먹어 버렸고

351. brood

n a family of young creatures as of birds 한 배의 새끼들, 무리, 종족
v to sit on eggs as hens do 부화하다, 알을 품다, 생각을 품다
聖 the brood of vipers 독사의 자식들 – Don't brood over such trifles. 그렇게 하찮은 일에 신경 쓰지 말라

독해작문 The actress was talking about having a brood of babies with her new husband. 그 여배우는 그녀의 새 남편과 자식들을 갖는 것에 대하여 말하고 있었다.

• Mt.12:34

• Mt.23:33 You snakes! You brood of vipers! How you escape being condemned to hell?
뱀들아 독사의 새끼들아 너희가 어떻게 지옥의 판결을 피하겠느냐

352. viper

n a kind of poisonous snake 독사, 독사 같은 사람

독해작문 The owner of viper may lose his hand after a bite.
독사의 주인은 독사 에게 물려서 손을 절단하게 될 것이다.

• **Mt.12:34** **see above**

• **Lk.3:7** John said to the crowds coming out to be baptized by him, "You brood of vipers! Who warned you to flee from the coming wrath?
요한이 세례를 받으러 나오는 무리에게 이르되 독사의 자식들아 누가 너희에게 일러 장차 올 진노를 피하라 하더냐

353. overflow

v flow over 넘치다 *n* overflow *syn* overrun, run over, deluge, flood, superflux, superabundance overflow-overflew-overflown
overflow of goods 물건이 흘러넘치다 / overflowing products 과잉생산

독해작문 Her heart was overflowing with joy and gratitudes and it just showed on her face.
그녀의 마음은 기쁨과 감사로 넘쳤고 그것은 그녀 얼굴에 막 나타났다.

• **Mt.12:34**

• **Lk.6:45** The good man brings good things out of the good stored up in his heart, and evil man brings evil things out of the evil stored up in his heart. For out of the overflow his heart his mouth speaks.
선한 사람은 마음에 쌓은 선에서 선을 내고 악한 자는 그 쌓은 악에서 악을 내나니 이는 마음에 가득한 것을 입으로 말함이니라

354. give account for A

phr explain about A A에 대하여 설명하다

독해작문 The coach will give a good account for the team in public pretty soon.

그 감독은 곧 사람들 앞에서 그 팀에 대하여 잘 설명할 것이다.

• Mt.12:36

• Lk.16:2 Give an account of your management, because you cannot be manager any longer!
네가 보던 일을 셈하라 청지기 직무를 계속하지 못하리라 하니

355. judgement

n ability to judge, or to make good decision 판단, 심판, 판단력 *v* judge
syn decide, determine, doom, condemn
make judgment, pass judgement 판단(심판)하다

독해작문 Christians should be able to make good judgment on how we live according to God's will.
그리스도인들은 하나님의 뜻에 따라서 어떻게 살아야 할 것인가에 대하여 잘 판별할 수 있어야 한다.

• Mt.12:36 see above

• Lk.10:14 But it will be more bearable for Tyre and Sidon at the judgement than for you.
심판 때에 두로와 시돈이 너희보다 견디기 쉬우리라

356. careless

adj having no careful mind 부주의한, 생각없는 *n* carelessness *ant* careful
syn carefree, untroubled, unperplexed, heedless, thoughtless
careless of danger 안전 불감증의 / be careless of ~을 염두에 두지 않다, 개의치 않다

독해작문 The fence of the building was severely damaged by a careless driver.
그 빌딩의 담은 부주의한 운전자로 인하여 크게 파손되었다.

• Mt.12:36 see above

357. acquit

v make someone not guilty 무죄로 하다, 면제하다, 석방하다   ***n*** acquittance
acquit a prisoner 죄인을 석방하다 / be acquitted of a charge 고소가 취하되다

독해작문 The High Court has decided to reject to acquit a woman of speeding charge.
대법원은 속도위반으로 걸린 여성을 고소취하 하는 것을 기각하기로 결정했다.

• **Mt.12:37**

B. Related Grammar • Mt.12:22-37

◈ 부사절을 유도하는 종위 접속사: so that ~ may(could, might, can) 구문

• Mt.12:22 Then they brought him a demon-possessed man who was blind and mute, so that he could both talk and see. 〈그 때에 귀신 들려 눈멀고 말 못하는 사람을 데리고 왔거늘 예수께서 고쳐주시매 그 말 못하는 사람이 말하며 보게 된지라〉

1) that ~ may
2) so that ~ may
3) in order that ~ may// ~하기 위하여, ~하도록 이라는 목적구문으로 해석한다.
4) 위 부사절의 반대 의미 즉, ~하지 않도록/ 또는, ~하지 않기 위하여는 lest ~should
5) for fear that ~ should 의 구문을 사용 한다

I stepped aside (so) that he might pass by. 〈그가 지나갈 수 있도록 나는 비켜 섰다.〉
It ias cleared up, so that he may come. 〈날씨가 개었다. 그래서 그가 올지 모른다.〉
He works hard lest he should live so poor. 〈그는 가난하게 살지 않기 위해서 열심히 일 한다.〉
It was such a nice day so we went out to eat. 〈날씨가 너무 좋아서 우리는 외식하기 위하여 밖으로 나갔다.〉

C. Unique Expression of the Bible • Mt.12:22-37

1. 바알세블: Beezebub (v.22)
2. 하나님의 나라가 너희에게 임하다: the kingdom of God has come upon you. (v.28)
3. 성령을 모독한 죄: the blasphemy against the Spirit (v.31)
4. 그 열매로 그 나무를 알다: a tree is recognized by its fruit. (v.33)
5. 독사의 자식들아: You brood of vipers (v.34)
6. 심판 날에: on the day of judgement (v.36)

Theme 4 The Sign of Jonah • Mt.12:38-45 •
요나의 표적

A. Words & Phrases • Mt.12:38-45

358. condemn

v to curse or give punishment 비난하다, 힐난하다, 저주하다 *n* condemnation
syn disapprove, doom, sentence, censure
condemn a person to death ~에게 사형선고를 내리다

독해작문 Theologically speaking, condemnation can be avoided only by trusting in Jesus for he only bears our sin.
신학적으로 말해서 저주란 예수를 믿음으로써만 피할 수 있다. 왜냐하면 그만이 우리의 죄를 담당하셨기 때문이다.

• Mt.12:37

• Mk.16:16 Whoever believes and is baptized will be saved, but whoever does not believe will be condemned.
믿고 세례를 받는 사람은 구원을 얻을 것이요 믿지 않는 사람은 정죄를 받으리라

359. evil spirit

adj n Satanic spirit, dirty spirit, devil 악한 영

독해작문 In the Bible, evil spirit refers to demon-possessed person or Satanic spirit.
성경에서는 악한 영은 귀신들린 자나 사탄의 영을 의미한다.

• Mt.12:43

• Mk.5:8 For Jesus had said to him, "Come out of the man! you evil spirit!"

이는 예수께서 이미 그에게 이르시기를 더러운 귀신아 그 사람에게서 나오라 하셨음이라

360. put in order

phr organize, arrange, systematize 정리하다, 체계를 세우다

독해작문 The structure of administration of the school seems weak and should be put in order.
그 학교의 행정구조는 취약해 보였고 체계가 잡혀져야만 한 다.

• Mt.12:44

• Lk.11:25 When it arrives, it finds the house swept clean and put in order.
가서 보니 그 집이 청소되고 수리되었거늘

B. Related Grammar • Mt.12:38-45

◈ 형용사의 비교급 비교

• Mt.12:45 Then it goes and takes with it seven other spirits more wicked than itself, and they go and live there. And the final condition of that man is worse than the first. 〈그 사람의 나중 형편이 전보다 더욱 심하게 되느니라〉

형용사의 비교급 비교에는 크게 두 가지 내용으로 ~보다 더 (우등)한, 또는 ~보다 더 (열등)한의 내용을 가진 우등비교와 열등비교가 있다. 그 구체적 문형의 형식으로는 다음과 같은 것들이 있다.

1) more + **원급 형용사** + than : **~보다 더 ~하다**

He is taller than his brother. 〈그는 형보다 키가 더 크다.〉

2) less + **원급 형용사** + than: **~보다 덜 ~하다**

Theological books are less interesting than philosophical books. 〈신학 책들은 철학 책들보다 덜 재미있다.〉

not so + 원급 형용사 + as ~ / rather ~ than ~

Theological books are not so (as) interesting as philosophical books.

3) **비교급 형용사** + than any other + **단수명사**

Peter is more handsome that any other student in his class. 〈피터는 그 반에서 다른 그 어느 누구보다 더 잘 생겼다.〉내용은 최상급이 된다.

4) **비교급 형용사** + than all the other + **복수명사**

Peter is more handsome than all the other students in his class. 〈피터는 자기 반에서 다른 모든 학생들보다 더 잘생겼다.〉 = 최상급 내용

5) **비교급 형용사** + than anyone(thing) else

= Peter is more handsome than anyone else in his class.

6) **부정어구** + **비교급 형용사** + than ~(**비교급 → 최상급**)

= No one is more handsome than Peter in his class.

C. Unique Expression of the Bible • Mt.12:38-45

1. **표적**: miraculous sign (v.38)
2. **선지자 요나의 표적**: the sign of the prophet Jonah (v.39)
3. **귀신**: evil spirits (v.43)
4. **더 악한 귀신 일곱**: seven other spirits more wicked than itself (v.45)
5. **악한 세대**: wicked generation (v.45)

Theme 5 Jesus' Mother and Brothers • Mt.12:46-50 •
예수의 어머니와 형제 자매

A. Words & Phrases • Mt.12:46-50

361. point to

phr indicate, denote 가리키다, 지적하다 *syn* designate, show, register

독해작문 The teacher pointed to the letters to let the children follow the pronunciation.
그 선생님은 아이들로 하여금 발음을 따라할 수 있게 그 글씨들을 가리켰다.

• Mt.12:49

B. Related Grammar • Mt.12:46-50

◈ whoever 인칭 대명사

• Mt.12:50 For whoever does the will of my Father in heaven is my brother and sister and my mother. 〈누구든지 하늘에 계신 내 아버지의 뜻대로 하는 자가 내 형제요 자매요 어머니이니라 하시더라〉

소유격은 whosever / 목적격은 whomever / 관계대명사 who의 강조형으로 ' ~한 사람 누구든지'의 뜻이다.

Whoever wants it may take it. 〈누구든지 원하는 자는 가질 수 있다.〉 엄밀하게 말하면 Anyone who = whoever가 된다.

CHAPTER 13 마태복음 13장

Theme 1. The Parable of the Sower (Mt.13:1-23)
씨 뿌리는 자의 비유

Theme 2. The Parable of the Weeds (Mt.13:24-30)
가라지의 비유

Theme 3. The Parables of the Mustard Seed and the Yeast (Mt.13:31-35)
겨자 씨와 누룩의 비교

Theme 4. The Parable of the Weeds Explained (Mt.13:36-43)
가라지 비유를 설명하시다

Theme 5. The Parables of the Hidden Treasures and the Pearl (Mt.13:44-46)
감추인 보화와 진주의 비유

Theme 6. The Parable of Net (Mt.13:47-52)
그물의 비유

Theme 7. A Prophet without Honor (Mt.13:53-58)
고향에서 배척을 받으시다

Theme 1 The Parable of the Sower • Mt.13:1-23 •

씨 뿌리는 자의 비유

A. Words & Phrases • Mt.13:1-23

362. in parable

phr in allegory 비유로, 풍자적으로

독해작문 Jesus taught many things in parable, for instance the parable of the sower to teach the truth of the kingdom of God.
예수님은 많은 것들을 비유로 가르치셨다, 예를 들면 하늘나라의 진리를 가르치기 위한 씨 뿌리는 자의 비유가 있다.

• Mt.13:3

• Mt.13:13 This is why I speak to them in parables: "Though seeing, they do not see; though hearing, they do not hear or understand."
그러므로 내가 그 들에게 비유로 말하는 것은 그들이 보아도 보지 못하며 들어도 듣지 못하며 깨닫지 못함이니라

363. spring up

phr bound up, jump up, leap up 솟아 오르다, 튀어 오르다 spring-sprang -sprung

독해작문 Bamboo shoots immediately and abundantly sprang up after the rain.
비가 온 후에 죽순이 잽싸게 많이 솟아올랐다.

• Mt.13:5

• Mk.4:5 Some fell on rocky places, where it did not much soil. It sprang up quickly, because the soil was shallow.

더러는 흙이 얇은 돌밭에 떨어지매 흙이 깊지 아니하므로 곧 싹이 나오나

364. shallow

adj having a short distance between top and bottom, not deep 얄팍한, 얕은
syn superficial, flimsy, trivial
a shallow stream 얕은 시냇물가

독해작문 There is a catastrophic risk of injuries when diving into shallow water ignoring the depth.
수심을 모르고 얕은 물가로 다이빙할 때 파멸적인 부상의 위험이 있다.

• Mt.13:5 see above

• Mk.4:5 see above

365. scorched

adj having a surface damage by hot temperature 그을은, 탄
syn burned, shrivelled

독해작문 A fast moving brush fire scorched the huge area of the mountain.
빨리 번지는 산불이 그 산의 엄청난 면적을 태웠다.

• Mt.13:6

• Mk.4:6 But when the sun came up, the plants were scorched, and they withered because they had no root.
해가 돋은 후에 타서 뿌리가 없으므로 말랐고

366. withered

adj dried up by having no moisture 말라비틀어진, 시들은 *v* wither *syn* dry, wilt, fade

독해작문 Korean democracy is evaluated weak, because the political leaders grow from

withered roots.
한국의 민주주의는 약하다고 평가 받는다, 왜냐하면 정치지도자들이 병든 뿌리로부터 성장하기 때문이다.

• **Mt.13:6** **see above**

• **Mk.11:21** Peter remembered and said to Jesus, "Rabbi, look!" The fig tree you cursed has withered.
베드로가 생각이 나서 여쭈오되 랍비여 보소서 저주하신 무화과 나무가 말랐나이다

367. choke

v to be unable to breath 숨 막히게 하다, 질식시키다 *n* choke choked to death 숨이 막혀 죽다 / choke down one's rage 분노를 억누르다

독해작문 The suspect is known to attempt to choke his wife for her having an affair with another man.
그 피의자는 그녀의 부인이 다른 남자와 바람을 피웠다는 이유로 그녀를 목 졸라 죽이려 한 것으로 알려졌다.

• **Mt.13:7**

• **Mt.13:22** The one who received the seed that fell among the thorns is the man who hears the word but, the worries of this life and the deceitfulness of wealth choke it, making it unfruitful.
가시떨기에 뿌려졌다는 것은 말씀을 들으나 세상의 염려와 재물의 유혹에 말씀이 막혀 결실하지 못하는 자요

368. fulfill the prophecy

聖 예언을 성취하다

독해작문 I don't want to fulfill my parents' prophecy that I would marry her whom I really don't like.
나는 내가 진짜로 좋아하지 않는 그녀와 결혼하리라는 부모님의 예언이 성취되자 않기를 바란다.

• **Mt.13:14**

369. perceive

v to know or to be aware of, to sense 알다, 깨닫다, 감지하다 *n* perception *adj* perceptive
perceive an object in the dark 어둠속에서 사물을 인식하다

독해작문 What they perceive is usually not true or misperception. It is just their wishful thinking.
그들이 감지하는 것은 대부분 진짜가 아니고 잘못된 인식이다. 그것은 단지 그들의 바라는 생각이다.

• **Mt.13:14** **see above**

• **Mk.4:12**

370. calloused

adj hardened, made rough 굳은살이 박인, 무심한, 강팍한 *n* callousness 무정

독해작문 The victim was killed right in front of his mother and this surely was a callous murder, the news reports.
희생자는 바로 그 어머니 앞에서 살해되었고 뉴스가 보도한대로 이는 진정 비정의 살인이었다.

• **Mt.13:15**

371. snatch away

phr grasp, seize, catch suddenly 강탈하다, 낚아채다 *n* snatch
in snatches of time 틈틈이/He is snatched away from the face of the earth 그는 세상 에서 자취를 감추었다.

독해작문 Even if it's the police, they have no right to snatch away their possessions.
비록 그들이 경찰일지라도 그들의 재산을 강탈할 권한이 없다.

• **Mt.13:19**

Jn.10:29 My Father, who has given them to me, is greater than all; no one can snatch them out of my Father's hand.
그들을 주신 내 아버지는 만물보다 크시매 아무도 아버지 손에서 빼앗을 자가 없느니라

372. along the path

phr along the street 길가에

독해작문 When I was young I would run along the path with my brother to do my daily exercise.
내가 어렸을 적에 나는 매일 운동을 하기 위하여 나의 형과 길가를 따라 달리곤 했다.

• Mt.13:19 see above

• Mk.4:4 As he was scattering the seed, some fell along the path, and the birds came and ate it up.
뿌릴 새 더러는 길가에 떨어지매 새들이 와서 먹어버렸고

373. deceitfulness

n dishonesty, being deceitful 기만, 속임, 사기
adj deceit
syn misleading, deception, double-faced, falsehood

독해작문 Sin and Satan has nature of deceitfulness and the Bible tell us the truth saying that Satan is the father of falsehood.
죄와 사탄은 거짓의 본질을 가지고 있고 성경은 사탄은 거짓의 아비라 말하며 우리에게 진리를 가르 치고 있다.

• Mt.13:22

• Mk.4:19 but worries of this life, the deceitfulness of wealth and the desires for other things come in and choke the word, making it unfruitful.
세상의 염려와 재물의 유혹과 기타 욕심이 들어와 말씀을 막아 결실하지 못하게 되는 자요

374. unfruitful

adj bearing no fruits 열매 맺지 않는 *syn* not productive, barren, not effective

독해작문 The government appointed an expert on that but it was unfruitful at the end.
정부는 그것에 대하여 전문가를 임명하였으나 결국 아무 효과도 없었다.

• Mt.13:22 see above

• Mk.4:19 see above

B. Related Grammar • Mt.13:1-23

◈ such + 명사 + that ~ / so + 형용사 + that ~ / 매우 ~해서 ~하다 that 이하가 결과 표시 부사절 (종속절)

• Mt.13:2 Such large crowds gathered around him that he got into a boat and sat in it, while all the people stood on the shore. 〈큰 무리가 그에게 모여 들거늘 예수께서 배에 올라 앉으시고 온 무리는 해변에 섰더니.〉

◈ 복합 관계대명사 Whoever = Anyone who로 바꿀 수 있다.

• Mt.13:12 Whoever has will be given more, and he will have an abundance. Whoever does not have, even what he has will be taken from him. 〈무릇 있는 자는 받아 넉넉하게 되되 없는 자는 그 있는 것도 빼앗기리라〉

복합관계사란 두 가지, 즉 복합 관계대명사와 복합 관계 부사를 말하는 것으로 그 형태는 관계대명사와 관계 부사에 -ever를 붙인 형태로 나타난다. 우선 본문과 관계 된 복합 관계대명사 whoever의 경우를 집중 설명하여 보면; 명사절을 이끄는 whoever (주격) / whosever(소유격) / whomever(목적격)이 있고 이들은 다 선행사가 사람인 경우이다. whoever = anyone who 로 / whosever = anyone whose 로 / whomever = anyone whom으로 바꾸어 쓸 수 있다. 그러므로 다 선행사 anyone을 포함하고 있다.

1) Anyone who wishes to be a pastor must read the Bible continuously. → Whoever wishes to be a pastor must read the Bible continuously. 〈목사가 되기를 원하는 그 누구든지 끊임없이 성경책을 읽어야 한다〉—주격 복합 관계대명사로 문장의 주어로서 명사절

2) Whosever car comes in first must be repaired first. 〈첫번째로 들어오는 누구의 차이던지 먼저 수리되어야 한다.〉 Whosever = Anyone whose car

3) You may marry whomever you like. = You may marry anyone whom you like. 〈네가 좋아하는 그 누구든지 결혼해도 좋다.〉

이상의 세 경우는 다 명사절(주어, 목적어 역할)을 이끄는 경우이고,

복합 관계대명사가 양보 부사절을 이끄는 경우는 다음과 같다.

이 경우, 부사절 속에는 'may' 라는 조동사가 함께 쓰인다는 특징이 있다. 이 경우의

whoever may = no matter who may　　　whosever ~ may = no matter whose

whomever may = no matter whom ~ may　　　whichever may = no matter which may

whatever may = no matter what may 로 전환이 가능하다.

1) Whoever may say that, I won't believe. = No matter who may say that I won't believe. 〈비록 누가 그렇게 말한다 할 지라도 나는 믿지 못하리라.〉

2) Whosever car this may be, it is very expensive. = No matter whose car this may be, it is very expensive. 〈이 차가 누구의 차이던지 매우 비싸다.〉

3) Whomever you may hire, I wouldn't mind it. = No matter whom you may hire, I wouldn't mind it. 〈당신이 누구를 채용할 지라도 나는 상관하지 않으리라.〉

4) Whichever (may) come first, I will take it. = No matter which may come first, I will take it. 〈어느것이 먼저 나오든지 나는 그것을 취하리라.〉

5) Whatever may happen tomorrow, I will fight against it. = No matter what may happen tomorrow, I will fight against it. 〈내일 무슨 일이 일어난다 할지라도 나는 그것과 맞서 싸우겠다.〉

이 외에도 복합관계 부사, Wherever / Whenever / However가 있다.

◈ ever의 강한 긍정과 never의 강한 부정을 사용한 대구법

- Mt.13:14 "You will be ever hearing but never understanding; You will be ever seeing but never perceiving." 〈그들이 보아도 보지 못하며 들어도 듣지 못하며 깨닫지 못함이니라.〉

C. Unique Expression of the Bible • Mt.13:1-23

1. **비유로 말씀하시다**: speak in parables (v.10)
2. **이사야의 예언이 이루어지다**: fulfill the prophecy of Isaiah (v.14)
3. **마음이 완악하여지다**: people's heart has become calloused. (v.15)
4. **씨 뿌리는 자의 비유**: the parable of the sower (v.18)
5. **천국말씀**: the message about the kingdom (v.19)
6. **길 가에 뿌려진 씨**: the seed sown along the path (v.19)
7. **돌 밭에 뿌려진 씨**: the seed that fell on rocky places (v.20)
8. **가시떨기에 뿌려진 씨**: the seed that fell among the thorns (v.22)
9. **좋은 땅에 뿌려진 씨**: the seed that fell on good sooil (v.23)

A. Words & Phrases • Mt.13:24-30

375. weed

n a wild unwanted grass in the field 잡초, 가라지 *v* weed 잡초를 뽑다, 제거하다

독해작문 The government has committed about $200,000 to the removal of weeds along the sea shore.
정부는 해안가에 있는 잡초를 제거하는데 약 20만 불을 약정하였다.

• Mt.13:25

• Mt.13:29 'No,' he answered, 'because while you are pulling the weeds, you may root up the wheat with them.
주인이 이르되 가만 두라 가라지를 뽑다가 곡식까지 뽑을까 염려하노라

376. sprout

v begin to grow or make leaves 싹트다, 움트다 *n* sprout *syn* shoot, vegitate, young branch
bean sprout 콩나물 / sprout up new leaves 새싹이 나오다

독해작문 The seed of new government has finally sprouted and the politicians who belonged to got so excited about it.
새로운 정부의 씨앗이 마침내 움텄고 거기에 소속된 정치인들은 매우 흥분하였다.

• Mt.13:26

• Lk.21:30 When they sprout leaves, you can see for yourselves and know that summer is near.
싹이 나면 너희가 보고 여름이 가까운 줄을 자연히 아나니

377. root up

phr eradicate, root out, uproot 뿌리 뽑다, 근절하다, 박멸하다

독해작문 The huge tall tree affects neighbors' safety but it is almost impossible to root it up.
그 거대하고 큰 나무는 이웃들의 안전에 지장을 준다, 그러나 그것을 뿌리째 뽑는 것은 거의 불가능하다.

● Mt.13:29

378. bundle

n collected things tied or wrapped together 묶음, 꾸러미 ***v*** bundle
a bundle of bananas(= a bunch of bananas) / bundle into ~ ~와 마주 부딪치다 / bundle out(off) ~를 막 다그쳐서 내쫓다

독해작문 The church committee decided to distribute many bundles of can foods to that orphanage.
당회는 그 고아원에 많은 통조림 꾸러미를 기부하기로 결정하였다.

● Mt.13:30

Theme 3 The Parables of the Mustard Seed and the Yeast 겨자 씨와 누룩의 비교 • Mt.13:31-35 •

A. Words & Phrases • Mt.13:31-35

379. mustard

n a paste that tastes hot coming out of seed 겨자, 톡 쏘는 맛
a mustard seed 겨자 씨 / as keen as mustard 아주 열심인 / cut the mustard 기대에 부응하다

독해작문 He did not certainly cut the mustard at the game and people were so disappointed.
그는 그 시합에서 확실히 기대에 부응하지 못하였고 사람들은 매우 실망하였다.

• Mt.13:31

• Mt.17:20 He replied, "Because you have so little faith. I tell you the truth, if you have faith as small as a mustard seed, you can say to this mountain, 'Move from here to there and it will move'. Nothing will be impossible for you."
이르시되 너희 믿음이 작은 까닭이니라 진실로 너희에 게 이르노니 만일 너희에게 믿음이 겨자 씨 한알 만큼만 있어도 이 산을 명하여 여기서 저기로 옮겨지라 하면 옮겨질 것이요 또 너희가 못할 것이 없으리라

380. perch

v a place where usually bird rests 새 따위가 깃들다 ***n*** perch 새가 깃드는 곳, 횃대, 편안한 자리, 높은 자리
Come off your perch. 거만하게 굴지 말라 / perch in ~에 깃들다

독해작문 Watching the football game the crowds shouted "Off your perch", but the game went more violently.
그 축구경기를 보면서 관중들은 "거만하게 굴지 말라"고 외쳤으나 싸움은 더 맹렬해졌다.

• Mt.13:32

• Mk.4:32 Yet when it planted, it grows and becomes the largest of all garden plants, with such big branches that the birds of the air can perch in its shade.
심은 후에는 자라서 모든 풀보다 커지며 큰 가지를 내나니 공중의 새들이 그 그늘에 깃들일 만큼 되느니라

381. yeast

n material to make bread rise and big 발효제, 누룩, 흥분제
v yeast, foam

독해작문 For calorie conscious diet people new yeast product foods have been developed recently.
칼로리를 의식하는 다이어트 하는 사람들을 위하여 새 로운 발효제품 음식이 최근 개발되었다.

• Mt.13:33

• Lk.13:21 It is like the yeast that a woman took and mixed into a large amount of flour until it worked all through the dough.
마치 여자가 가루 서말 속에 갖다 넣어 전부 부풀게 한 누룩과 같으니라 하셨더라

382. a large amount of

phr very much 다량의
a huge amount of, a little amount of

독해작문 North Korean government is hoping to raise a large amount of money for flood relief but they are not able to.
북한당국은 홍수를 복구하기 위 하여 많은 자금을 조성하기를 바라고 있으나 할 수가 없다.

• Mt.13:33 see above

• Mk.12:41 Jesus sat down opposite the place where the offerings were put and watched the crowd putting their money into the temple treasury. Many rich people threw in large amounts.

예수께서 헌금함을 대하여 앉으사 무리가 어떻게 헌금함에 돈 넣는가를 보실새 여러 부자는 많이 넣는데

383. flour

n the powder comes from grains, or wheat 밀가루, 곡물가루
v flour 분말화하다

독해작문 To make fresh cake, they use everyday delivered simple ingredients; flour from fields, and butter from dairy farm etc.
신선한 케익을 만들기 위하여, 그들은 매일 직송되는 단순한 원료를 쓴다; 밭에서 난 밀가루, 낙농 업소에서 나는 버터 등

Mt.13:33 **see above**

Lk.13:21 **see above #381**

384. dough

n a thick mixture of flour 밀가루 반죽
my cake is dough 내 계획은 실패다

독해작문 To make pizza, unroll dough and place it in pan and bake it for minutes.
피자를 만들려면, 밀가루 반죽을 펴서 팬에 놓고 수분동안 구우시오.

Mt.13:33

Lk.13:21 **see above**

385. utter

v speak or make sound with mouth 말하다, 언급하다 *n* utterance *adj* utterable
syn pronounce, articulate, enunciate
utter one's thought 생각을 말하다 / utter a groan 신음 소리를 내다

독해작문 It was a terrible thing and nobody has ever opened their mouth to utter such a thing.
그것은 끔찍한 일이어서 아무도 그런 일을 발설하려고 그들의 입을 열지 않았다.

Mt.13:35

386. creation

n things being created or action of creating 창조, 창조물 ***v*** create ***syn*** universe, invention, origination ***cf*** creator, creature, creationism
in all creation 대관절, 도대체 / the lord of all creation 만물의 영장 인간 / like all creation 맹렬히

독해작문 President Obama faced difficulty with job creation which was one of his main issues he promised during the presidential campaign.
오바마 대통령은 대통령 캠페인 중에 약속한 주요 안건 중에 하나였던 직업창출의 어려움에 직면하였다.

Mt.13:35 see above

Mk.10:6 But at the beginning of creation God made them male and female.
창조 때로부터 사람을 남자와 여자로 지으셨으니

B. Related Grammar • Mt.13:31-35

Not specifically related grammars in this part.

C. Unique Expression of the Bible • Mt.13:31-35

1. **겨자 씨**: mustard seed (v.31)
2. **천국은 겨자 씨와 같다**: the kingdom of heaven is a mustard seed: (v.31)
3. **천국은 누룩과 같다**: the kingdom of is like yeast (v.33)

Theme 4 The Parable of the Weeds Explained
가라지 비유를 설명하시다 • Mt.13:36-43 •

A. Words & Phrases • Mt.13:36-43

387. explain

v give reasons for 설명하다, 해설하다 ***n*** explanation
syn elucidate, interpret, clear up, illustrate
explain an obscure point 애매한 점을 분명하게 하다 / explain away 잘 설명하여 위기를 모면하다

독해작문 It is one of the most mysterious things how to explain brain functions.
뇌가 어떻게 기능하는가를 설명하는 일은 가장 신비스러운 일중 한 가지이다.

• Mt.13:36

• Mt.15:15 Peter said, "Explain the parable to us."
베드로가 대답하여 이르되 이 비유를 우리에게 설명하여 주옵소서

388. stand for

phr to mean or signify, illustrate 의미하다, 뜻하다

독해작문 The letters CU stand for Calvin University.
CU라는 글자는 칼빈대학교를 의미한다.

• Mt.13:38

389. furnace

n a container to heat metal or glass in very high temperature 용광로, 화덕, 아궁이
fiery furnace 풀무 불, 불타는 용광로 / be tired in the furnace 혹독한 시련을 겪다

독해작문 The furnace design and supply company has been a very good business in that area.
그 용광로 설계와 공급을 하는 회사는 그 지역에서 아주 잘 나가는 사업이었다.

• Mt.13:42

• Mt.13:50 and throw them into the fiery furnace, where there will be weeping and gnashing of teeth.
풀무불에 던져 넣으리니 거기서 울며 이를 갈리라

390. gnashing

n to grind or strike one's teeth 이를 갈다, 이를 갊 *v* gnash gnash one;s teeth 이를 갈다, 분노로 불불 떨다

독해작문 There was a lot of grumbling and gnashing of teeth before they finally decided it.
그들이 마침내 그것을 결정하기 전에 많은 불평과 분노로 치를 떨기도 하였다.

• Mt.13:42 see above

• Mt.25:30 And throw that worthless servant outside, into the darkness, where there will be weeping and gnashing of teeth.
이 무익한 종을 바깥 어두운 데로 내쫓으라 거기서 슬피 울며 이를 갈리라 하니라

B. Related Grammar • Mt.13:36-43

◈ 비교, 정도 표시부사절

• Mt.13:40 As the weeds are pulled up and burned in the fire, so it will be at the end of the age.
〈그런즉 가라지를 거두어 불에 사르는것 같이 세상 끝에도 그러하리라〉

●비교, 정도 표시 부사절에는 여러 가지 상관 접속사의 형태가 있다.

1) as: ~와 같이, ~ 만큼, ~ 대로

You can finish it as your master told you. 〈너는 너의 주인이 말한대로 일을 마칠 수 있다.〉

2) as ~ as: ~만큼 ~하다

He is as tall as his brother. 〈그는 형만큼 키가 크다.〉

3) not so(as) ~ as: ~ 만큼 ~가 아니다

My father is not so as rich as your father is. 〈우리 아버지는 너의 아버지만큼 부자가 아니다.〉

4) as + ~, so + ~ (S + V, or V + S): 마치 ~인것처럼 ~하다

As you are planning to go to America soon, so am I. 〈네가 곧 미국에 가는것을 계획하는 것같이 나도 그러하다.〉

5) as if (as though): 마치 ~인것 처럼

He acts as if he is a very rich man. 〈그는 마치 굉장히 부자인 것처럼 행동한 다.〉

6) than: ~보다

Calvin University is more conservative than any other Christian university in teaching theology. 〈칼빈대학교는 신학을 가르침에 있어서 그 어느 다른 기독교대학보다 더 보수적이다.〉

7) less ~ than: ~ 만큼 ~하지 않다

This price is less expensive than the price last year. 〈이 가격은 지난해 가격 보다 덜 비싸다.〉

8) no less~ than: ~ 보다 적지 않다. ~보다 덜하지 않다 = ~만큼 ~하다

She is no less beautiful than her sister. 〈그녀는 언니만큼 아름답다.〉

9) not so much A as B: A 라기 보다는 차라리 B

He is not so much a pastor as a professor. 〈그는 목사라기 보다는 교수이다〉

10) as far as (지역적): ~ 까지 (장소) / ~이나 (수사) / ~하는 한(절)

They went as far as the land of Judea. 〈그들은 유대 땅까지 갔다〉

11) so far as (관념적): ~하는 한

So far as I know, the president is an honest man. 〈내가 아는 한 대통령은 정직한 사람이다〉

12) It is in A, as in B.: = As it is in B, so it is in A.: A는 B와 같다.

It is in life, as in a journey. = Life is like a journey. 〈인생은 여행과 같다.〉

C. Unique Expression of the Bible • Mt.13:36-43

1. **가라지 비유**: the parable of the weeds (v.36)
2. **마귀**: devil (v.39) = evil one (v.38)
3. **추수꾼**: harvesters (v.39)
4. **풀무불**: the fiery furnace (v.42)
5. **울며 이를 갊**: weeping and gnashing of teeth (v.42)
6. **귀 있는 자는 들으라**: He who has ears, let him hear. (v.43)

Theme 5 The Parables of the Hidden Treasures and the Pearl 감추인 보화와 진주의 비유 • Mt.13:44-46 •

A. Words & Phrases • Mt.13:44-46

391. merchant

n a person who sells the ptoducts 상인, 장사 *syn* trade man, dealer, merchantman
The Merchant of Venice 베니스의 상인 / a merchant seaman 상선의 선원

독해작문 If you want to be a good merchant, you need to be able to offer a credit card use as another method of payment.
당신이 유능한 상인이 되기를 바란다면, 당신은 또 하나의 다른 지불방법으로서 신용카드 사용을 제공할 수 있어야 한다.

• Mt.13:45

392. look for

phr search for, pursuit 찾다, 구하다

독해작문 The Minister of Defense is looking for an exit strategy of his own against the bomb explosion of North Korea.
국방부 장관은 자기 나름대로 북한의 폭발사건에 대한 출구 전략을 찾고 있었다.

• Mt.13:45 see above

• Mt.16:4 A wicked and adulterous generation looks for a miraculous sign, but none will be given it except the sign of Jonah.
악하고 음란한 세대가 표적을 구하나 요나의 표적 밖에는 보여줄 표적이 없느니라

393. pearls

n a jewel comes out of the shells of oysters 진주
cultured pearls 양식진주 / artificial pearls 모조진주 / cast pearls to swine 돼지에게 진주를 던지다

독해작문 One of the biggest natural fresh pearls is found from the South Sea in Korean Peninsula.
가장 큰 자연산 천연 진주가 한국반도 남해에서 발견되었다.

• Mt.13:45 see above

• Mt.7:6 "Do not give dogs what is sacred, do not throw your pearls to pigs. If you do, they may trample them under their feet, and then turn and tear you to pieces.
거룩한 것을 개에게 주지 말며 너희 진주를 돼지 앞에 던지지 말라 그들이 그것을 발로 밟고 돌이켜 너희를 찢어 상하게 할까 염려하라

B. Related Grammar • Mt.13:44-46

Not specifically related grammars in this part.

C. Unique Expression of the Bible • Mt.13:44-46

1. **천국은 밭에 감추인 보화와 같다**: the kingdom of heaven is like treasures hidden in a field (v.44)
2. **천국은 좋은 진주를 구하는 장사와 같다**: the kingdom of heaven is like a merchant looking for fine pearls (v.45)

Theme 6 The Parable of Net • Mt;13:47-52 •
그물의 비유

A. Words & Phrases • Mt.:13-47-52

394. throw away

phr send out, cast, waste 던지다, 바리다 *cf* throw-threw-thrown

독해작문 My daughter was so discouraged after she married because she had to throw away her career job.
나의 딸은 결혼한 후에 매우 낙담하였다, 왜냐하면 자기의 전문직을 내던져야 했기 때문이다.

Mt.13:48

Mt.5:30 And if your right eyes causes you to sin, cut it off, and throw it away. It is better for you to lose one part of your body than for your whole body to go into hell.
또한 만일 네 오른손이 너로 실족하게 하거든 찍어내 버리라 네 백체중 하나가 없어지고 온 몸이 지옥에 던져지지 않는 것이 유익하니라

395. storeroom

n a storing house or place 저장실, 곳간, 창고 *syn* warehouse, depot

독해작문 The apartment has two storeroom besides the main place.
그 아파트는 주 공간 외에 두 개의 광을 갖고 있다.

Mt.13:52

Lk.12:24 Consider the ravens. They do not sow or reap, they have no storeroom or barn;
까마귀를 생각하라 심지도 아니하고 거두지도 아니하며 골방도 없고 창고도 없으되

B. Related Grammar • Mt.13:47-52

◈ 타동사 숙어구의 분리형과 비 분리형

• Mt.13:48 When it was full, the fisherman pulled it up on the shore. They sat down and collected the fish in baskets, but threw the bad away. 〈그물에 가득하매 물가로 끌어내고 앉아서 좋은 것은 그릇에 담고 못된 것은 내버리느니라〉

목적어를 필요로 하는 타동사 숙어구에는 목적어가 동사 숙어 사이에 들어오는 분리형으로 쓰이는 숙어가 있고 또한 절대로 띄어서 쓸 수 없는 비 분리형 숙어가 있다. 그러나 분리해서 쓸 수 있는 숙어는 때로는 붙여서도 쓸 수 있다. 위의 성경 예문에는 pull up(끌어 올리다)와 throw away(던져 버리다)가 분리된 형태로 쓰였다.

● 분리형 숙어에는 다음과 같은 것들이 있다.

take away (가져가다, 빼앗다)	turn on (켜다)
throw away (던지다)	turn off (끄다)
pull up (끌어 올리다)	call up (전화걸다)
hand over (전해주다, 양도하다)	call off (취소하다)
plunge into (집어넣다, 던져넣다)	give up (포기하다)
blow up (폭파하다)	figure out (이해하다)
bring out 내오다)	think over (심사숙고하다)
bring up (키우다, 양육하다)	check out (확인하다)
try on (입다)	turn in (제출하다)

● 절대로 띄어 쓸 수 없는 비 분리형 구동사

ask for (요구하다)	look into (조사하다)
call on (방문하다)	stand for (나타내다, 의미하다)
carry on (계속하다)	take after (닮다, 흉내내다)
come across = run across (우연히 만나다)	laugh at (비웃다)
look after (돌보다)	show up (나타나다, 등장하다)
get through (끝내다)	deal with (취급하다)

go through (겪어나가다) long for (그리워하다, 갈망하다)

- **세 단어 이상으로 된 숙어는 비 분리형으로 쓴다**

catch up with (따라잡다)
give birth to (~를 낳다, 출산하다)
go in for (즐기다)
put up with (참다)
take care of (~를 돌보다)
run out of (~이 다 소모되다, 떨어지다)
keep up with = catch up with
make up for (만회하다, 변상하다)
go ahead of (~을 앞서가다)
make sure of (~을 확실히 하다)

C. Unique Expression of the Bible • Mt.13:47-52

1. **의인 중에서 악인을 갈라내다:** separate the wicked from the righteous (v.49)

Theme 7 A Prophet without Honor • Mt.13:53-58 •
고향에서 배척을 받으시다

A. Words & Phrases • Mt.13:53-58

396. synagogue

n Jewish meeting place for religious purpose 유태인의 회당, 성전 *syn* Jewish temple

독해작문 American press nowadays rebukes Obama's admittance of Islamic mosque built in the center of New York City saying that synagogues should be built in Saudi Arabia.
요즈음 미국의 언론은 유태인 회당이 사우디 아라비아에 새워져야 한다고 하면서 오바마 대통령이 뉴욕의 중심부에 이슬람 사원을 용인한 것을 비난하고 있다.

Mt.13:54

Mt.23:6 they love the place of honor at banquets and the most important seats in the synagogues;
잔치의 윗자리와 회당의 높은 자리와

397. carpenter

n a person who deals with wooden objects to build or repair house or building 목수, 미장이
v carpenter = to do carpenter's job

독해작문 The father of Jesus was a carpenter and Jesus also did carpenter's job in his hometown.
예수의 아버지는 목수였고 예수님도 그의 고향에서 목수 일을 했다.

Mt.13:55

Mk.6:3 Isn't this the carpenter? Isn't this Mary's son and the brother of James, Joseph, Judas and Simon? Aren't his sisters here with us? And they took offense at him.
이 사람이 마리아의 아들 목수가 아니냐 야고보와 요셉 과 유다와 시몬의 형제가 아니냐 그 누이들이 우리와 함께 여기 있지 아니하냐

398. take offense at

phr to be angry with someone, betray ~에게 성내다, 배척 하다

독해작문 Jesus knew the people of his home town would take offense at him and treat him without honor.
예수께서는 고향 사람들이 그를 배척하고 대접하지 않으리란 것을 아셨다.

Mt.13:57

Mk.6:3 see above

399. lack of

phr be deficient of, want, in need ~이 부족한
supply the lack 필수품(부족한 것)을 공급하다 / lack of confidence 불신임

독해작문 My mother was suffering from lack of sleep every night.
우리 엄마는 매일 밤 수면부족으로 괴로워하셨다.

Mt.13:58

Mk.16:14 Later Jesus appeared to the Eleven as they were eating; he rebuked them for their lack of faith and their stubborn refusal to believe those who had seen him after he had risen.
그 후에 열한 제자가 음식 먹을 때에 예수께서 그들에게 나타나사 그들의 믿음 없는 것과 마음이 완악한 것을 꾸짖으시니 이는 자기가 살아 난 것을 본 자들의 말을 믿지 아니함일러라

B. Related Grammar • Mt.13:53-58

◈ 부정의문문

• Mt.13:55 Isn't this the carpenter's son? Isn't his mother's name Mary, and aren't his brothers James, Joseph, Simon and Judas? 〈이는 그 목수의 아들이 아니냐 그 어머니는 마리아, 그 형제들은 야고보, 요셉, 시몬, 유다라 하지 않느냐〉

● **부정의문문(Negative Question)**

일반의문문의 형태에서 주어 앞으로 나가는 be 동사, 조동사, 대동사(do, does, did) 뒤에 부정어 not만 붙이면 된다. 이런 경우에 특히 대답에 주의해야 하는데 어떻게 물어보든 영어에서는 긍정의 내용이면 Yes로, 부정의 내용이면 No로 대답하면 된다.

Don't you love your parents? 사랑하면 → Yes, I do / 아니면 No, I don't.

그러나 부정의문문 앞에 의문사가 있으면 Yes, No로 대답할 수 없고 구체적인 대답을 해야 한다.

Why didn't you come to church last Sunday? 〈왜 당신은 지난 주에 교회 안 오셨나요?〉

→ Because I was busy preparing Final Exam. 〈학기말 고사 준비하느라 바빠서요.〉

C. Unique Expression of the Bible • Mt.13:53-58

1. **회당**: synagogue (v.54)
2. **많은 능력을 행하다**: do many miracles (v.58)

CHAPTER 14 마태복음 14장

Theme 1. John the Baptist Beheaded (Mt.14:1-12)

세례요한의 죽음

Theme 2. Jesus Feeds the Five Thousand (Mt.14:13-21)

오천명을 먹이시다

Theme 3. Jesus Walks on the Water (Mt.14:22-36)

물 위로 걸으시다

Theme 1 John the Baptist Beheaded • Mt.14:1-12 •
세례요한의 죽음

A. Words & Phrases • Mt.14:1-12

400. **tetrarch**

n king appointed by Roman empire government 분봉왕

독해작문 At the time of Herod the tetrarch heard the reports about Jesus.
헤롯 왕 시절에 분봉왕은 예수에 대한 소식을 들었다.

• Mt.14:1)

• Lk.3:1 In the fifteenth year of the reign of Tiberius Caesar-when Pontius Pilate was governor of Judea, Herod tetrarch of Galilee, his brother Philip tetrarch of Iturea and Tarconitis, and Lysanias tetrarch of Abilene
디베료 황제가 통치한 지 열 다섯 해 곧 본디오 빌라도가 유대의 총독으로, 헤롯이 갈릴리의 분봉왕으로, 그 동생 빌립이 이두래와 드라고닛 지방의 분봉왕으로, 루사니아가 아빌레네의 분봉왕으로

401. **attendant**

n a person who takes care, attend or serve 시중드는 사람, 참석자
adj attendant 출석한, 시중드는, 참석의 *syn* following, accompanying, consequent
attendant circumstances 부대상황

독해작문 My wife has been working for KAL as a flight attendant and she knows how to serve people.
나의 아내는 대한항공에서 승무원으로 일해 왔다. 그래서 어떻게 사람들을 섬기는가를 안다.

• Mt.14:2

• Lk.4:20 Then he rolled up the scroll, gave it back to the attendant and sat down. The eyes of everyone in the synagogue were fastened on him.
책을 덮어 그 맡은 자에게 주시고 앉으시니 회당에 있는 자들이 다 주목하여 보더라

402. lawful

adj legal, taken by law 정당한, 합법적인 *syn* legitimate, rightful, permissible, just
ant unlawful, illegal

독해작문 Residing or visiting North Korea without permission by South Korean government is not lawful.
한국당국의 허가가 없이 북한에 거주하거나 방문하는 것은 불법이다.

• Mt.14:4

• Mk.3:4 Then Jesus asked them, "Which is lawful on the Sabbath: to do good or to do evil, to save life or to kill?" But they remained silent.
그들에게 이르시되 안식일에 선을 행하는 것과 악을 행하는 것, 생명을 구하는 것과 죽이는 것, 어느 것이 옳으냐 하시니 그들이 잠잠하거늘

403. oath

n a solemn declaration or public promise 맹세, 서약, 선서 *syn* pledge, vow
take an oath 서원하다, 서약하다 / a false oath 거짓맹세 / an one's oath 맹세하건대, 확실히

독해작문 A newly inaugurated President took an oath to serve his people with all his power and heart.
새로 취임한 대통령은 그의 힘과 마음을 다하여 그의 백성을 섬길 것을 서약하였다.

• Mt.14:7

• Mt.26:72 He denied it again, with an oath: "I don't know the man!"
베드로가 맹세하고 또 부인하여 이르되 나는 그 사람을 알지 못하노라 하더라

404. be prompted by

phr incited, induced, urged ~에 의해 선동이 된, 자극받은

독해작문 The campaign prompted the majority of voters to support the candidate from Republican Party.
그 캠페인은 공화당에서 나온 후보를 지지하도록 많은 투표권자들을 선동하였다.

• Mt.14:8

• Jn.13:2 The evening meal was being served, and the devil had already prompted Judas Iscariot, son of Simon to betray Jesus.
마귀가 벌써 시몬 의 아들 가룟 유다의 마음에 예수를 팔려는 생각을 넣었더라

405. be distressed

phr be tormented by, be troubled with 괴로워진, 고뇌에 지친, 힘겨운
syn be afflicted with, be harassed
a distressed area 재해지구

• Mt.14:9

• Mk.6:26 The king was greatly distressed, but because of his oaths and his dinner guests, he did not want to refuse her.
왕이 심히 근심하나 자기가 맹세한 것과 그 앉은 자들로 인하여 그를 거절할 수 없는지라

406. be headed

phr be executed 사형이 집행된, 참수형에 처한

독해작문 According to Scriptures John the Baptist was beheaded in the prison by the request of the daughter of Herodias.
성경에 따르면 세례요한은 헤로디아 딸의 요청에 의하여 감옥에서 목이 잘렸다.

• Mt.14:10

• Mk.6:16 But when Herod heard this, he said, "John the man I beheaded, has been raised from the dead!"
헤롯이 듣고 이르되 내가 목 벤 요한 그가 살아 났다 하더라

407. platter

n a large shallow dish that is for serving food 큰 접시 *adj* platterful *syn* plate, dish
on a (silver) platter 손 쉽게, 고생 없이

독해작문 A farmer platter offers blue cheese with blueberries on with alluring accompaniments.
농부가 담은 음식은 유혹적인 토핑과 함께 불루베리를 얹은 블루치즈를 제공하고 있다.

• Mt.14:11

• Mk.6:25 At once the girl hurried in to the king with the request: "I want you to give me right now the head of John the Baptist on a platter."
그가 곧 왕에게 급히 들어가 구하여 이르되 세례요한의 머리를 소반에 얹어 곧 내게 주기를 원하옵나이다 하니

B. Related Grammar • Mt.14:1-12

◈ 문장의 2형식 중에서 주격보어가 that 이하절 또는 wh-절, 즉 의문사절로 오는 경우

• Mt.14:2 That is why miraculous powers are at work in him. 〈그러므로 이런 능력이 그 속에서 역사하는도다〉

2형식 문장은 S + V + S.C. 즉, 〈주어 + 불완전 자동사 + 주격보어〉로 이루어지는 문형인데 주의해야 할 사항은 주격보어에 여러 가지 형태의 품사 - 명사, 형용사, to 부정사, 동명사, 현재분사, 그리고 that 절 이하 또는 의문사절 이하가 올 수 있다는 것이다.

The problem is that his parents do not love each other. 〈문제는 그의 부모가 서로 사랑하지 않는다는 것이다.〉

The teacher did not have any idea how they got the money. 〈그 교사는 그들이 어떻게 돈을 구했는지 전혀 알지 못했다.〉

C. Unique Expression of the Bible • Mt.14:1-12

1. **분봉왕**: tetrarch (v.1)
2. **신하**: attendants (v.2)
3. **세례요한**: John the Baptist (v.2)
4. **그가 죽은자 가운데서 살아났다**: he has risen from the dead! (v.2)

Theme 2 Jesus Feeds the Five Thousand •Mt.14:13-21•
오천명을 먹이시다

A. Words & Phrases • Mt.14:13-21

408. privately

adv on a personal level 개인적으로, 사적으로, 몰래 *n* privacy *syn* secretly, individually, personally, stealthily *ant* publicly

독해작문 The fastest growing private company pulled public attention.
급속하게 성장하는 개인 회사는 공공의 관심을 끌었다.

• Mt.14:13

• Mk.13:3 As Jesus was sitting on the Mount of Olives opposite of the temple, Peter, James, John and Andrew asked him privately,
예수께서 감람산에서 성전을 마주 대하여 앉으셨을 때에 베드로와 야고보와 요한과 안드레가 조용히 묻되

409. solitary

adj being alone, without companions 고독한, 외로운 *n* solitary
syn lonely, companionless, isolated
be not a solitary instance (case) 유일한 케이스는 아니다

독해작문 The novel is written about a solitary man who lives all by himself only with an animal.
그 소설은 동물 한 마리와 홀로 사는 고독한 남자에 대한 이야기로 쓰여졌다.

• Mt.14:13 see above

• Mk.6:32 So they went away by themselves in a boat to a solitary place.
이에 배를 타고 한적한 곳에 갈새

410. compassion

n having pitiful mind for others 동정심, 연민 *adj* compassionate
syn pity, sympathy, tenderness
have compassion on ~를 불쌍히 여기다

독해작문 Psychologically compassion is found the most highest and meaningful embodiment of emotional maturity in the developmental stages.
심리학적으로 동정심은 발달적 측면에서 가장 높은 단계요, 또한 정서적 성숙도에 있어서 가장 의미 있는 실현으로 알려졌다.

• Mt.14:14

• Mk.1:41 Filled with compassion, Jesus reached out his hand and touched the man. "I am willing," he siad, "Be clean!"
예수께서 불쌍히 여기사 손을 내밀어 그에게 대시며 이르시되 내가 원하노니 깨끗함을 받으라 하시니

411. approach

v come closer 접근하다, 다가오다 *adj* approachable *n* approach
easy to approach 가까이 하기에 쉬운/the approach of winter 겨울이 다가옴

독해작문 A big strom is expected to approach California soon.
큰 태풍이 곧 캘리포니아로 접근할 것이 예상된다.

• Mt.14:15

• Mt.17:14 When they came to the crowd, a man approached Jesus and knelt before him.
그들이 무리에게 이르매 한 사람이 예수께 와서 꿇어 엎드려 이르되

412. remote

adj far away from 멀리 떨어진, 한적한 *syn* distant, far off, secluded, isolated
a remote cause 遠因 / a remote possibility 만에 하나 가능성

독해작문 The 6.0 magnitude earthquake shook the country's remote northeast part overnight.
6.0진도의 지진이 지난 밤 그 나라의 멀리 떨어진 동북 지역을 강타했다.

• Mt.14:15 see above

• Mk.8:4 His disciples answered, "But where in this remote place can anyone get enough bread to feed them."
제자들이 대답하되 이 광야 어디서 떡을 얻어 이 사람들로 배부르게 할 수 있으리이까

413. satisfied

adj feeling satisfaction, satisfactory 만족한, 흡족한 *n* satisfaction
syn content, sufficient, adequate, gratified
be + satisfied 주로 자기의 만족한 상태를 나타낸다 be + 감정동사의 p.p형.

독해작문 The famous Korean violinist played so well, and yet the player was not completely satisfied.
그 유명한 한국의 바이올리니스트는 아주 훌륭하게 연주했다, 그러나 그 연주가는 아직 완전히 만족하지 않았다.

• Mt.14:20

• Mk.6:42 They all ate and satisfied.
다 배불리 먹고

414. pick up

phr to select, to give a ride, to have 고르다, 차로 데리고 가다, 가지다
pick up the baggage 짐을 찾다 / pick someone up and get to the station 누군가를 차에 태워서 역에 데려다주다 / pick up news 뉴스의 정보를 청취(입수) 하다 / pickup truck 짐 싣는 트럭

독해작문 When the parents came to school to pick him up, he was found missing or kidnapped and the police started the investigation.
부모가 그를 데리러 학교에 왔을 때 그는 실종되었거나 납치된 것으로 알려졌고 경찰은 수사에 착수하였다.

Mt.14:20 see above

Mt.27:6 The chief priests picked up the coins and said, "It is against the law to put this money into the treasury, since it is blood money.
대제사장들이 그 은을 거두며 이르되 이것은 핏값이라 성전고에 넣어둠이 옳지않다 하고

415. left over

phr the food left after eating 먹고 남은 음식

독해작문 Dog usually eat left over at the owner's table.
개들은 보통 주인의 상에서 남은 음식을 먹는다.

Mt.14:20 see above

Mt.15:37 They all ate and were satisfied. Afterward the disciples picked up seven basketfuls of broken pieces that were left over.
다 배불리 먹고 남은 조각을 일곱 광주리에 차게 거두었으며

B. Related Grammar • Mt.14:13-21

◈ 불가산명사의 가산명사화

- Mt.14:17 "We have here only five loves of bread and two fish," they answered. 〈제자들이 이르되 여기 우리에게 있는 것은 떡 다섯 개와 물고기 두 마리뿐이니이다.〉
- Mt.14:20 They all ate and were satisfied, and the disciples picked up twelve basketfuls of broken pieces that were left over. 〈다 배불리 먹고 남은 조각을 열두 바구니에 차게 거두었으며〉

◈ Mentioned in previous chapters

C. Unique Expression of the Bible • Mt.14:13-21

1. **불쌍히 여기사**: have compassion on (v.14)
2. **떡 다섯 개와 물고기 두 마리**: five loaves of bread and two fish (v.17)

Theme 3 Jesus Walks on the Water • Mt.14:22-36 •
물 위로 걸으시다

A. Words & Phrases • Mt.14:22-36

416. go on ahead of

phr ~를 앞서가다

독해작문 The boat went on ahead of the enemy and I'm sure the people will escape safely.
그 보트는 적군을 앞서 나갔고 나는 그 사람들이 안전하게 탈출하리라 확신한다.

• Mt.14:22

417. dismiss

v to send away or to take away 보내다, 뺏다, 해산시키다, 기각하다 *n* dismissal
Dismiss! 해산!(구령) / dismiss the crowd 군중을 해산시키다 / dismissed for drunkenness 주벽으로 인하여 해고되다 / dismiss the lawsuit 고소(소송)를 기각하다

독해작문 A federal judge dismissed the lawsuit accusing the Prime Minister of the bribery scandal.
그 연방 판사는 수상의 뇌물스캔들 소송건을 기각하였다.

• Mt.14:22 see above

• Mt.14:23 After he had dismissed them, he went up on a mountainside by himself to pray.
무리를 보내신 후에 기도하러 따로 산에 올라 가시니라

418. by oneself

phr 스스로, 홀로

독해작문 A man cannot live by himself, because his is a social animal.
인간은 사회적인 동물이기 때문에 홀로 살 수 없다.

• Mt.14:23

• Jn.5:19 Jesus gave them this answer: "I tell you the truth, the son can do nothing by himself; he can do only what he sees his Father doing, because whatever the Father does the Son also does.
그러므로 예수께서 그들에게 이르시되 내가 진실로 진실로 너희에게 이르노니 이들이 아버지께서 하시는 일을 보지 않고는 아무것도 스스로 할 수 없나니 아버지께서 행하시는 그것을 아들도 그와 같이 행하느니라

419. considerable

adj of great amount or size 굉장한, 엄청난 considering ***n*** cinsideration ***v*** considerate
be a considerable distance from ~에서 아주 멀리 떨어진 / to a considerable extent 아주, 몹시

독해작문 We can imagine the wife's considerable disappointment when realized the husband had five different women having love affairs.
우리는 그 남편이 다섯 명의 다른 여자와 관계를 가졌다는 것을 깨달았을 때 그 부인이 엄청나게 실망했음을 짐작할 수 있다.

• Mt.14:24

420. buffet

v push roughly from side to side 파도 따위가 험난하게 몰아치다 ***n*** buffet 뷔페식 상차림, 타격, 때려 눕히기
be buffeted by the waves 파도에 의해서 난파되다, 휩쓸리다

독해작문 It was reported that the rough seas buffeted the coast of Southern California and the wind was buffeting at their bodies.
거칠은 바닷물이 남가주 해안가를 휩쓸었고 바람은 시신을 치며 넘실거렸다.

• Mt.14:24 see above

421. terrified

adj filled with the feeling of terror 겁난, 공포심에 가득 찬 *n* terror
syn frightened, scared, appalled

독해작문 Passengers were terrified by the crash warning error and the plane had to land in emergency.
승객들은 잘못 울린 충돌 경고로 겁에 질렸고, 비행기는 비상 착륙해야 했다.

• Mt.14:26

• Mt.17:6 When the disciples heard this, they fell face down to the ground, terrified.
제자들이 듣고 엎드려 심히 두려워하니

422. ghost

n a spirit of dead person appearing 유령, 귀신 *adj* ghostly
as pale as a ghost 유령같이 새파랗게 질려서 / a ghost of a smile 엷은 미소

독해작문 The old village looked like a ghost town but the industrial construction team rebuilt it so fancy.
그 오래된 마을은 유령의 마을처럼 보였으나 기업의 건축부서에서 멋지게 재건축하였다.

• Mt.14:26 see above

423. take courage

phr be relieved, be cheerful 용기를 내다, 안심하다 *syn* cheer up, be encouraged

독해작문 To be a successful rock singer, it takes courage, talent and unyielding passion.
성공적인 록 가수가 되기 위해서는, 용기와 재능과 굽히지 않는 정열이 필요하다.

• Mt.14:27

• Mk.6:50 because they all saw him and were terrified. Immediately he spoke to them and said, "Take courage! It is I. Don't be afraid."

그들이 다 예수를 보고 놀람이라 이에 예수께서 곧 그들에게 말씀하여 이르시되 안심하라 나니 두려워 하지 말라 하시고

424. sink

> ***v*** to go down under the sea or water 가라앉다 sink-sank-sunk ***syn*** subside, fall, submerge
> sink into evil habits 악습에 빠지다 / sink or swim 흥하든 망하든, 하늘에 맡기고 / sink into sleep 잠에 빠지다

독해작문 I don't know how many hours it takes until the boat completely sink deep down in the sea.
그 배가 바다 깊숙이 완전히 가라앉을 때 까지 몇 시간이 걸릴지 나는 모른다.

• **Mt.14:30**

• **Lk.5:7** So they signaled their partners in the other boat to come and help them, and they came and filled both boats so full that they began to sink.
이에 다른 배에 있는 동무들에게 손짓하여 와서 도와달라 하니 그들이 와서 두 배에 채우매 잠기게 되었더라

425. reach out

> ***phr*** extend, evangelize 뻗다, 복음을 전파하다
> reach out hand 손을 뻗다 / reach up to ~의 범위나 정도가 ~위에까지 달한다 / reach down to ~의 범위나 정도가 ~아래까지 이른다 / as far as the eye can reach 바라보이는데 까지 / reach bottom 밑바닥에 이르다, 究明하다

독해작문 Christian churches in the U.S.A. try to reach out to Muslim with all their prayers and systematic efforts.
미국의 기독교 교회들은 기도하며 조직적인 노력을 다하여 회교도들에게 복음을 전파하려고 한다.

• **Mt.14:31**

• **Jn.20:27** Then he said to Thomas, "Put your finger here; see my hands. Reach out your hand and put it into my side. Stop doubting and believe.
도마에게 이르시되 네 손가락을 이리 내밀어 내 손을 보고 네 손을 내밀어 내 옆구리에 넣어보라 그리하여 믿음 없는 자가 되지 말고 믿는자가 되라

426. climb into

phr go up and get in 올라가 들어가다

독해작문 The missionary candidates to Africa also learn how to climb into kayak.
아프리카에 지원하는 선교사 후보생들은 카약크 보트에 들어가는 법도 배운다.

• Mt.14:32

• Mk.6:51 Then he climbed into the boat with them, and the wind died down. They were completely amazed.
배에 올라 그들에게 가시니 바람이 그치는 지라 제자들이 마음에 심히 놀라니

427. die down

phr calm down, become low, discouraged 수그러들다, 기세가 죽다

독해작문 The wind accompanied by the storm will die down this afternoon.
폭풍을 동반한 바람은 오늘 오후에 기세가 꺾일 것입니다.

• Mt.14:32 see above

• Mk.6:51 see above

428. cross over

phr go across, go through 건너다, 횡단하다

독해작문 The clear reason for the car accident is reported that the car has crossed over the center line and crashed with another car running toward.
그 교통사고의 명확한 이유는 그 차가 중앙선을 넘어서 마주오는 다른 차와 충돌한 것으로 발표되었다.

• Mt.14:34

• Mk.5:21 When Jesus had again crossed over by boat to the other side of lake, a large crowd gathered around him while he was by the lake.

예수께서 배를 타시고 다시 맞은편으로 건너가시니 큰 무리가 그에게로 모이거늘 이에 바닷가에 계시더니

429. recognize

v to identify people or things that have been seen, to admit 알아보다, 인식하다
n recognition ***syn*** acknowledge, know again, remember

독해작문 The village people recognized their right to build other buildings in town and they started the project right away.
그 마을 사람들은 그들이 건축할 수 있는 권리가 있음을 알아차렸다, 그래서 곧 그 계획을 세우기 시작하였다.

• **Mt.14:35**

• **Mt.7:20** Thus, by their fruit, you will recognize them.
그러므로 그들의 열매로 그들을 알리라

430. surrounding

adj near by or around 근처에, 둘러싸인 ***n*** surroundings 환경, 주위
syn external circumstances, neighborhood, entourage
social surroundings 사회적 환경 / House located by surrounding hills 언덕에 둘러싸여 자리 잡 은 집

독해작문 It is unfortunate to know that the bribery scandal surrounding government has already been reported to public.
정부를 둘러 싼 뇌물 사건이 이미 대중에게 알려졌다는 사실을 인식하는 것은 불행한 일이다.

• **Mt.14:35** **see above**

• **Lk.4:37** And the news about him spread throughout the surrounding area.
이에 예수의 소문이 그 근처 사방에 퍼지니라

B. Related Grammar • Mt.14:22-36

◈ 형용사구의 후치

• Mt.14:31 "You of little faith," 〈믿음이 작은 자여〉

문장의 순서가 형용사 + 명사로 단순하게 가면 좋겠으나 때로는 문장의 요소의 위치가 이동하기도 한다. 위 문장의 경우 '믿음이 작은 자'라고 기술할 때 형용사 + 명사의 순으로 "little faithed you"라고 하면 이해가 빠르겠으나 전치사(of) + little(형용사) + faith(명사)가 뒤로 후치되어 앞의 you를 역 수식하게 된다. 물론 faithed라는 형용사가 없어서도 긴 형용사구로 바뀌었으나 이렇게 단순한 형용사를 전치사 + 명사로 구로 만들어서 수식받는 명사 뒤로 빼기도 한다. 이것을 문장 요소의 이동이라고 부른다.

1) He is a man of honesty. = He is an honest man.

2) The problem still remains of who is responsible for this mistake. 〈누가 이 실수에 대해 책임이 있는가의 문제는 아직도 남아 있다.〉

여기에서 problem 주어가 주 단어이고 of~이하는 그 주 단어를 수식하는 세부사항이다.

C. Unique Expression of the Bible • Mt.14:22-36

1. **밤 사시경에**: during the fourth watch of the night (v.25)
2. **안심하라 나니 두려워 말라**: Take courage! It is I. Don't be afraid.(v.27)
3. **주여 나를 구원하소서**: Lord, save me! (v.30)
4. **믿음이 작은 자여**: You of little faith (v.31)
5. **예수의 옷자락에 손을 대다**: touch the edge of his cloak (v.36)

CHAPTER 15 마태복음 15장

Theme 1. Clean and Unclean (Mt.15:1-20)
장로들의 전통

Theme 2. The Faith of Canaanite Woman (Mt.15:21-28)
가나안 여자의 믿음

Theme 3. Jesus Feeds the Four Thousand (Mt.15:29-39)
사천명을 먹이시다

Theme 1 Clean and Unclean • Mt.15:1-20 •
장로들의 전통

A. Words & Phrases • Mt.15:1-20

431. **elder**

n adj the older of the two or the church position title indicating the elder 큰, 장남의, 교회의 장로
elder brother 맏형 / Elder Kim 김 장로님
elder는 older와 달리 비교하는 말로 쓸 수 없다. 예) Who is older of the two? (0) / Who is elder of the two? (x)

독해작문 The Book of Acts quickly picks up the term, 'elder' and applies it to leaders in Christian church. The term originally is derived the word, 'presbyteros'.
사도행전은 'elder'라는 용어를 민첩하게 선택하여 기독교 교회의 지도자에 적용시킨다. 그 용어는 원래 'presbyteros(장로)'에서 유래 되었다.

• Mt.15:2

• Lk.22:66 At daybreak, the council of the elders of the people, both the chief priests and teachers of the law, met together, and Jesus was led before them.
날이 새매 백성의 장로들 곧 대제사장들과 서기관들이 모여서 예수를 그 공회로 끌어들여

432. **devote to**

phr ~에게 바치다, 봉헌하다 *n* devotion *syn* consecrate, dedicate
devote oneself to~ ~에 몰두하다, 일생을 바치다

독해작문 The Arabian leader devoted his life to serving Islam.
그 아랍 지도자는 그의 일생을 이슬람을 섬기는데 바쳤다.

• Mt.15:5

● Lk.16:13 No servant can serve two masters. Either he will hate one and love the other, or he will be devoted to the one and despise the other. You cannot serve both God and Money.
하인이 두 주인을 섬길 수 없나니 혹 이를 미워하고 저를 사랑하거나 혹 이를 중히 여기고 저를 경히 여길 것임 이니라 너희는 하나님과 재물을 겸하여 섬길 수 없느니라

433. nullify

v to make something have no effect 무효화시키다, 폐기하다　***n*** nullification
syn non-existence, insignificance, nothingness

독해작문 South Korean government insisted that if North Korea does not show their strong will to nullify their nuclear program they will not get any more aid.
한국의 정부는 만일 북한이 그들의 핵 프로그램을 무효화시킬 강한 의지를 보이지 않는다면 그들은 더 이상 원조를 얻지 못할 것을 주장하였다.

● Mt.15:6

● Mk.7:13 Thus you nullify the word of God by your tradition that you have handed down. And you do many things like that.
너희가 전한 전통으로 하나님의 말씀을 폐하며 또 이같은 일을 많이 행하느니라 하시고

434. in vain

phr 무익하게, 헛되게, 함부로

독해작문 From the time of creation Satan has been misusing the name of God. God's name is the most misquoted and used in vain.
창조의 때로부터 사탄은 하나님의 이름을 남용하여 왔다. 하나님의 이름은 가장 많이 잘못 인용되고 함부로 사용되었다.

● Mt.15:9

● Mk.7:7 They worship me in vain; their teachings are but rules taught by men.
사람의 계명으로 교훈을 삼아 가르치니 나를 헛되이 경배하는도다 하였느니라

435. fall into a pit

phr 구덩이에 빠지다, 함정에 빠지다, 곤경에 처하다

독해작문 A man fell into a pit and couldn't get himself out.
한 남자가 구덩이에 빠져서 나오지 못했다.

• Mt.15:14

• Lk.6:39 He also told them this parable: "Can a blind man lead a blind man? Will they not both fall into a pit?"
또 비유로 말씀하시되 맹인이 맹인을 인도할 수 있느냐 둘이 다 구덩이에 빠지지 아니하겠느냐

436. explain

v mentioning something to make clear 설명하다 *n* explanation *adj* explainable
syn interpret, elucidate, illustrate, expound
explain oneself 해명하다, 변명하다

독해작문 The National Congress requested the detailed public statement of explanation to the minister of National Defense.
국회는 국방부 장관에게 상세한 공적 해명서를 요청하였다.

• Mt.15:15

• Jn.4:25 The woman said, "I know that Messiah" (called Christ) "is coming. When he comes, he will explain everything to us.
여자가 이르되 메시야 곧 그리스도라 하는 이가 오실 줄을 내가 아노니 그가 오시면 모든 것을 우리에게 알려 주시리이다.

437. dull

adj not smart, slow in understanding 어리석은, 우둔한 *syn* insensible, stupid, unintelligent, blunt, dumb *ant* keen sharp
a dull knife 무딘 날의 칼 / a dull student 열등생 / never a dull moment 지루한 시간이 전혀 없는, 아주 바쁜

독해작문 The lecturer tried so hard to explain but he got dull response from the audience.

그 강사는 설명하기 위해서 무지 애썼으나 청중으로부터 좋은 반응을 얻지 못했다.

• Mt.15:16

• Mk.7:18 "Are you so dull?" he asked, "Don't you see that nothing that enters a man from the outside can make him unclean?"
예수께서 이르시되 너희도 이렇게 깨달음이 없느냐 무엇이든지 밖에서 들어가는 것이 능히 사람을 더럽게 하지 못함을 알지 못하느냐

438. theft

n the act of stealing 도둑질, 절도 *cf* 도둑 = thief *syn* robbery, stealing, pilfering

독해작문 The Police have charged the woman with theft for stealing over $1million from the company.
경찰은 회사로부터 백만불 이상을 훔친 죄로 그 여인을 절도죄로 고소하였다.

• Mt.15:19

• Mk.7:21 For from within, out of men's heart, come evil thoughts, sexual immorality, theft, murder, adultery.
속에서 곧 사람의 마음에서 나오는 것은 악한 생각 곧 음란과 도둑질과 살인과 간음이니라

439. testimony

n the statement of testifying 선서, 증언, 간증, 고백 *adj* testimonial
syn declaration, evidence, profession, confession, corroboration
bear testimony 증언하다 / give testimony against ~에게 불리한 증언을 하다 / be called in testimony 증인으로 세워졌다

독해작문 This is my testimony. I was raised in church and I accepted Jesus Christ as my personal Saviour when I was 17.
이것이 나의 간증이다. 나는 교회에서 성장했고 내가 17세 때에 예수 그리스도를 나의 구주로 받아들였다.

• Mt.15:19

- Mk.14:57 Then some stood up and gave this false testimony against him.
  어떤 사람들이 일어나 예수를 쳐서 거짓 증언하여 이르되

440. slander

v n to make someone harmful making a false statement 중상, 비방(하다), 명예훼손
syn scandalize, defame, reproach, blacken

독해작문 To slander is to make false, defamatory and malicious statement or report against somebody.
비방한다는 것은 누군가에 대하여 거짓되고, 불명예스럽고, 악의적인 진술을 한다는 것이다.

- Mt.15:19 see above

- Mk.7:22 greed, malice, deceit, lewdness, envy, slander, arrogance and folly.
  탐욕과 악독과 속임과 음탕과 질투와 비방과 교만과 우매함이니

B. Related Grammar • Mt.15:1-20

◈ Anyone who = Whoever ~하는 자는 누구나, 누가 하더라도, 도대체 누가

- Mt.15:4 Anyone who (Whoever) curses his father or mother must be put to death. 〈또 아버지나 어머니를 비방하는 자는 반드시 죽임을 당하리라〉

- **대명사로서, 변화형은 목적격 whomever, 소유격 whosever이다.**

  anyone who 로 쓰이는 경우의 whoever는 선행사를 포함하는 부정 관계대명사로서 '누구나', '~하는 사람은 누구든지'의 뜻으로 쓰인다.

  1) Whoever comes will be saved. 〈누구든지 오는 자는 구원을 얻으리라.〉

  2) Give it to whoever comes first. 〈먼저 오는 사람 누구든지 그것을 주어라.〉

  3) Ask whomever you meet. 〈누구든지 만나는 사람에게 물으시오.〉

- **양보를 나타내는 부사절을 이끈다. 즉 '누가 ~하더라도'의 뜻 no matter who**

  1) Whoever(whomever) I quote, you will retain your own thinking. 〈어떤 사람 의 말을 인용해도 너는 네 생각을 유지할 것이다.〉

  2) 의문대명사 Who의 강조: 도대체 누가, 누구를

     Whoever said so? 〈도대체 누가 그런 말을?〉

  3) 누구라도 좋다는 미지의 사람을 의미

     Give it to Mary or Sandy, whoever. 〈메리나 샌디, (누구라도 좋으니) 주시오.〉

C. Unique Expression of the Bible • Mt.15:1-20

1. **바리새인과 서기관들**: Pharisees and teachers of the law (v.1)
2. **하나님의 계명을 범하다**: break the command of God (v. 3)
3. **외식하는 자들아!**: You hypocrites! (v.7)
4. **(뿌리째) 뽑히다**: pulled up by the roots (v.13)
5. **구덩이에 빠지다**: fall into a pit (v.14)
6. **간음**: adultery (v.19)
7. **음란**: sexual immorality (v.19)
8. **거짓증언**: false testiminy (v.19)
9. **비방**: slander (v.19)

A. Words & Phrases • Mt.15:21-28

441. suffer from

phr be troubled by, be afflicted by ~으로 괴롭힘 당하다, ~병을 앓다

독해작문 It is reported that women with high job strain more likely to suffer from heart related sickness as heart attacks.
직장 스트레스를 많이 받은 여성들이 심장마비와 같은 심장 관련 질병을 더 많이 앓게 되는 경향이 있음이 보고 되었다.

• Mt.15:22

• Lk.4:38 Jesus left the synagogue and went to the home of Simon. Now Simon's mother-in-law was suffering from a high fever, and they asked Jesus to help her.
예수께서 일어나 회당에서 나가사 시몬의 집에 들어가시니 시몬의 장모가 중한 열병을 앓고 있는지라 사람들이 그를 위하여 예수께 구하니

442. demon-possession

n disease caused by demon's attack 귀신들림

독해작문 Exorcism is a ritual performance conducted by trained priests to release a person who suffers from demon-possession.
축귀는 훈련된 성직자들이 귀신들려 괴로워하는 자들을 풀어주기 위하여 시행하는 종교적 행위이다.

• Mt.15:22 see above

443. urge

v n to ask strongly or persuade 강권(하다), 재촉(하다), 충동 ***adj*** urgent ***n*** urgency
syn push, press, impel, drive, stimulate, exort
urge one's way 길을 서두르다 / urge silence 침묵을 강요하다 / urge a person to obey the rule 규율을 지키라고 ~에게 강요하다

독해작문 The community hospital tires to open their urgent care center within the area pretty soon.
그 동네의 병원은 곧 그 지역 안에 응급 센타를 개원하려 한다.

• Mt.15:23

• Lk.24:29 But they urged him strongly, "Stay with us, for it is nearly evening; the day is almost over." So he went in to stay with them.
그들이 강권하여 이르되 우리와 함께 유하사이다 때가 저물어가고 날이 이미 기울었나이다 하니 이에 그들과 함께 유하러 들어가시니라

444. toss to

phr throw to ~에게 던지다, 전달하다 ***syn*** keep in play, tumble over, shake, agitate
toss a ball 공을 던지다 / toss a question 질문을 던지다 / toss aside 던지고 가다, 내버리다 / be tossed by envy 질투로 마음이 휩싸이다 / toss a bone to a dog 개에게 뼈를 내던지다

독해작문 Santa Claus tossed his teddy bears to the orphans to celebrate Christmas.
산타크로스는 크리스마스를 축하하기 위해 그들의 곰 인형을 고아들에게 던져 주었다.

• Mt.15:26

• Mk.7:27 "First, let the children eat all they want," he told her, "for it is not right to take the children's bread and toss it to their dogs.
예수께서 이르시되 자녀로 먼저 배불리 먹게 할지니 자녀의 떡을 취하여 개들에게 던짐이 마땅치 아니하니라

445. crumb

n a very small piece of bread or cake, or of other dried foods 빵 따위의 부스러기, 소량, 하찮은 놈 a crumb of comfort 약간의 위로 / to a crumb(= in detail) Please explain it to a crumb. 아주 상세하게 설명해 보시오.

독해작문 The person who reserved the hotel room asked the maid to clean it without even a crumb of crackers.
그 호텔방을 예약한 사람은 청소부에게 호텔방을 과자 부스러기 한 개도 없이(아주 말끔히) 치우라고 부탁하였다.

• Mt.15:27

• Mk.7:28 "Yes, Lord," she replied, "but even the dogs under the table eat the children's crumbs."
여자가 대답하여 이르되 주여 옳소이다마는 상 아래 개들도 아이들이 먹던 부스러기를 먹나이다

B. Related Grammar • Mt.15:21-28

◈ 'very'의 강조 용법

• Mt.15:28 And her daughter was healed from that very hour. 〈그 때로부터 그의 딸이 나으니라〉

강조어로서의 very는 주로 the, this, that 나 소유 대명사와 함께 쓰일 때 '바로, 그, 정말로, 전적으로'의 뜻으로 쓰인다.

this very day 바로 오늘 / the very reverse of the truth 진실의 정반대 /
at that very moment 바로 그 순간에 / He is the very man who~ 그가 who~이하의 바로 그 사람이다

C. Unique Expression of the Bible • Mt.15:21-28

1. 나를 불쌍히 여기소서: have mercy on me! (v.22)
2. 이스라엘의 잃어 버린 양: the lost sheep of Israel (v.24)

Theme 3 Jesus Feeds the Four Thousand

사천명을 먹이시다 • Mt.15:29-39 •

A. Words & Phrases • Mt.15:29-39

446. collapse

v n to cause to destroy or fall down unexpectedly 무너지다, 붕괴(하다), 의기소침, 허탈
syn break down, down fall, exhaustion, prostration

독해작문 If a building has no pillars but walls it will apparently collapse.
만일 빌딩이 기둥이 없고 벽들만 있다면 분명히 그것은 무너질 것이다.

• Mt.15:32

• Lk.6:49 The moment the torrent struck that house, it collapsed and its destruction was complete.
탁류가 부딪치매 집이 곧 무너져 파괴됨이 심하니라 하시니라

B. Related Grammar • Mt.15:29-39

◈ 5형식 문장: S + V + O + O.C. 〈주어 + 불완전 타동사 + 목적어 + 목적보어〉

• Mt.15:31 The people were amazed when they saw the mute speaking, the crippled made well, the lame walking and the blind seeing. And they praised the God of Israel. 〈말 못하는 사람이 말하고 장애인이 온전하게 되고 다리 저는 사람이 걸으며 맹인이 보는 것을 무리가 보고 놀랍게 여겨 이스라엘의 하나님께 영광을 돌리니라〉

위의 문장은 영어의 기초 문형 중에서 5형식 문장의 형태를 취하고 있다. 이런 문장의 특징은 목적어로만 끝나는 3형식과 달리 목적어를 보충 설명하는 목적보어가 수반된다는 사실인데 이러한 경

우의 동사를 불완전 타동사라고 한다. 그러므로 목적어와 목적보어의 관계는 O.C.(목적보어)가 목적어의 성질과 상태를 보충 설명하게 되고 그런 경우 그 보어 앞에 있는 목적어와 주술관계를 이룬다. 즉, 의미상으로 〈O + O.C〉는 〈S' + V'〉의 관계를 이루게 된다.

I found the subject interesting. = I found that the subject was interesting.
S V O O.C. S V S' V'

〈나는 그 과목이 흥미롭다는 것을 알았다.〉

여기에서 유의하여야 할 사항은 O.C. 부분에 여러 가지 요소가 올 수 있다는 점이다.

1) O.C.에 명사, 형용사가 오는 경우

The church committee appointed Dr. Kim an elder. 〈당회는 김 박사님을 장로로 임명했다.〉
n.

This school makes us very diligent. 〈이 학교는 우리를 아주 근면하게 한다.〉
adj.

2) O.C.에 〈wh-명사절〉이 오는 경우

Pastor Park has made me what I am today. 〈박 목사님이 나를 오늘날의 나로 만들어 주셨다.〉
wh-명사절

3) O.C.에 현재분사, 또는 과거분사가 오는 경우

I saw him eating his lunch. 〈나는 그가 점심 먹는 것을 보았다.〉
현재분사

I heard the message proclaimed in church last Sunday. 〈나는 지난 주일 교회에서 선포된 말씀을 들었다.〉
과거분사

4) O.C.에 to 부정사가 오는 경우

My mother advised me not to go there. 〈우리 엄마는 나에게 그곳에 가지 말 라고 충고 하셨다.〉
to 부정사

5) O.C.에 (to be) + 명사, 형용사가 오는 경우

I consider him (to be) a genius(very smart) 〈나는 그가 천재라고 -매우 똑똑 하다고 생각한다.〉

6) O.C.가 앞에 as를 동반하는 경우

I think of him as my best friend. 〈나는 그를 나의 가장 좋은 친구라고 생각한다.〉

7) O.C. 앞에 가목적어 it가 오고 동시에 뒤에 명사구나 명사절이 수반되는 경우

다시 말해서 이 때는 S + vt + it(가목적어) + (진목적어) 명사구나 절의 형식이 된다.

I think it wrong to tell a lie. 〈부정사 명사구)

I think it wrong telling a lie. (동명사)

→ I think it wrong that people tell a lie. 〈나는 사람들이 거짓말 하는 것은 나쁘다고 생각 한다.〉

●● 한귀란

미국 예일대학교 객원연구원을 지냈으며, 미국 휴스턴 신학대학원 객원교수였다. 현재 한국기독교 어문학회 부회장 및 이사를 맡고 있으며, 전국대학 여자교수대표 포럼(NWPF)의 정회원이다.

현 칼빈대학교에서 교수(철학박사-ph.D)로 재직중이다.

칼빈출판사에서 『Rene Descartes의 Cogito Ergo Sum의 자아의식 연구(1989), 『Hebraism과 Hellenism 비교연구』(1990), 『번역의 과정에서 일어나는 철학의 어의 변용-Being and Non-Being의 번역을 중심으로』(1995)를 출간하였고, 기독교문서선교회에서 『S.Evans, 실존주의 철학 평가』(1990), 『Modern Theological English』(1987) 외 다수의 책을 펴냈으며 2007년에는 세림출판을 통해 『동서언어철학의 비교』을 집필하였다.